日韓大衆音楽の社会史

エンカとトロットの土着性と越境性

小林孝行＝著

일한 대중음악의 사회사

엔카와 트로트의 토착성과 월경성

고바야시 다카유키

現代人文社

◎まえがき

　今の日本で「トロット」といってもわからない人が多いだろう。しかし「釜山港に帰れ」という歌なら、知っている人がいるかもしれない。もともと韓国人歌手の趙容弼（チョーヨンピル）が歌った歌で、日本では渥美二郎をはじめ、多くの歌手が日本語で歌ってヒットした。この歌は、日本では「エンカ（ここでは演歌ではなく、エンカと表記する）」風、韓国では広い意味で「トロット」の一種とみなされている。

　韓国の歌の中には、題名や歌詞の意味がわからなくても、そのリズムやメロディ、曲の雰囲気など、驚くほど日本の「エンカ」とよく似た感じを受けるものがある。そのような歌を、韓国では「トロット」というのである。韓国語になっているタイトルや歌詞を日本語にしてみると、「エンカ」好きな日本人なら、いっそう聞きやすくて、歌いやすい、親しみのある歌の多いことがわかるだろう。

　年配の読者の皆さんには、李成愛（イ・ソンエ）という韓国人女性歌手を記憶している人がいるかもしれない。1976 年に日本で、韓国の「トロット」や日本の「エンカ」を歌い、1965 年の日韓国交正常化以降、日本で初めて韓国歌謡ブームを起こした韓国人歌手だ。その時の彼女のファーストアルバム「熱唱／李成愛」に、サブタイトルとして「演歌の源流を探る」というコピーが付けられていた。

　このような韓国音楽の日本流入は「越境文化」の文脈として捉えることができる。ただし、最近の「韓流」には「越境文化」に反対する「嫌韓流」というような流れも生じている。新しい文化を受け入れる場合、その社会にある既存文化との葛藤という点で、いつでも起こり得る現象の一つである。

　ところで、李成愛に始まった 1970 年代以降の日本の「トロット」ブームは、ある意味では一つ前の「韓流」ブームともいえる。興味深いことに、今日のKポップと違って、「トロット」は日本の「エンカ」とはまったく異なったものではなく、どこか似たところのあるものだと認識されている。日本の「トロット」ブームは「還流文化」あるいは「環流文化」ともいえるだろう。

2

その後、金蓮子や桂銀淑、チェ・ウニなどの韓国人女性「トロット」歌手、そして趙容弼が活躍し、NHK紅白歌合戦にまで出場している。韓国人歌手が日本で歌う場合、日本人の作詞・作曲による「エンカ」が多いとしても、時には韓国「トロット」を歌うことがある。したがって、日本では「トロット」という言葉を知らなくても、実際に日本語で歌われる「トロット」は聴いていることになる。そして、日本で活躍する韓国人女性歌手の場合、韓国人「トロット」歌手であり、韓国人「エンカ」歌手でもある。

　韓国では「トロット」といっても、決して一つではなく、さまざまな形態がある。多くの韓国人は、近代になって、早くから韓国で作られた大衆音楽の一つのジャンルと認識している。
「トロット」という言葉も、もともとは韓国の言葉でも日本の言葉でもなく、英語でダンス音楽のリズムの一つである〈Fox Trot〉を短縮して〈Trot〉とした。それをハングルで「트로트」と表記して、大衆音楽の一ジャンルの概念としたものである。ここでは「트로트」を日本語で「トロット」と表記した。

　日本で「エンカ」とは何かといっても、韓国の「トロット」と同じように、人によってさまざまな捉え方があり、答えは決して一つではない。まったく違っているかといえば、そうではなく、近代になってから作られた日本の大衆音楽の一つというイメージが、多くの日本人によって共有されている。
　また「エンカ」という言葉も、普通は「演歌」あるいは「艶歌」と書かれているが、人によって「怨歌」「援歌」「宴歌」「縁歌」などさまざまな漢字語で表現される場合がある。これらの発音はすべて「エンカ」だが、ニュアンスは微妙に違っていて、どの漢字語の「エンカ」も、それぞれの主張には明確な理由がある。どれか一つを取ることは難しいので、ここではカタカナで「エンカ」とすることにした。

まえがき　　3

ちなみに、日本語の発音はすべて「エンカ」だが、韓国語では「演歌（연가〔ヨンガ〕）」「艶歌（염가〔ヨムガ〕）」「怨歌（원가〔ウォンガ〕）」「援歌（원가〔ウォンガ〕）」「宴歌（연가〔ヨンガ〕）」「縁歌（연가〔ヨンガ〕）」と発音し、微妙に異なる。

　長田暁二は「演歌とは何だろう」というコラムで、

　　「作家の五木寛之は、人を怨み世を怨み自分の環境を怨む『怨歌』といった。作家の阿久悠は、酒を飲み酔って歌う宴の歌『宴歌』と名付けた。同じ詩人でも、星野哲郎は、人を応援し助ける『援歌』の文字を当てている。作曲家の遠藤実は、小童とのふれあいを大切にする心の歌『縁歌』がいいという考えである。『演歌って何だろう』と改めていろいろな人に聞いてみた結果、平均的な答えは『日本人の心を歌った歌で、世界中で日本人だけが理解できる独特の大衆歌曲だ』というのが一般的のようである」

　と、述べている。

　佐藤健によって書かれた、星野哲郎の伝記のタイトルは『演歌　艶歌　援歌　わたしの生き方　星野哲郎』となっている。星野は戦後の代表的な「エンカ」の作詞家で、多くの歌詞を書いているが、その中で「自ら選ぶベスト10」を次のように挙げている。

　　「函館の女」（北島三郎）、「みだれ髪」（美空ひばり）、「兄弟船」（鳥羽一郎）、「アンコ椿は恋の花」（都はるみ）、「三百六十五歩のマーチ」（水前寺清子）、「黄色いさくらんぼ」（スリーキャッツ）、「想い出さん今日は」（島倉千代子）、「柔道一代」（村田英雄）、「昔の名前で出ています」（小林旭）、「女の港」（大月みやこ）、「雪椿」（小林幸子）、番外として、「男はつらいよ」（渥美清）

これを見ると、一人の作詞家が書いたものとは思えないが、それぞれの歌手にはぴったりとはまっている。それだけ星野哲郎という作詞家の才能が光っているようだ。さらに同じ「エンカ」といっても、さまざまな情感を書いているが、佐藤健は次のようにも述べている。

　　「星野は『えんか』という言葉にいくつもの漢字をあてる。それは『園歌』であり、『塩歌』であり、『炎歌』である。しかし、星野が一番大事にしているのは『縁歌』という言葉ではないか。星野は人生がさまざまな縁によって成り立っていることを誰よりもよく知っているのだ。ひん死の重病から奇跡的に立ち直れたのも縁。星野が作詞家としてデビューできたのも縁。数々のヒットを飛ばすことができたのも縁」。

　このように「エン」の一字をめぐっても。さまざまな議論がなされている。
　そのような日本と韓国の大衆音楽の一ジャンルである「エンカ」と「トロット」は似ているところもあるが、歌詞などではかなり異なっているところもある。そして、単に似ているだけでは済まされない複雑で微妙な問題が、実は日本と韓国の間に横たわっている。
　それが何であり、そのことをどのように理解するのかということが、この本のテーマである。

　日本と韓国は近くて遠い国といわれることが多いが、同時に似ていて異なる国でもある。日本や韓国の大衆音楽は決して不変のものではない。相互に影響を及ぼす（文化侵略であったり、文化交流であったりする）こともあり、時代とともに変化している要素もある。その際、日本と韓国の歴史的、地理的位置から、伝統的には中国との影響、近代的にはアメリカを中心とした西洋諸国との影響が大きい。日本文化と韓国文化を比較する場合には、中国や西洋のものを

まえがき　5

第三の要素として考える必要がある。また、日本が韓国を植民地支配したという歴史的事実のもつ意味も大きい。

　日本でも韓国でも、音楽学の観点からは、これまでの西洋古典音楽を出発点にした、いわゆるクラシック音楽を頂点に序列化され、大衆音楽はレベルが低く、音楽大学では取り扱う価値のないものと見なされていた。他方、文化の観点からも、伝統的な価値観に立った教育者や進歩的な知識人といわれる人々から、大衆音楽は低俗で不健全だという非難が繰り返されてきた。

　それにもかかわらず、大衆音楽は多くの人々から愛され、古いものは生き残り、また新しいものが次々と作られてきた。

　私は、大衆音楽を低俗で不健全だという価値判断に基づいた評価から離れて、その時代や社会の中に位置付けながら捉えていこうと考えている。

　その点で、社会学者の見田宗介は『近代日本の心情の歴史』の中で、流行歌をマンネリズムとして批判するのではなく、

　　　「この一見マンネリズムで紋切型の表現のうしろに、どれほどの切実な情
　　　感のひだや、どれほど重い願望あるいは絶望が仮託されているかというこ
　　　との、透視から出発せねばならないだろう」

と述べている。その観点を評価したい。

　近年では、芸術においても、商業化・産業化の流れが加速化している。文化複合体による市場操作、市場誘導という恐れも生じており、純粋芸術と大衆芸術の境界があいまいになっているのも事実である。

　また研究においては、音楽学、文学、歴史学、社会学などの専門分野で、これまでの専門分野の垣根を越えた学際的な研究が始まっている。その中の一つであるカルチュラル・スタディーズでは、純粋芸術と大衆芸術の区別なく、比

較的容易に大衆文化が扱われるようになった。そして、送り手（作り手）と受け手の相互関係が重要な考察の対象となっている。

　現代では、日本と韓国における大衆音楽についての認識も深まり、研究の蓄積も進んでいる。比較研究にとっての前提が作られているといえるだろう。

　戦後日本において「トロット」は、1970年代後半に韓国人歌手・李成愛のデビュー以来知られるようになった。しかし、韓国においては、1990年以降日本文化が段階的に開放されたにもかかわらず、なお「エンカ」は認められていないので、非対称的な関係にあるといえる。日本で「トロット」は知られているとはいえ、「韓国演歌」と呼ぶ人もいるくらいの認識で、その独自性について知る人はほとんどいない。その比較研究について、日本では1970年代後半に「演歌＝韓国源流」論争があり、韓国では1945年以降、何度か「トロットと倭色歌謡」論争が行われてきた。しかし、いずれも本格的な研究には不十分であった。それは比較研究そのものが大変難しいことを意味する。比較研究のためには、まずそれぞれの対象の実態を正確に把握すること、そして相対的で複眼的な視角をもつこと、さらにそれらの対象を歴史、社会、文化の文脈の中で捉えることが必要であろう。

　「エンカ」と「トロット」は西洋の大衆音楽の影響をもとにした共通性と、それぞれの民族性を表象する相違性もある。

　外国人日本学研究者の中から、クリスティン・R・ヤノ著『Tears of Longing』や、マイケル・ボーダッシュ著『Sayonara Amerika, Sayonara Nippon（邦訳『さよならアメリカ、さよならニッポン』）』のような日本の大衆音楽に関する研究書が出版され、興味深い観点が提示されている。これは「エンカ」や「トロット」を、単に日本と韓国の中だけで捉えるのではなく、グローバルな視点を加えることで、より理解が深まるようになっている。

　これらの研究を踏まえつつ、改めて日本の「エンカ」と韓国の「トロット」

まえがき　7

について、西洋の文化を東アジアの中で受容・発展させた日韓共同の文化遺産という観点からアプローチし、比較検討を進めることにする。

　近年、歴史問題をめぐっては日本と韓国の政府間で、政治的、経済的対立が激しくなり、多くの国民が巻き込まれている。このような時だからこそ、改めて、私は文化という観点から二つの国の間で橋渡しをした日本人・柳宗悦や韓国人・金素雲のことを思わずにはいられない。柳宗悦は『朝鮮人を想う』を書き、「朝鮮民族美術館」を建設した。また、金素雲は日本で『朝鮮民謡集』や『朝鮮童話集』『朝鮮詩集』などを出版し、日本に紹介した。

　柳宗悦は『朝鮮人を想う』で次のように書いている。

　　「他国を理解するもっとも深い道は、科学や政治上の知識ではなく、宗教や芸術的な内面の理解であると思う。云い換えれば経済や法律の知識が吾々を他の国の心へと導くのではなくして、純な愛情にもとづく理解がその国をうちより味わわしめるのであると考えている」。

　このような私の「ささやかな」試みが、日本と韓国の相互理解を深めるのに少しでも役立つようになればと願っている。

　なお、本書では韓国・朝鮮の呼称問題について、一言触れておきたい。ここでは、戦前戦後を問わず、韓国での研究業績をもとに検討しており、戦後は主として韓国社会の大衆音楽を中心に考察してきた。したがって、固有名詞など特別な場合を除き、総称として「韓国」を用いることにした。

　また、引用については当該箇所に表示しないで、巻末に参考文献を付した。

2019 年 11 月　　小林孝行

＊写真の出典について

本文に掲載した写真で、クレジットが入っているもの以外の出典は、以下のとおりである。

☆＝シン・ミョンジク〔신명직〕『モダンボーイ京城をあるく』（現実文学研究〔현실문학연구〕、2003 年）

☆☆＝朴 燦 鎬（写真・序文）・李埈 煕（編集・解説）『「韓国歌謡史」30 年記念 朴燦鎬コレクション 所蔵音盤図録』（有情千里〔制作〕、クォン・ミスン〔発行人〕、図書出版ムソン〔도서출판 무송〕、2017 年）

☆☆☆＝山根俊郎所蔵レコード

日韓大衆音楽の社会史
エンカとトロットの土着性と越境性

目次

まえがき……………………………………002

第1章
日本と韓国の近代音楽の受容と展開…………015
　1　近代音楽の受容の歴史…………………………015
　2　近代音楽と歌唱…………………020
　3　大衆音楽の誕生…………………027

第2章
1920・1930年代の東京とソウル（京城）の社会と文化…037
　1　1920・1930年代の日本と韓国…………………037
　2　東京の1920・1930年代…………………038
　3　ソウルの1920・1930年代…………………047

第3章
大衆音楽としての日本の「エンカ」──歴史と多様性 ⋯⋯063
 1 「エンカ」とは ⋯⋯⋯⋯⋯⋯⋯⋯⋯⋯⋯⋯⋯⋯⋯063
 2 「エンカ」に関する言説 ⋯⋯⋯⋯⋯⋯⋯⋯⋯066
 3 平岡正明らの「エンカ」論 ⋯⋯⋯⋯⋯⋯⋯073
 4 「エンカ」の音楽的特徴 ⋯⋯⋯⋯⋯⋯⋯⋯075
 5 「エンカ」の歴史的展開 ⋯⋯⋯⋯⋯⋯⋯⋯081
 6 〈プリエンカ〉とその時代 ⋯⋯⋯⋯⋯⋯⋯082
 7 〈オールドエンカ(アーリーエンカ)〉とその時代 ⋯⋯084
 8 〈ミドルエンカ(スタンダード・エンカ)〉とその時代 ⋯⋯099
 9 「エンカ」のタイポロジー ⋯⋯⋯⋯⋯⋯⋯105

第4章
大衆音楽としての韓国の「トロット」──歴史と多様性 ⋯⋯109
 1 「トロット」とは ⋯⋯⋯⋯⋯⋯⋯⋯⋯⋯⋯⋯⋯109
 2 韓国大衆音楽の成立と展開 ⋯⋯⋯⋯⋯⋯⋯117
 3 「トロット」の歴史 ⋯⋯⋯⋯⋯⋯⋯⋯⋯⋯123
 4 「トロット」の特徴 ⋯⋯⋯⋯⋯⋯⋯⋯⋯⋯136

第5章
日本における韓国「トロット」 ⋯⋯⋯⋯⋯⋯⋯⋯143
 1 韓国大衆音楽の日本への移入 ⋯⋯⋯⋯⋯143
 2 〈静かな長安〉と〈あだなさけ〉 ⋯⋯⋯⋯157
 3 木浦の涙 ⋯⋯⋯⋯⋯⋯⋯⋯159
 4 〈風に託す手紙〉と〈納沙布岬〉 ⋯⋯⋯⋯161
 5 〈帰ってきて、釜山港に トラワヨ プサンハンエ〉 ⋯⋯164

第6章
韓国における日本「エンカ」·············169
　　1　韓国における日本「エンカ」の現状·············169
　　2　1980年代の「ポンチャク論争」·············177
　　3　1988年ソウルオリンピック以降の状況·············182

第7章
現代の「エンカ」と「トロット」·············185
　　1　日本「ニューエンカ」と韓国「ニュートロット」の出現·············185
　　2　定型化され様式から離れた「ニューエンカ」「ニュートロット」···195
　　3　懐メロとしての「エンカ」と「トロット」·············196
　　4　現代の「エンカ」と「トロット」を取り巻く状況·············205

第8章
「エンカ」と「トロット」の比較検討·············207
　　1　「エンカ」と「トロット」の類似性·············207
　　2　三領域の分析·············210
　　3　「エンカ」と「トロット」の土着性・越境性·············227
　　4　自己更新し生き延びる「エンカ」·············233

参考文献·············242
日韓大衆音楽の関連年表·············248

［コラム］「トラワヨ　プサンハンへ」の元歌·············168
［コラム］地名を入れた歌の題名（曲名）·············222
［コラム］「エンカ」の父・古賀政男·············236

あとがき·············268

日韓大衆音楽の社会史
エンカとトロットの土着性と越境性

小林孝行＝著

일한 대중음악의 사회사

엔카와 트로트의 토착성과 월경성

고바야시 다카유키

第1章

日本と韓国の近代音楽の受容と展開

　日本と韓国の近代音楽について、その成立と展開について概括的に述べる。その出発点には、ともにキリスト教の布教と深い関わりがあった。その後、現代に至るまで西洋音楽の影響を受け、共通する部分が多い。特に、大衆音楽ではアメリカの影響が非常に大きい。一方、それぞれの国では、伝統音楽を継承した独自の展開を果たしている。「エンカ」、あるいは「トロット」という名称は別として「唱歌」「童謡」「流行歌」など漢字語の音楽ジャンル名は、日本で最初に作られた。それが韓国に伝えられて、使用されており、共通している。これは戦前に日本が韓国を植民地支配し、政治、経済だけでなく、文化にも影響を与えたことを物語っている。戦後は欧米の音楽の影響を受けながら、それぞれ独自に大衆音楽を展開させたといえるだろう。

1　近代音楽の受容の歴史

　日本と韓国の近代音楽は、近代化過程の一環として西洋音楽を受容し、それぞれ独自の形で作られている。ただし、1900年代初頭から1945年までは日本の植民地政策によって、韓国の近代音楽が日本の影響を受けたことは否定できない。

　日本と韓国の近代音楽の歴史について検討すると、いくつかの共通点がある。第一は導入過程である。韓国に比べ、日本が近代化に先行しているという差があり、キリスト教会、軍隊、学校という三つの共通する経路をもっていた。時

第1章　日本と韓国の近代音楽の受容と展開　　15

期的にキリスト教が最も早く、次に軍隊、学校という順序であるが、軍隊と学校はそれぞれ国家の近代化政策と関わっている。ただし、韓国の場合、大韓帝国時代に、近代的軍隊が整備され、軍楽隊が設置された。したがって、韓国独自のものといえるが、近代教育制度は日本の影響を強く受けて発足しており、学校教育における音楽のあり方にも日本の影響があった。

第二に、両国の音楽史でも、共通する部分が多い。

近代西洋音楽の導入について、日本が先行していたとしても、それほど大きな時間差がなく、韓国でも展開していった。ジャズやポップスなどのアメリカ大衆音楽は、その時々に日本と韓国に伝えられ、現代に至るまで大きな影響を与えている。しかし、大衆音楽については異なった側面もあるので、日本と韓国だけで捉えるのではなく、世界的な視野で捉える必要があるだろう。

第三に、二つの国の近代音楽における音楽用語が、よく似ていることも興味深い。

「エンカ」と「トロット」を除き、日本や韓国で音楽ジャンルを指す言葉が漢字語で作られており、ほとんど同一になっている。例えば、唱歌、軍歌、童謡、歌曲、民謡、流行歌、歌謡曲などだ。それらは基本的に西洋音楽の翻訳語として日本で作られ、それが韓国にも伝えられたのだから当然といえよう。その背景としては、日本が韓国を植民地支配していたことが考えられるが、それだけでなく、日本と韓国の地理的な近さ、歴史的な関わりや世界的な音楽シーンなども考えなければならない。

相違点としては、韓国で西洋音楽を受け入れる際に直接受け入れる場合と、日本が韓国を植民地支配したことによって、日本を経由して間接的に受け入れる場合の二つがあった。その際、日本を経由することによって、元の西洋のものに解釈や変更がなされ、何がしかの影響が与えられた場合がある。日本の植民地政策によって、韓国の自主的な独自の近代音楽の発展が妨げられた点にも留意する必要がある。

（1）キリスト教と近代音楽

日本と韓国へのキリスト教の布教は、カトリックの場合、すでに16世紀か

ら行われているが、ここではプロテスタントの布教について述べる。19世紀
後半の開国にともない、日本と韓国では外国人の入国が認められるようになっ
た。その時、キリスト教の布教を目的として宣教師がやってきた。日本には
1859年アメリカ聖公会の牧師ジョン・リギンズや、アメリカ長老会医師のヘッ
プバーンなどが来日している。韓国では、1885年にアペンゼラーとアンダー
ウッドが来韓している。

　西洋音楽の中で歌唱に関しては、日本も韓国も、最初は讃美歌がアメリカか
らのキリスト教伝道の一環として伝えられた。キリスト教会では、牧師が聖書
を教え広めると同時に、讃美歌の指導を行った。日本で歌われた讃美歌で記録
に残っているものは、1872（明治5）年にバプテスト派が発表した「ヨキ土地
アリマス」だが、1887（明治20）年には「新撰讃美歌」が編纂されている。
韓国での最初の讃美歌集は、1892年にジョーンズとロスワイラーが編纂した
監理教「讃美歌」であった。

　宣教師やその夫人は、教会を訪れる若者に、個人的に楽器演奏指導を行って
いる。特に韓国では、音楽教育機関が十分に整備されていなかったので、その
中から音楽家となった若者もいる。また、日本や韓国ではなかなか布教が難し
く、宣教活動とともに、医療活動、教育活動にも携わり、ミッションスクール
が開設された。そこでは宗教音楽だけでなく、音楽教育も行われた。このキリ
スト教会での音楽教育は、唱歌の成立にも大きな影響を与えた。

　このようにキリスト教は、初期において、近代音楽の普及と音楽家の養成な
どの点で一定の役割を果たしたといえるだろう。

(2) 軍楽隊と近代音楽

　日本では、幕末から太鼓やラッパを中心としたオランダ式軍楽、イギリス式
軍楽、フランス式軍楽が紹介され、すでに伝習されていた。軍楽隊という形式
では、1869（明治2）年に薩摩藩伝習生が横浜でイギリス軍陸軍軍楽長のフェ
ントンの指導を受けたことが始まりとされる。その後、新たに創設された陸軍
と海軍で軍楽隊が結成され、西洋音楽家を招聘し、音楽教育と訓練が行われる
ことになった。音楽専門学校が整備されるにつれて、音楽教育の中心が音楽専

第1章　日本と韓国の近代音楽の受容と展開　17

門学校に移っていったが、そこでは声楽と弦楽器、鍵盤楽器の演奏に関する音楽教育が主であった。後に管楽器教育も行われていくが、軍楽隊では継続して打楽器、管楽器の教育と訓練が続けられた。この音楽教育システムは、後に成立した東京音楽学校などの音楽学校が主に担っていくことになるが、軍楽隊による音楽教育は続けられた。

塚原康子は戦前の軍楽隊について、

> 「①管楽器奏者の養成機関であったこと、②全国の志願者から選抜した14歳から18歳の新人に対して、一、二年の短期集中型の専門教育をおこなったこと、③志願者の選抜は体格審査と学力検査だけでおこなわれ、音楽を志す者が実技の受験準備なしに応募できたこと、などを特徴としてあげることができる」

と述べている。そこで訓練された者は「海軍軍楽隊の明治期からの入隊者総数は約2500人、陸軍軍楽隊の入隊者総数は約1600人にのぼる」という。

軍楽隊は国家行事や軍隊儀式などで演奏したが、時に依頼を受け、民間で出張演奏することもあったという。そして、1886（明治19）年に海軍軍楽隊を退役した加川力、井上京次郎ら六人によって「東京市中音楽会」が設立された。さらに無声映画が出現すると、映画館で演奏したり、大衆音楽が登場すると、歌伴奏をするために演奏する機会が出てくるようになった。それらは、退役した軍楽隊隊員の新たな活動の場となったのである。

阿部勘一によれば、市中に出た軍楽隊は「聴覚的な側面もさることながら、視覚的な側面でもそのハイカラさが受け、当時の人々にとっては大変魅力的な存在だった」という。

また、日本では広告宣伝と結びついて音楽隊が活用されることにもなった。特に百貨店が音楽隊を創設して宣伝を行った。1909（明治42）年には「三越少年音楽隊」ができ、名古屋の「いとう屋呉服店」、大阪三越百貨店、大阪髙島屋などが少年音楽隊を作っている。

塚原は「軍楽隊が民間バンドへの最大の人材供給源であったことは事実であ

り、特に編曲・指導・指揮などのノウハウをもつ軍楽長経験者は、民間バンドや管弦楽団の指導者として貴重な存在だった」とも述べている。

　総じて、阿部が言うように、「近代日本の音楽の歴史、とりわけ大衆音楽の歴史を語るうえで、〈ブラスバンド〉が果たした役割は、ひじょうに大きいものがある」が、〈ブラスバンド〉の演奏者は主に軍楽隊出身者であった。

　韓国では、1900年に軍楽隊が創設され、日本の軍楽隊を指導したことのあるドイツ人作曲家で音楽教師のF・エッケルトを招聘した。1901年に50名、1904年に50名が選抜され、音楽教育と訓練が行われた。

　閔更燦（ミンギョンチャン）によれば、この訓練は「学習は午前午後各3時間ずつ、毎日6時間ずつ行われたが、午前には音楽理論と読譜法のような学科教育を午後には楽器練習をした」という。それでも、1901年の9月には皇帝・高宗の誕生祝賀会に出席して、最初に演奏し、喝采を受けたというほどの演奏技術を習得していた。

　しかし、日本の朝鮮支配の過程で1907年に軍隊が廃止させられ、それに伴い軍楽隊も解散してしまう。その中で、軍楽隊は「李王職洋楽隊」「京城楽隊」などと名称を変えながら、公園などで演奏を続けていく。軍楽隊隊員数は日本と比べると少ないが、その後、学校の音楽教師の他、日本の軍楽隊出身者と同様に市中音楽隊、映画館内楽団、大衆歌謡楽団、管弦楽団などで活躍した。なかでも、楽長を務めた白禹鏞（ペクウヨン）、鄭士仁（チョンサイン）などは演奏だけでなく、指揮、作曲などでも活躍した。

　このように、日本と韓国において、軍楽隊出身者が演奏活動だけではなく、作曲・編曲活動などを通して、西洋音楽の普及、および大衆音楽の発展に大きな役割を果たしたのである。

（3）クラシック音楽のはじまり

　大正時代はクラシックをはじめ、さまざまな音楽ジャンルが社会に広がり始めた時期でもあった。

　いわゆるクラシック音楽としては、1912（大正元）年、帝国劇場歌劇部にイタリア人のオペラ演出家・ローシーが招かれ、翌年から「ヘンゼルとグレー

テル」「魔笛」「蝶々婦人」などの歌劇を日本人の出演で公演している。このことは、日本人の音楽家が輩出されたことを意味するが、この公演は必ずしも日本人に受け入れられなかった。興行としては失敗に終わり、帝国劇場歌劇部は1916（大正5）年に解散してしまう。つまり、クラシックの音楽家は、学校教師を除けば、職業として、まだ成立条件が整っていなかったといえるだろう。

　その後、浅草オペラが作られていく。大正期の浅草オペラを通して、「天国と地獄」「カルメン」「恋はやさし野辺の花」（1918〔大正7〕年）〈4分の3拍子〉、「ディアボロの歌」（1919〔大正8〕年）〈8分の6拍子〉など、オッフェンバック、ビゼー、ズッペなどのクラシック音楽を受け入れた。西洋音楽の大衆化をもたらした浅草オペラは、関東大震災とともに終わったが、その後は二村定一などがジャズ歌手として活躍した。

　クラシックでは、留学から帰国した山田耕筰が、1924（大正13）年に日本交響楽協会を設立した。1925（大正14）年には、ロシア人音楽家と日本人音楽家による「日露交歓交響管弦楽演奏会」を開催し、1926（大正15）年に最初の定期演奏会を開いている。1929（昭和4）年には日比谷公会堂が建設され、日本で初めてクラシック専用のコンサートホールとして活用された。

2　近代音楽と歌唱

(1) 唱歌

　西洋音楽導入の三つの経路の中では、最も遅れて近代学校教育で音楽が取り上げられた。日本では1872（明治5）年、学制公布という近代教育制度が成立し、学校教育の中で教育科目名として、唱歌が位置づけられた。しかし、その唱歌教育はすぐに実施できず、音楽カリキュラムの検討、教科書の編集、音楽教師の育成など唱歌科目実施のために、伊沢修二が中心となって音楽取調掛が設置されている。

　韓国では、日本の植民地主義のもと、日本の教育制度に倣った学校制度が作られ、音楽教育が行われた。

　1906年、当時の大韓帝国政府は、日本が朝鮮に設置した韓国統監府の指導

により学制を改定し、学校教育科目に「唱歌（창가［チャンガ］）」を加えている。そして1910年、日本の植民地支配のもとに学校制度が作られ、日本の学校教育に倣って「学校唱歌」が構想されることになった。

民間レベルでは、日本に留学していた崔南善（チェナムソン）が日本の「鉄道唱歌」に触発され、1908年に「京釜鉄道歌」を作詞した。スコットランド民謡として知られた「Comin' through the Rye（日本の曲名としては「故郷の空」）」に曲をつけて広め、韓国に唱歌という言葉をもたらした。

ただ、韓国では「学校唱歌」とは別に、もう一つの流れとして、キリスト教会で賛美歌とともに「教会唱歌（キリスト教会由来の唱歌）」、あるいは「愛国唱歌」が作られていく。ここでは、韓国人によって啓蒙的・愛国的な内容の歌詞が作られたのである。「教会唱歌」は韓国の民族主義を強調したので、日本の支配機関である朝鮮総督府は、同化政策を妨げるものとして、不良唱歌として弾圧することになる。

いずれにしても、初期の唱歌の歌詞は、日本でも韓国でも、啓蒙的・愛国的なものであった。

また、西洋音楽について経験のなかった日本人や韓国人にとって、新たに歌詞を作ることはできても、すぐに作曲はできなかった。したがって、最初はほとんど外国曲を借用している。その際、もととなる楽曲の多くは、アメリカのキリスト教の同一宣教団によってもたらされた讃美歌だった。今でも韓国や日本でよく知られている「主、我を愛す」や「主よ　みもとに近づかん」のような讃美歌が、最初に翻訳されて歌われている。

つまり唱歌は当初、アメリカの、しかもキリスト教伝道活動と密接な関わりがあった。日本や韓国に伝えられた最初の楽曲は、キリスト教由来の讃美歌が大きな位置を占めていたといえる。

(2) 長調（ヨナ抜き）5音階

このことについて、音楽史学者の安田寛が詳しく研究している。日本で最初に作られた音楽の教科書『小学唱歌集初編』には、全33曲のうち、10曲が讃美歌であったという。ただし、歌詞は日本人によって、キリスト教の色彩が

第1章　日本と韓国の近代音楽の受容と展開　　21

除かれ、儒学的な色彩の強い愛国的な内容、啓蒙的なものに変えられている。

その典型的な例が「Auld Lang Syne」という曲である。この曲はスコットランドの民謡であるが、日本と韓国へは、直接スコットランドからもたらされたものではなかった。移民によってヨーロッパからアメリカに移され、アメリカのキリスト教宣教団によってもたらされたのである。

さらにアメリカでは、ヨーロッパから入ってきた世俗曲に讃美歌の歌詞がつけられ歌われたこともある。「Auld Lang Syne」を原曲として、日本では「蛍の光」（稲垣千頴作詞）、韓国では「愛国歌」と異なる歌になった。

この「Auld Lang Syne」が、スコットランド音階（ファとシの半音のない長調5音階）であったことに注意する必要がある。この音階は日本でも韓国でも広く受け入れられ、唱歌や童謡・歌曲などにも用いられることになる。

このように長調が受け入れられた背景として、当時の音楽教育指針がある。伊沢修二によって作成された『音楽と教育との関係』において、

> 「長音階の旋法に属する楽曲は勇壮活発にして、其快情実に極りなし。之に反して短音階の旋法に属するものは柔弱憂鬱にして、哀情甚だしきものとす。（中略）而るに短音階の楽曲を演ずる者は、哀情計らず、悲歓の感を催し、其外貌に露わるるや、覆わんとするも得べからざるに至る。是を以て幼時長音階に由て薫陶を受けし者は、よく勇壮活発の精神を発育し、有徳健全なる心身を長養するを得、また幼時短音階に由て教練を受けし者は、柔弱憂鬱の資質を成し、無力多病なる気骨を求むべし」

と書かれ、勇壮な子弟を育てる学校唱歌において、長調音階の優位を強調している。これは1884（明治17）年、伊沢がまとめた『音楽取調成績申報書』の一部でもあり、音楽理論の知識をもとにして、音楽教育の方向性が早くから示されていたことになる。

そして、音楽学校などの専門的教育機関が定着することにより、近代西洋音楽に関する理論的・技能的水準も向上し、専門的な音楽家も出現するにいたった。19世紀末から20世紀初頭になると、日本人の優れた作曲家も誕生し、

唱歌や軍歌などが作られていく。そして、唱歌も新たな展開を迎える。

（3）短音階の登場

　例えば、楽曲ではそれまでの長音階ではなく、短音階が使用されるようになった。その最初の曲は「ノルマントン号沈没の歌」だが、唱歌において、滝廉太郎は短音階を用いて「荒城の月」（1901〔明治34〕年、土井晩翠作詞）を作曲した。この「荒城の月」は、その後の日本音楽に大きな影響を与えたといえる。ただし、この短調は7音階でも、5音階でもなく、6音階であった。

　また歌詞では、それまでの文語調の啓蒙的・愛国的な内容ではなく、東クメ作詞といわれる「お正月」（1901〔明治34〕年、滝廉太郎作曲）は口語調で、子どもにとってわかりやすく、親しみやすいものであった。これらの新しい音楽の様式は、童謡、歌曲などに引き継がれていくことになった。

（4）近代西洋音楽のひろがり

　全体として、近代西洋音楽はまず「学校唱歌」や「市中音楽隊（ジンタともいい、軍楽隊で学んだ人が、後に楽隊を編成し、いろいろな儀式や宣伝のために演奏した）」を通して、人々の間に定着していった。

　そして、日本で作られ、歌われた歌が、韓国に伝えられ、歌われるようになる。ただその際には、学校唱歌として半ば強制されるものは別にして、すべてを受け入れたのではなく、選択的に受容したといえる。

　例えば、日本の「天然の美」はそのままのタイトルで、歌詞をつけて、韓国語で歌われた。また日本の「鉄道唱歌」は、韓国では「学徒歌」として、もとの意味とは違う歌詞が付けられて歌われた。この段階では、まだ韓国では作曲家が誕生していなかったのである。

　啓蒙的・愛国的な「学校唱歌」あるいは「教会唱歌」の後は、日本やその他外国歌謡の翻案曲を中心に、日常生活をテーマにした叙情的・情緒的な歌が登場した。それを「流行唱歌」と呼んでいる。1916年には洪蘭坡著『通俗唱歌集』、1922年には李尚俊著『新流行唱歌』が刊行されている。これは大衆歌謡の前史的な形態といえるだろう。

韓国人音楽史学者の閔 庚 燦は、日本の唱歌と韓国の唱歌について、次のように述べている。

「韓国唱歌には、日本唱歌の影響を受けたと思われる類似点が多く発見される。断片的な例として、讃美歌を母体とした唱歌や欧米の民謡を母体とした唱歌など外国の歌に基づいた唱歌は日本と韓国がほぼ同じであり、自国の民謡に基づいた唱歌以外には日韓両国の創作唱歌を音楽的に区分するのは不可能である。そしてある程度唱歌の影響を受けて作られた日本と韓国の童謡、大衆歌謡、国民歌謡、歌曲なども音楽的に非常に似ている」。

(5) 軍歌

近代日本で軍歌が始まったのは、戊辰戦争の時、官軍側が歌った「宮さん宮さん」だといわれるが、本格的な軍歌としては、西南戦争後の外山正一作詞、軍楽隊招聘教師のシャルル・ルルー作曲による「抜刀隊」であった。それ以降、軍楽隊を中心にいくつかの「軍歌」が作られていくが、日清・日露戦争を契機に「敵は幾万」「勇敢なる水兵」「軍艦行進曲」「日本海軍」など、主に軍楽隊出身の日本人作曲家によって活発に作られた。そして、それらが軍隊の内部だけでなく、広く社会に知られるようになった。ちなみに、これらの楽曲は、日本の軍隊が韓国へ出兵するのに伴い、韓国でも演奏され、それを契機に韓国でも新たな歌詞を作って、韓国軍歌としても歌われている。

そこで用いられた音階は、主として長調ヨナ抜き5音階であったが、その中で、少ないながらも日本で最初に短調ヨナ抜き5音階で作られた曲が「ノルマントン号沈没の歌」であった。この曲が作られたのは1887（明治20）年とかなり早く、「抜刀隊」の前半部をもとにしている。

軍歌の中には、短音階で作られた「四条畷」（1896〔明治29〕年、ヨナ抜き5音階、大和田建樹作詞、小山作之助作曲）、「戦友」（1905〔明治38〕年、第7音を除いた6音階、真下飛泉作詞、三善和気作曲）、「水師営の会見」（1910〔明治43〕年、第7音を除いた6音階、佐々木信綱作詞、岡野貞一作曲）、「橘中佐」（1912〔明治45〕年、第7音を除いた6音階、作詞者不詳、岡野貞一作曲）など

がある。

　軍歌は兵士の士気鼓舞と、国民の戦意昂揚を図る目的で作られた。最初は軍隊の中で演奏され、歌われていたが、次第に学校教育でも活用され、学生や一般人の間でも歌われるようになった。商業的な流行歌とは区別されたものであったが、1930 年代以降、広く国民の戦意昂揚と意識の統合を図って、「軍国歌謡」あるいは「戦時歌謡」として、つまり「流行歌」として普及しようと政府による意図的政策が働いたといえよう。

　ただし、軍歌といわれるものの中には、勇ましい調子のものだけでなく、戦闘で死んでいった戦友の死を悼む「戦友」などのような、哀調を帯びたものもあった。それらの曲は人々の戦争体験を共有するものとして受け入れられ、厭戦的な雰囲気もあった。このことから、軍歌においても長調だけではなく、短調で作られるものも出現したのである。

　1931（昭和 6）年の日中戦争に始まり、1945（昭和 20）年の太平洋戦争敗戦にいたるまでの 15 年間で、新たに「国民歌」というジャンルも作られている。大衆歌謡の中でも、戦時歌謡と軍歌は原理的に異なるが、ほとんど同じ音楽専門家によって作られ、大衆音楽歌手によって歌われた。この時期、広く国民によって受容され、直接的であれ、間接的であれ戦意昂揚が図られているので、戦時歌謡と軍歌を厳密に区分することは困難である。

　そのような中、短調で作られたものとしては「露営の歌」（1938〔昭和 13〕年、ヨナ抜き 5 音階、薮内嘉一郎作詞、古関裕而作曲）、「荒鷲の歌」（1938〔昭和 13〕年、ヨナ抜き 5 音階、東辰三作詞作曲）、「麦と兵隊」（1938〔昭和 13〕年、ヨナ抜き 5 音階、藤田まさと作詞、大村能章作曲）、「あゝ戦友よ眠れかし」（1938〔昭和 13〕年、ヨナ抜き 5 音階、佐藤惣之助作詞、古賀政男作曲）、「加藤隼戦闘隊の歌」（1940〔昭和 15〕年）、「若鷲の歌」（1943〔昭和 18〕年）、「同期の桜」（1938〔昭和 13〕年作、1944〔昭和 19〕年流行、第 7 音を除いた 6 音階、帖佐裕作詞、大村能章作曲）などがあり、大衆音楽の作曲家が関わっている。

(6) 童謡・歌曲
20 世紀になり、第一次世界大戦が終わる（韓国の場合は 1919〔大正 8〕年

第 1 章　日本と韓国の近代音楽の受容と展開　　25

三一民族独立運動以後）と、新たな音楽ジャンルとして童謡・歌曲が作られた。日本では、1918（大正 8）年に鈴木三重吉が中心となって雑誌『赤い鳥』を創刊した。一方、韓国では 1923（大正 12）年に児童文学者・方定煥が中心となって雑誌『オリニ』を創刊し、それぞれ童謡・童話創作運動を展開した。

『赤い鳥』では、それまでの教訓的・啓蒙的な唱歌を批判するとともに、大人たちの「俗悪」な歌を子どもが真似して歌うことを嘆いて、児童の心のあり方に即した、より芸術的な音楽や文学を志向した。童謡・童話雑誌としては『赤い鳥』の後に、いくつかの雑誌が創刊されたが、むしろ『金の船』によって楽曲が評価されている。『オリニ』では、日本に留学した韓国人青年音楽家や青年文学者などが中心になって展開された。

日本の『赤い鳥』と韓国の『オリニ』との直接的なつながりはよくわからないが、童謡・童話創作運動という点では共通している。ただ韓国では、児童芸術の分野にとどまらず、方定煥は児童の人権運動にも積極的に関わった。これは伝統的な儒教規範の中で、ほとんど看過されていた課題であった。それには、第一次世界大戦（そして三一運動）後の世界的な民族主義、民主主義、人権思想の高揚という時代思潮（共通の背景）があった。

ただし楽曲については、それまで通り、長調ヨナ抜き 5 音階で作られたものが多かった。その楽曲について、理論的、歴史的な観点から、本格的に検討を行ったのが本居長世であった。東京音楽学校を卒業後、邦楽調査補助に任ぜられ、調査研究にあたり、日本の音楽的伝統を活かして、創作童謡を作り出した。その代表的な曲が、短調音階で作られた「十五夜お月さん」（1920〔大正 9〕年）、「七つの子」（1921〔大正 10〕年）であった。ただし、これらは短調ヨナ抜き 5 音階ではなく、日本音階に影響を受けたものであった。

童謡で短調ヨナ抜き 5 音階を用いて作曲したのは、弘田龍太郎（本居長世の弟子でもあり、童謡作曲家でもあった）が作曲した「雨」（1918〔大正 7〕年）や「あした」（1920〔大正 9〕年）、東京音楽学校出身の梁田貞が作曲した「羽衣」（1919〔大正 8〕年）、中山晋平が作曲した「てるてる坊主」（1920〔大正 9〕年）、「黄金虫」（1923〔大正 12〕年）や、杉山はせをが作曲した「花嫁人形」（1923〔大正 12〕年）などがあり、短調ヨナ抜き 5 音階の本格的な使用は 1920〔大

正9〕年前後に始まっている。

　そのような童謡と同時代で、ほぼ同じ音楽家や文学者によって、歌曲も創作されている。それは唱歌や童謡に比べて、高いレベルの音楽的・文学的水準を求めたものであり、これまでの集大成といえる。

　これらの曲はその後も長く、その国（その民族）の人々に愛唱され、いわゆる民族性を象徴する歌となった。代表的な作曲家としては、日本では山田耕筰、韓国では洪蘭坡が有名である。

　ただ成立の過程で明確に区別された童謡や歌曲も、時間が過ぎた現在から見ると、特にその境界領域は曖昧となり、唱歌、童謡、歌曲の区別がはっきりとしないようになった。

3　大衆音楽の誕生

(1)「美しき天然」と「七里ガ浜の哀歌」

　1900年代になって作られ、その後の日本や韓国の大衆音楽に大きな影響を与えた唱歌を二曲紹介する。一つは「美しき天然（天然の美）」（1905〔明治38〕年）である。

　この歌は、長崎県の九十九島の景観を讃えた武島羽衣の詩に、軍楽隊で音楽を学び、当時、佐世保鎮守府軍楽隊隊長であった田中穂積が、佐世保女学校の委嘱で、女学校唱歌として作曲したものである。この曲は短調ヨナ抜き5音階＋第7音の6音階で、4分の3拍子で作られている。

　日本人が初めて作曲した4分の3拍子の曲は、吉田信太の作曲した「港」（1896〔明治29〕年）で8分音符を二つ繋ぎ、跳ねるような曲調である。それに対して「美しき天然」はゆったりと流れるような曲調となっている。

　実は西洋のワルツ曲の中で、ルーマニアの作曲家ヨシフ・イヴァノヴィッチが作った「ドナウ川の漣」は、1889（明治22）年のパリ万国博覧会で演奏されて有名になり、早くから日本に伝えられ、軍楽隊で演奏されていた。それに田村貞一が歌詞をつけ、1902（明治35）年には慶応大学で歌われたといわれている。この曲はヨナ抜き音階ではないが、ホ短調で4分の3拍子（ワルツ）

で作られていた。当然のことながら、軍楽隊隊長であった田中穂積も、この曲のことは知っていたものと思われる。

もう一つの曲は「七里ガ浜の哀歌（真白き富士の根）」（1910〔明治43〕年）である。この歌は、1900（明治33）年に七里ガ浜沖で遭難した逗子開成中学の学生12名の死を悼んで、当時、鎌倉女学校の教師だった三角錫子によって作詞されたものである。楽曲はもともと外国曲であるが、日本には賛美歌として伝えられている。この曲は8分の6拍子、ヘ長調ヨナ抜き音階となっている。

（2）大衆音楽としての歌謡曲

大衆音楽、あるいは大衆歌謡とは、作詞者、作曲者だけでなく、歌手もはっきり明示されている。そして、専門的な音楽家によって作られ、商品として、メディアを媒介し、不特定多数の人々によく知られるようになった曲である。一般的に、最初は流行歌、その後は歌謡曲と呼ばれていた。「歌謡」という概念は、日本では古くから用いられていたもので、一般に歌詞を含んだ歌のことを指していた。しかし、近代では再定義され、どちらかというと西洋音楽の一ジャンルを指すものとして捉えられていた。

山田耕筰も音楽論評で、現代では「歌曲」というジャンルの曲を「歌謡曲」という言葉を用いている。韓国においても「歌曲」は、李朝時代の伝統音楽のジャンルとして扱われており、洪蘭坡が作った歌曲の作品集を『朝鮮歌謡作曲集』と題して出版している。

そして、1933（昭和8）年にNHKが大衆音楽の名称を「流行歌」から「歌謡曲」に変更して用いるようになった。この頃から「歌謡曲」は西洋音楽の曲ではなく、日本の大衆音楽を指すようになっていった。

それまでの学校唱歌とか讃美歌は、教育のためとか、信仰のためという機能音楽であり、みんなで声を合わせて歌い、歌う（音楽を作る）側と聞く（音楽を消費する）側が未分離で一体だった。それに対して、大衆音楽の場合は作詞家・作曲家だけでなく、歌を歌う専門的音楽家が誕生し、歌う側と聞く側が分離した。音楽が何か別の目的のためでなく、音楽それ自体を楽しむものとなった。いわゆる聴衆が出現したといえるのである。

（3）大衆音楽の成立とレコード産業

　大衆音楽が成立した背景として、科学技術の進歩に伴い、映画、レコード、ラジオなどのマスメディアが出現したことがある。また、大衆社会化状況の中で成立した大衆文化を前提に、唱歌などの西洋音楽が発展し、その上で伝統音楽を引き継いだ。それとともに、アメリカ大衆音楽の影響も受け、産業としての音楽作品が出現した。特に、レコードでは電気録音技術の開発によって、音質が飛躍的に向上し、音楽産業がいっそう活性化したのである。

　この当時、韓国では欧米のレコード会社と提携した日本のレコード会社が、独占的に営業していた。日本人音楽家が韓国で活動し、韓国の音楽家が日本で活動するという形態がとられ、相互に交流があった。とはいえ、この時期、韓国での韓国人音楽家の活動は韓国語、日本人音楽家の活動は日本語で行われていた。反対に日本での韓国人音楽家の活動は、日本名を用い、日本語で行われていた。

　日本で最初の大衆音楽は、1914（大正3）年に松井須磨子が翻訳劇「復活」で歌った「カチューシャの唄」（島村抱月・相馬御風作詞、中山晋平作曲）といわれている。これを作曲する時に、中山晋平は作詞者の島村抱月から「学校の唱歌ともならず、西洋の賛美歌ともならず、日本の俗謡とリードの中間のような旋律を考えて欲しい」といわれたという。

　「カチューシャの唄」について、今西英造は「演歌者たちが『まっくろ節』の大流行で有頂天になっているとき、一方ではいままでの俗謡的はやり唄の傾向を、一挙に打ち破るような新曲が現れてきた」、そして「今までの日本のはやり唄にはなかった近代的な旋律」と述べている。この「カチューシャの唄」の大流行について、当時の松井須磨子の歌手としての人気や口語詩運動の先駆者としての相馬御風の作詞などもあったが、何といっても、中山晋平の全く新しい旋律にあったと述べている。また、園部三郎は「唱歌教育の開始以来はじめて成功した流行歌」と述べている。

　この曲は、いわゆる長調ヨナ抜き5音階で作られたものである。そして、女優・松井須磨子は近代大衆音楽の最初の歌手ともなった。この演劇は、日本各地にとどまらず、台湾や韓国、中国にまで巡回公演が行われた。

また、中山晋平が1921（大正10）年に作曲した「枯れすすき（船頭小唄）」（野口雨情作詞）は、1923（大正12）年に製作された映画「船頭小唄」の挿入歌として用いられ、一世を風靡した。この曲はその後の日本の流行歌を代表する音階、短調ヨナ抜き音階で作られ、これで「中山晋平は日本の大衆歌謡の原型を作った」といわれるのである。

　韓国の場合について、閔更燦（ミンギョンチャン）は

　　「韓国の歌謡曲も直接的影響は日本大衆歌謡の歌詞を韓国語に変えた翻案歌謡という形態ではじまった。そしてその流通は韓国と日本がほとんど同時的になされた。近代的意味の日本大衆歌謡曲の第1号は、1914年に中山晋平が作曲した『カチューシャの唄』で、この曲が『カチューシャの別れの唄』として、1916年に劇団『イェソン座』により翻案歌謡として歌われ普及した。すなわち日本の大衆歌謡　第1号である『カチューシャの唄』を翻案した『カチューシャの別れ唄』が韓国の流行歌第1号だ」

と述べ、その後も日本で流行した歌が韓国語に翻案され、韓国でも流行するようになったという。

　1930年代になると、日本では大衆歌謡の作曲家、作詞家、歌手が登場し、レコードとラジオを通して、本格的な大衆音楽時代が訪れることになる。

（4）戦前の日本の大衆音楽　3つのジャンル

　戦前の日本の大衆音楽は、大きくいって三つのジャンルに分けられる。一つはさまざまな西洋大衆音楽の影響によって作られたジャンルであり、作曲家・服部良一によって代表されるものである。日本の近代音楽の発展の中で、オペラは明治時代末に作られた帝国劇場を主舞台にし、東京音楽学校出身の声楽家を中心として始まった。しかし、クラシック音楽だけでは興行することがままならず、大正時代に「浅草オペラ」が出現した。そこでは、芸術音楽の中でも軽喜劇とアメリカのポップソングが融合し、近代音楽の大衆的人気を獲得した。後に、声学家として活躍する田谷力三や藤原義江、喜劇俳優として活躍する榎

本健一などを輩出した。また、ジャズシンガーとして登場した二村定一も、その一人である。そういう中で、アメリカのポップソングの翻案曲といえる「青空」や「アラビアの唄」などが登場し、「心斎橋行進曲」や「東京行進曲」などのフォックス・トロットリズムを用いた曲も作られるようになった。このような流れの中で、服部良一が登場するのである。

　もう一つは、作曲家・中山晋平から古賀政男へと引き継がれ、伝統音楽の要素を取り入れながら西洋音楽に基づいて作られた「エンカ」である。さらに、歌謡曲の範疇には入れられないこともあるが、第三のジャンルとして「新民謡」がある。

　これについて、大石始は

　　「明治以前から伝えられてきた音頭を〈伝承民謡〉、レコード産業が発展
　　する中で生み出されてきた書下ろしの音頭を〈新作音頭〉と表現するが、
　　そのうち伝承音頭の成立・洗練を支えてきたのが各都市の花柳界であった
　　こともここで強調しておきたい」

　　「『東京音頭』から始まる現代の音頭史を振り返る際、踏まえておくべき
　　なのは民謡の歴史ではなく、むしろ芸妓たちが歌った端唄や俗謡などの座
　　敷歌の歴史であり、明治から大正・昭和初期にかけて劇的に発展していく
　　新しいメディア——レコード、ラジオ、映画——の歴史だ」

と述べている。伝承音頭の継承と新作民謡の成立に大きく関わったことになる。実際の作曲に関わった作曲家などについて、大石始は

　　「中山晋平ら流行歌黎明期の作詞作曲家たちは、お座敷歌からさまざまな
　　ヒントを得ながら自身の作風を作り上げていった。お座敷で歌われていた
　　民謡から〈郷土の歌〉の作り方を学び、芸妓たちが奏でる端唄や俗曲から
　　楽曲のアレンジやリズムを学んでいった」

第1章　日本と韓国の近代音楽の受容と展開　31

と述べている。

実際に「新民謡」で使われた囃子言葉は、特徴的なものといえる。西条八十が作詞、中山晋平が作曲でたくさんの創作民謡が作られたが、多くは小唄勝太郎などの芸者歌手によって歌われた。「東京音頭」「祇園小唄」「茶っきり節」などのように、現在も民謡として歌われているものの中には、このような「新民謡」が多い。これはいわゆる「ご当地ソング」のはしりといえよう。

地方の産物をPRするとともに、愛郷心を育むために、地方行政団体や企業などの要請と、新民謡運動という日本伝統音楽の研究の発展過程によって、既存の民謡の採譜や新しい民謡の創作が行われることになったといえるだろう。

(5) 戦前の韓国の大衆音楽

韓国では、日本より少し遅れて、大衆音楽作曲家、作詞家、歌手が登場し、日本と同じようにレコードとラジオを通して、大衆音楽が人気を得るようになった。韓国の場合、歌謡曲とも呼ばれることはあったが、主として流行歌と呼ばれることが多かった。韓国の流行歌は、日本の歌謡曲とアメリカのポップ・ソングの影響を受けていたが、明確に二つのジャンルに分かれることはなかった。後に「トロット」と呼ばれるジャンルが、一つあったといえよう。

また、韓国でも、日本風の「朝鮮音頭」「京城音頭」「釜山音頭」「羅津音頭」「白頭山節」などの新民謡が作られているが、他方で1931年の「オドンナム」、1932年の「エラ、チョックナ」、1933年の「新バンア打鈴」「ノドゥルカンビョン」なども作られた。20世紀に入って、民謡の拍子と節、歌詞の語法を積極的に継承して、新しく、伝統民謡とは異なる民謡も作られ、「トロット」と並ぶ、もう一つの大衆歌謡のジャンルをなした。

ところが、1930年代末から1940年代前半は、戦時体制下で規制を受けた。日本でも韓国でも、政府による統制が強化され、戦争遂行を鼓舞するような戦時歌謡が中心となっていく。特に、韓国では韓国語歌謡がほとんど認められなくなり、日本語歌謡一色となった。それらの大衆歌謡を、韓国では特に「親日歌謡」ということがある。

(6) 第二次世界大戦直後の日本・韓国の大衆音楽

　第二次世界大戦後、日本と韓国の大衆音楽は、どちらの国でも戦前の楽曲の継承と、アメリカ軍キャンプのクラブでの演奏活動を中心としたアメリカン・ポップスの導入がなされた。そこで作詞・作曲・歌唱を担当した音楽家は、戦前に活動していた人たちであった。その後、戦後世代の音楽家が登場してくることになるが、いずれにしても、アメリカのポップ・ソングの影響を受けたポップス系と、戦前の伝統音楽と近代音楽との混合によって様式化された「エンカ」（日本の場合）系、ないしは「トロット」（韓国の場合）系という二つの流れが、大衆歌謡の系統となった。

　また戦後の日本では、ポップス系やエンカ系の音楽とは別に、非商業的音楽活動として「うたごえ運動」が起こっている。これは労働運動や平和運動とも関連した活動で、ロシア民謡などを中心に歌った。その後、政治的色彩を薄めた「歌声喫茶」が登場し、その中から「北上夜曲」や「北帰行」などのヒット曲も生まれた。

(7) 1960年代のフォーク＆ロック

　1960年代にイギリスで誕生したロック音楽、アメリカで誕生したフォーク・リバイバル（モダン・フォーク）などの若者音楽は、戦後世代の若者文化の一つであった。反戦平和を求め、それまでの既成の権威や体制を批判する反体制運動の高揚とあいまって、全世界に広まっていった。日本でも韓国でも、1960年代にビートルズやボブ・ディランの影響を受けた若者文化が出現し、コピーの段階から、やがてはシンガーソングライターが登場するまでになっている。軍事政権下の韓国の若者たちにとって、これらの若者文化は政治的にも、社会的にも大きな意味を持った。

　日本と韓国のフォーク＆ロックには、ラブソングとプロテストソングという二種類があるが、それぞれの国内で独自の展開をした。日本では、ラブソング系として「カレッジフォーク」とプロテスト系として「関西フォーク」が出現した。当時政治運動に関わった学生は、どちらかといえば高倉健の出演するヤクザ映画と、藤圭子の歌う「エンカ」（怨歌ともいう）に熱中し、プロテスト

ソングにはあまり関心を示さない風潮もあったように思われる。

一方、韓国でもラブソング系とプロテスト系のフォークソングが存在したが、プロテスト系の中では民衆歌謡と呼ばれる歌が現れ、政治運動に関わった学生にも支持されている。この民衆歌謡というジャンルが出現した背景には、1970・1980年代に歴史学では姜萬吉に代表される民衆史学、社会学では韓完相に代表される民衆社会学を中心に、歴史の主体としての「民衆」という独特な概念が出現したことにあるようだ。

また、日本のフォーク＆ロックは韓国に伝えられなかったし、韓国のフォーク＆ロックも日本には伝えられなかった。これは「アリラン」のような新民謡や「釜山港に帰れ」のような韓国大衆音楽が、日本に伝えられ、知られていることに比べると、興味深い差がある。

このように1960・1970年代は、世界的にユース・パワー、ユース・カルチャーが出現したが、この時代は産業化、大衆化が進展する過程でもあり、音楽市場も拡大した。大衆音楽の中では、新たに作詞・作曲に携わる音楽家が出現し、日本ではフォーク歌手がマスメディアに登場して、メジャー音楽となり、ニューミュージックと呼ばれるようになった。そして、これまでの商業音楽の枠組みにとらわれない音楽活動を展開するようになった。

つまり、これまでは歌謡曲としてまとめられていた大衆音楽が多様化、分節化し、改めて日本では「エンカ」という概念が提起された。また、韓国でも同様の傾向が出現する中で「トロット」という概念が提起されている。

1980年代にはカラオケ装置が普及し、大衆音楽を「聴く」から「歌う」という行動に変えていった。このことは受容形態を大きく変え、ひいては大衆音楽の制作面にまで大きな影響を与えた。

(8) 1990年代のJポップとKポップ

日本では、1990年代に〈Jポップ〉という新たな概念が出現している。1988年に開局したばかりのFM局J−WAVEで、「洋楽しか流さないJ−WAVEで、邦楽をオンエアするようなコーナーを始められないだろうか」という話題がきっかけで始まったという。日本のポップソングをどう呼ぶかという議論の

中で、いくつかの案が出されたが、結局〈Jポップ〉という言葉に落ち着いたという。烏賀陽弘道は、次のように言う。

「Jポップという名称が運んだのは『日本のポピュラー音楽が世界に肩を並べるようになった』というファンタジーだった。経済で世界に比肩するようになった日本が、次に夢見たファンタジーは『文化でも世界に肩を並べること』だった。『モノから文化へ』と消費性向の舵を切ろうとしていた社会の空気が、ここには流れ込んでいる。繰り返すが、日本のポピュラー音楽の現実はこれとは逆だ。しかし、事実がそうであればあるほど、現実否認としてのファンタジーは商品価値をますのである」。

日本を表象する〈J〉が話題になり、耳慣れた言葉になったのは、1980年代後半に民営化で成立したJT（旧日本専売公社）、JR（旧日本国有鉄道）であり、1991年に発足したJリーグが決定的だろう。

ところで〈Jポップ〉という用語は、最初はあまり話題にならなかったが、いつの間にか、レコード・CDショップでの分類に使用され、誰でも知っている言葉となった。では、Jポップとは何なのだろうか。それについての定義は必ずしも明確ではないが、烏賀陽弘道は

「歌謡曲の外側にはフォーク、ロック、ニューミュージックといった『非歌謡曲』系のジャンルがあり、そのまた下に、例えばロックならヘビー・メタル、パンクにテクノ、歌謡曲ならアイドルや演歌といったサブジャンルがあった。ところが、『Jポップ』はこうした境界をすべてぶち壊しひとつに統合してしまった」

そして、

「つまり、Jポップとは、かつて歌謡曲、ロック、フォークなどと呼ばれたジャンルをすべて解体してシャッフルし、再構築した名称なのである」

と述べている。

　かくして〈Jポップ〉は具体的な定義が明確にされないまま、歌謡曲にかわってメジャーなジャンル名となった。そして、これまで大衆音楽を総称する用語とされていた流行歌、ないしは歌謡曲が、よりマイナーなジャンル名へと転換していくことになった。これは、これまでの音楽ジャンル間の融合フュージョン化が進んだ現代の大衆音楽シーンを表しているといえるが、とりわけ、そこから「エンカ」が除外されていることは注目に値する。この特徴は、デジタル化とグローバル化ということができよう。

　1990年代になって、日本では韓国の新しい音楽を〈Kポップ〉と呼ぶようになっている。2000年代に韓国では〈Kポップ〉という音楽グループが結成されているので、当初は韓国のポップス音楽の総称として、〈Kポップ〉という名称は用いられなかった。しかし、現在では、日本市場やアジア市場への拡大とともに、総称としての〈Kポップ〉が用いられるようになっている。

　1990年代には「ソテジクアイドゥル」というグループが登場し、それまでの韓国音楽シーンを一変させ、ダンスミュージックとラップをもたらした。そこから新世代音楽としての〈Kポップ〉が始まった。他方でフォークやロック、それにポップスなどをベースとして、韓国バラードが作られた。それらもまた〈Kポップ〉として展開し、日本をはじめ海外市場に進出することになったのである。

第2章

1920・1930年代の東京とソウル(京城)の
社会と文化

　大衆音楽出現の背景となった、1920・1930年代の日本の東京と韓国の
ソウル(京城)の社会−生活−風俗などを紹介する。1920年代は、日本
では大正デモクラシーの出現、普通選挙法と治安維持法の制定、第一次世
界大戦直後の戦争景気、1920年代後半の世界恐慌と昭和恐慌など、政治
経済的には安定した時代であったとはいえない。しかし、1930年代後半
からの戦時体制に比べれば自由であった。興味深いことに、政治経済の領
域で、日本や韓国の近代化に関しては先進的な西欧諸国とタイムラグが
あった。にもかかわらず、大都市に限れば、西洋諸国と比べても、初期的
な大衆社会の成立がそれほど遅れていなかったことは注目に値する。また
日韓併合後の韓国では、1919年の三一運動後、「文化政治」が標榜され
たが、実質的な政治経済分野での日本の支配は強化され、多くの韓国人の
生活は苦しいものとなった。そのような中でも、ソウルなどの大都市では、
日本と同じように部分的な大衆社会が出現している。

1　1920・1930年代の日本と韓国

　第一次世界大戦の結果、民族自決の原則が確立して、それまで植民地支配を
受けていた多くの民族が独立した。また、ロシアに初めて社会主義国家が成立
した。これらの影響は世界各地に広がり、韓国では1919年、日本からの独立
を果たそうとする三一民族独立運動が起っている。

浅草六区映画街（1935年1月1日、毎日新聞社提供）

1920年代は、大戦景気後の世界的な不況に直面し、人々の生活は厳しいものであった。その中で、社会主義思想の影響もあり、労働運動、農民運動が盛んになり、日本では普通選挙運動など、いわゆる大正デモクラシーが出現した。それに対して、1925（大正14）年には治安維持法が成立し、社会運動を取り締まった。

韓国では、中国に亡命政府が成立し、旧満州では抗日武装闘争が始まっている。韓国内では、1926年に610運動（6月10日に李朝最後の王・純宗(スンジョン)の葬列で万歳を叫んだ独立示威運動）、1929年に光州学生事件（光州で起こり、韓国各地に広がった反日学生デモ）も起こっている。

社会経済的には、朝鮮半島では、農業や工業などの産業分野で日本の植民地政策の影響が強まり、日本人地主や起業家の活動が活発になっていった。その中で韓国の農村での生活は、韓国人にとって困難なものとなり、都市への移住および日本や旧満州地域など海外移住が盛んに行われるようになった。

このように、世界的にみると、政治経済的には厳しい対立が起こっていた。

2　東京の1920・1930年代

(1) 日本の近代化と大衆文化

中央集権国家となった明治時代、東京の人口は、政治経済文化の中心として、

京城南大門3丁目(崔吉城編・監修『絵葉書から見る近代朝鮮』より)

急速に膨張した。明治維新直後の1872(明治5)年は859,345人だったものが、1920(大正9)年には3,699,428人、1930(昭和5)年には5,408,678人と増加している。また、もう一つの経済中心地であった大阪も、明治になって最初の産業化の段階では、繊維産業を中心とした軽工業が発達し、「東洋のマンチェスター」と呼ばれて発展している。

ところで、東京では明治維新以降、近代日本の首都として道路建設、水道整備、公共機関および産業機関の建物建築など都市開発が進められたが、必ずしもすべての点で新しく近代化されたわけではない。東京の開発において大きな転換点になったのは、1923(大正12)年の関東大震災である。地震による倒壊だけではなく、それによって生じた大火災によって、東京は壊滅的な被害を受けた。東京の復興に当たっては、後藤新平を中心に帝都復興院が設置され、大規模な復興計画が立てられた。特に土地区画整理事業によって、道路、公園、橋梁などが整備され、それ以前とは別の新しい東京になったといえる。

東京の交通網としては、1872(明治5)年に新橋-横浜間の鉄道が開通して以来、1889(明治22)年には東海道線が開通し、現在も使われている東京駅は1914(大正3)年に作られている。また、1883(明治16)年には上野駅が

作られ、関東地方、東北地方への鉄道のターミナル駅となった。東京都内では、1903（明治36）年に路面電車が開通し、19世紀末から20世紀初頭にかけて東武鉄道、西武鉄道、京成鉄道、東京急行電鉄など民間鉄道が、次々と建設されていった。東京の環状線（山手線）が開通したのは、1925（大正14）年のことである。また、1905（明治38）年には東京で三越百貨店が開業し、消費文化が始まったといえるだろう。

（2）レコード・映画・ラジオの実用化と大衆文化

　マスメディアについては、明治時代から新聞は発行されていたが、レコード、映画、ラジオなど大衆文化に関わる装置は19世紀末ごろに発明され、20世紀になって実用化し、世界中に普及していく。

　映画については、活動写真といわれたサイレント映画が、日本で1890年代末から制作された。1903（明治36）年に日本で最初の電気館（映画館）が開業し、主として外国映画を上映した。1910（明治43）年に本格的な映画「忠臣蔵」が作られている。1923（大正12）年には映画「船頭小唄」が作られたが、それは流行歌「船頭小唄」とタイアップしたもので、音楽と映画のメディアミックスは、初期の段階から始まっていたことになる。

　レコードについては、日本では1907（明治40）年に日本蓄音器製造株式会社が設立され、レコードの製造販売がなされた。最初は外国曲か日本の伝統音楽のレコードが中心だった。ただ、1914（大正3）年に演劇「復活」の劇中歌「カチューシャの唄」が流行し、レコードとしても製作販売されたことがある。映画と音楽の結びつきは早くから行われ、映画上映と主題歌レコード販売がタイアップして宣伝されるようになっている。レコードは1928（昭和3）年に、新しい電気吹込み方式をとるようになって、音質や音量も格段に改善され、音楽鑑賞の主流となっていく。

　ラジオに関しては、1920（大正9）年にアメリカのピッツバーグで最初の放送が開始。日本では1925（大正14）年にJOAK（東京）、JOBK（大阪）、JOCK（名古屋）で放送が開始された。

　舞台興行については、1889（明治22）年に「歌舞伎座」が開業し、伝統的

な演劇が上演された。1896（明治29）年には新派劇団成美団が結成され、「不如帰」「滝の白糸」などを上演した。1901（明治34）年に川上音二郎主催の川上座が書生芝居を始め、1908（明治41）年には「金色夜叉」が上演。1914（大正3）年には劇団芸術座の「復活」が上演され、その挿入歌「カチューシャの唄」が大ヒットした。1924（大正13）年には築地小劇場が開設され、いわゆる新劇公演が始まった。

音楽公演については、第1章で述べているので、ここでは省略する。

（3）モボ・モガの登場

大正から昭和にかけての大衆文化において、扇情的で猟奇的なエログロナンセンスといわれる風潮も現れている。日常生活の中では、大震災以後、ダンスホールや日本独特のカフェが作られ、大衆社会化現象が出現した。そして、大都市の若者を中心にモボ（モダンボーイ）・モガ（モダンガール）といわれる人たちが登場している。近代的な思想、意識、生活様式を持った新しい若者像であるが、表層的には衣装の特異性としても現れる。

1929（昭和4）年に榎本健一が歌った「洒落男」で『俺は村中で一番モボだといわれた男』の衣装が「『青シャツに真赤なネクタイ／山高シャッポにロイド眼鏡／ダブダブなセーラーのズボン』」と歌われている。

P・ポンスは『江戸から東京へ』のなかで、江戸時代から明治・大正時代という過程の中で、日本そして東京の文化が変容していった状況をうまく表現している。関東大震災以降の東京の状況を、ポンスは次のように述べている。

> 「このように習俗が一変したのは、古い江戸の名残である"下町"が破壊された1923年の震災直後の時期である。都市の庶民文化の新しい段階が大量消費の登場とともに始まった。その一つの兆しがデパートの出現であり、そこへ靴を脱がずに入れるのがこれは時代のしるしとなった。"今日は帝劇明日は三越"と言って、新しい、まだきわめて少数の中流階級のこの新たな消費熱が非難された。初めて、都市型住形態は移住者が生まれ故郷との絆をしっかり保ったまま出世を夢見て都市になってきた明治初期の

ような、過渡的形態ではもはやなくなったのである。食糧事情もまた変わっ
た。乳製品、砂糖菓子などがたくさん消費されて、異国趣味が現代的になっ
た。こうして、カルピスを飲む黒人が、新製品を宣伝するために東京の街
のポスターに現れた。生まれつつある新しい大衆文化の象徴がヒット曲
『東京行進曲』のテーマとなる。ジャズが歌われ、リキュール、キャバレー
やダンスホールのタクシー・ダンサー〔チケット制で男性と踊る女性ダン
サーのこと〕、ラッシュアワーの電車、地下鉄〔1926年に出現〕、デパート、
バー、カフェ、ラジオ〔1925年〕が歌われている。女性のモードさえも
変化している。"モガ"（モダン・ガール）がマリー・ロランサン風を気取っ
て、竹下夢二の『物憂げな美人』が新しい女性美の拠りどころとなる。"モ
ガ"や"モボ"（モダン・ボーイ）が銀座に現われ〔"銀ブラ"という言葉
ができる〕、その一方では古い浅草には新しい大衆文化が生まれている。
象徴するように『中央公論』は1926年に"大衆文芸"と題する特別号を
発行した。また、『キング』のような大衆雑誌はすでに約75万部も発行
されていた。"円本"の『現代文学全集』が大流行しはじめた」。

（4）浅草の全盛期

　文化的にみた場合、東京の中では、銀座・丸の内地区と浅草地区という二つ
の中心地があった。銀座・丸の内地区は江戸時代から大店などが立ち並び、商
業の中心地であった。それと同時に、明治時代になると官庁街、大企業街と隣
接する地域で、歌舞伎座、帝国劇場、三越、日比谷公会堂などが建てられてい
る。そこでは歌舞伎のような伝統芸能と、西洋クラシック音楽が演じられ、中
産階級の文化ゾーンであった。それに対して、浅草は江戸時代から歓楽街であ
り、明治以降も庶民的な娯楽施設が作られている。
　ポンスによれば、浅草は

　　「他のどこよりも、浅草は近代の東京の変遷、変化を表している町であっ
　　た。浅草は一世紀の間〔19世紀半ばから20世紀半ばまで〕、庶民的な東京
　　を『支配していた』。浅草はすぐれて『盛り場』であった。そこにはなん

でもあった。多種多様な食事の楽しみから劇場、映画館まで、不法売春〔しばしば矢場あるいは雑誌閲覧店で行われた〕や縁日の見世物も含めて。浅草は『エキゾチック』な、すなわち西欧から輸入されたあらゆるモードが始まった場所である。そしてこの古い街は寺の回りで大きくなり、運よく隅田川のほとりにあったばかりでなく、吉原へ行く道筋に当たっていたのであって、気取った銀座よりも、近代的東京を体験できる場所となったということなど、おそらくこの街の変わったところともいえまい」

「浅草の全盛期が始まったのは1841年、幕府がそこに歌舞伎を遠ざけたころからである〔天保の道徳的な改革の一環として〕。猿若町に落ち着いた三つの劇団は、見知らぬ土地に来たわけではなかった。浅草は吉原同様、たくさんの有名な作品の舞台である。たとえば、17世紀前半に生きていた日本のカルトゥシュ、長兵衛を主人公とした作品がある。浅草において、やや常軌を逸した突飛さが売り物の江戸歌舞伎は、その頂点に達した。都座だけを除いて、歌舞伎は、明治時代に公認の伝統に取り込まれたとき、浅草を離れた。しかしこの街にはまだ他の手段があって、とくにその盛り場は隣接地域のスラム街山谷や吉原遊郭とともに通人の珍重するあの『三悪所』をなした。浅草の盛り場に乗り込んだ者がそこで味わう眩惑については、とりわけ今世紀初めの詩人石川啄木が描いており、浅草の夜のすばらしさと朝になってその無気力感から抜け出さなければならない者の胸を締め付けるようなノスタルジーを想い起させる。

　浅草の"六区"と呼ばれる区域は、明治、大正時代のなかで興行街として有名な場所であった。最初のミュージックホールができたのもそこであった。若い女性の劇団がいくつもまず大阪地方に現われ、娘義太夫と呼ばれた。それは実際には、伝統的なジャンルと近代的なジャンルとの混合であった。よく知られたものの一つが大阪近郊の温泉場、宝塚の歌劇団で、後にはとくに有名になって、日本の少女歌劇の精華を代表している。これらの歌劇団は、今世紀の転換期に大成功を収め、東京の踊り子の数は1,000人を超えていた。この種の歌劇団が出演するあの有名な『オペラ館』は浅

草にあって、永井荷風はその舞台を好んでいた。最初の映画館もストリップも浅草で始まった」

と述べている。

(5) 移住韓国人

　20世紀になって、日本に移住する韓国人も出現した。在日韓国人総人口は、日韓併合直後の1911（明治44）年には2,527人だったものが、1920（大正9）年には30,189人、1930（昭和5）年には298,091人と急速に増加している。その地域別居住地として、一番多かったのは東京ではなく、大阪であった。東京より韓国に近いという地理的要因と、大阪では軽工業が発達していて、労働力の需要が大きかったという経済的要因などが考えられる。そして、関東大震災が起こった時の在日韓国人に対する迫害が影響を及ぼしたともいえるだろう。

　東京の在日韓国人人口は1916（大正5）年918（436）人、1920（大正9）年1,618（682）人、1927（昭和2）年16,083（2,483）人である。このカッコの数は学生数（内数）を表しているが、東京では、他の地域と比べて学生数が非常に多い。これは東京が政治・経済・文化の中心地で学校数も多かったことが背景にある。

　朝鮮総督府警務局東京出張員「在京朝鮮人状況」によると、

　　大正13年（1924年）東京の在日朝鮮人人口

　　性別人口

　　　男3,885人、　女268人　合計4,153人

　　職業別人口

　　　学生945人、諸職工565人、諸労働1,958人、被傭人149人、自動車及電車従業員18人、人力車夫26人、諸配達夫126人、事務員18人、官吏12人、軍人1人、医師薬剤師4人、書画家3人、宗教家2人、弁護士1人、新聞雑誌記者3人、商人22人、行商人29人、印刷業1人、書生1人、農夫1人、芸妓2人、その他18人

となっている。

このように、男女別では女性が少なく、職業別では諸労働が一番多いが、二番目に学生が多いことがわかる。

居住地別人口　（　）は学生数（内数）

　深川区 226（1）人、本所区 397（7）人、牛込区 217（132）人、芝区 123（15）人、小石川区 123（78）人、本郷区 105（87）人、京橋区 101（0）人、麹町区 94（87）人、神田区 87（22）人、四谷区 77（17）人、浅草区 62（0）人、麻布区 52（3）人、日本橋区 30（2）人、赤坂区 24（4）人、下谷区 21（2）人、北豊島郡 727（169）人、豊多摩郡 519（270）人、荏原郡 483（47）人、南足立郡 255（1）人、南葛飾郡 138（0）人、北多摩郡 43（0）人、八王子市南多摩郡 32（0）人、西多摩郡 19（1）人

ここで郡部となっている地域は、1878（明治11）年に東京市ができた段階では、東京市に含まれなかったが、1932（昭和7）年に編入された。これは現在の東京都区部に該当する。

一番多い北豊島郡は「巣鴨、南千住、王子」方面などで、現在では練馬区、板橋区、荒川区など。二番目に多い豊多摩郡は「戸塚、千駄ヶ谷、中野、渋谷」方面などで、現在では渋谷区、中野区、新宿区など。三番目に多い荏原郡は「品川、大森、目黒、大崎方面」などで、現在では品川区、目黒区、大田区などとなっている。

市内では、深川、本所、京橋などの下町地区や、小石川、本郷などの山手地区に多い。いずれにしても、東京では分散して暮らしていたことがわかる。

このように、在日韓国人が当時の郡部に住むようになったのは、関東大震災以降のことである。「在京朝鮮人状況」には、

「十二年五六月の頃学生二三〇〇名同年八月労働者四千名を以てその絶頂

第2章　1920・1930年代の東京とソウル（京城）の社会と文化　　45

とす而して客年八月末震災直前の見込実数は八千人を超え、震災後その大半帰鮮或いは他市県転出により十月末三千五百人内外となりたるも、その後徐々増加して本年四月末約五千人（見込）となれり。

　然るに従来常に増加の率を示しつつありし学生は近時之と反対の傾向を呈し帰鮮者の数入京者に比し稍多きこととなり而して現在学生千人（見込）の三分の一弱は苦学生と認むべく殊に近来の新来学生は殆ど苦学生志望者なり。之畢竟震災に動機を発し又帰鮮者には学期末卒業による者ありといえども其の大原因は恐らく鮮内財界の不況に伴い学費の出給困難となれるにほかならず。……

（被災後）罹災地域における住宅の不足その他経済関係は甚だしく生活上に影響し労働者は素より学生にありても多くは郡部に移居し、一戸を構えて共同自炊をなすもの増加せり」

と書かれており、大震災の復興がなかなか進まなかった状況を物語っている。

（6）韓国人留学生

　もう一つ注目すべきことは、学生の居住地域と一般の人の居住地域が、かなり異なっていることである。深川、本所、浅草、京橋のような下町地区に学生はほとんどおらず、小石川、本郷、麹町、神田などの地区に集まっている。これは大学や専門学校がその地域に集まっていたことを示している。

　東京では、学生、宗教家、労働運動指導者などが中心となって、民族運動、政治運動、社会運動、労働運動、文化運動などが活発に行われていた。1919（大正8）年三一運動に先駆けて、日本に暮らす留学生たちが中心となり、神田のYMCA会館に集まって「独立宣言書」を採択した「二八宣言」も東京で行われている。

　韓国の童謡童話雑誌『オリニ』を作り出すもとになった「セクトン会」は、1923（大正12）年当時、日本に留学していた方定煥（パンジョンファン）や尹克栄（ユンクギョン）が中心になって東京で結成されている。

　大衆芸術・文化という点では、1910年代に裵亀子（ペキジャ）が日本を代表する奇術師・

初代松旭斎天勝のもとに弟子入りし、東京に暮らした。彼女は日本と韓国で公演を開いているが、後に天勝座から脱退し、創作新舞踊「アリラン」を発表するなど独自の活動を行うことになる。また崔承姫が1926（昭和元）年に渡日し、舞踊家・石井漠の指導を受けながら、東京を中心に日本で舞踊活動をし、多くの日本人ファンを獲得した。裵亀子も崔承姫も日本を足掛かりとしながら、世界的に活動を行っていた。日本で行われた裵亀子や崔承姫の公演活動に、東京など大都市に暮らす在日韓国人は、少なくとも接する機会があったということだろう。

3　ソウルの1920・1930年代

(1) 日韓併合後

1920・1930年代のソウルは、どのような状況であっただろうか。

1876（明治9）年の日朝修交条規によって、日本人の韓国移住が始まった。最初は開港地と指定された釜山、仁川、元山に住む日本人が多かったが、次第にソウル（当時は京城といわれた）に移住する日本人も増加していった。そして、1910（明治43）年の日韓併合後は急速に増加した。特にこの頃は、日本に移住した韓国人の数よりも、韓国に移住した日本人の数の方が多かった。「朝鮮総督府統計年報」によれば、1910（明治43）年には17万2,000人、1920（大正9）年には34万9,000人、1930（昭和5）年には50万2,000人、1940（昭和15）年には69万人が居住した。そのうちソウルには、1910（明治43）年に3万8,000人（総人口27万9,000人）、1920（大正9）年に6万6,000人（総人口25万人）、1930（昭和5）年に9万8,000人（総人口35万5,000人）、1940（昭和15）年には15万1,000人（総人口93万1,000人）の日本人が住んでいた。

特にソウルの場合、日本人の人口は総人口に比べても、ほぼ四分の一程度と決して少ない数字ではない（1940〔昭和15〕年を除く）。そして、その人たちは韓国における消費市場を形成していた。

日本人居住地区は、今では復元工事が行われて、清流が流れる人工的な水路

第2章　1920・1930年代の東京とソウル（京城）の社会と文化　47

となったソウルの中心部にあった。東西に流れる清渓川を境に、南山や明洞のある地域（南村）で、明治町、本町、黄金町など日本の地名がつけられた。そこは居住地と商店街、劇場、カフェなどの遊興街が並び、日本人の生活空間となっていた。それに対して、清渓川の北側の鍾路を中心とした地域（北村）は、韓国人の商店街を中心とした生活空間を形成していた。

　結局、韓国に住む日本人は、政治経済的には支配的な地位にあると同時に、生活という側面では消費者として、一定の規模の日本人市場を形成していたことになる。一方、韓国人は韓国人市場を形成し、特にソウルでは二重の市場が作られていた。韓国人市場はほとんど韓国人だけによって占められていたが、日本人市場の方は韓国人の参加もあった。

(2)「金色夜叉」と「長恨夢」

　大衆芸能分野において、ソウルでは北村を中心に協律社（後に円覚社）、団成社などの劇場が作られ、韓国伝統音楽や唱劇などが上演された。

　南村では1900年代に入ると、日本の伝統芸能、新派劇、翻案劇の巡回公演も行われた。日本で流行した新派劇や翻案劇がそのまま上演されるだけでなく、韓国語に翻案されて、韓国でも上演されたのである。

　そこには日本人だけでなく、韓国人も観劇に訪れた。そして、そのような日本の新派劇に影響を受けた韓国人が、新派劇を公演するようになり、1912（大正元）年には「不如帰」が上演された。また1913（大正2）年には「毎日申報」に「長恨夢（日本の「金色夜叉」の翻案）」が掲載され、韓国人の手による「長恨夢」公演も行われている。

　ただし、韓国の「長恨夢」は翻案時から日本の「金色夜叉」とは異なるところがあった。主人公を日本人〈間寛一〉から韓国人〈李守一〉に、日本人〈鳴澤宮〉は韓国人〈沈順愛〉に変え、場面も熱海の海岸から平壌の大同江に移し、韓国人にはなじみやすい設定になっている。ストーリーも、女性主人公がつき合っていた男性を裏切り、別の男性と結婚するところは同じだが、「金色夜叉」とは異なり、最後は二人がめでたく結婚するというハッピーエンドになっている。

1918（大正7）年、演歌師の宮島郁芳が作詞し、後藤紫雲が作曲して、日本で人気を博した「金色夜叉」の歌も、人名や地名を変えて韓国語に翻案された。これもまた評判になったという。以下に、その一番の歌詞を挙げておく。

「金色夜叉の歌」（日本語歌詞）
　熱海の海岸散歩する　貫一お宮の二人連れ
　共に歩むも今日限り　共に語るも今日限り

「長恨夢歌」（韓国語歌詞）
　大同江の岸辺浮碧樓の下を散歩する　李守一と沈順愛の二人なり
　手を握り情を論ずるも今日かぎり　歩みを進め散歩するも今日かぎり

「長恨夢」は当時の韓国の人々に受け入れられ、「新派劇」は韓国における新しい演劇にも大きな影響を与えた。その後、「長恨夢」は何度も映画や舞台で上映、上演されることになる。

　日本の小説を翻案した「長恨夢」が、なぜ韓国で受け入れられたのか。これについて、韓国文学学者・三枝寿勝は「儒教社会に受容されるためのさまざまな工夫」がなされたとして、次のように分析している。

　「女の人が、もともとは自分のいいなずけ同様だった男性を捨てて他の人と結婚してしまうというストーリーはほとんど『金色夜叉』と対応しているのですが、後悔してそこを飛び出してしまい、最後はもとのいいなずけと結婚して幸せになるという結末が全く違います。そして、ここに問題があります。

　儒教社会である韓国で、普通の家庭人が結婚後に逃げ出して他の人と結婚するということは絶対許されないことで、これはあり得ないストーリーです。主人公が『春香伝』の春香のように妓生（キーセン）だったり、酒場の女性だったら問題にならないのですが、普通の家の女性だったら絶対許されないことです。現在でも良く思われません。ですから、このような

第2章　1920・1930年代の東京とソウル（京城）の社会と文化　49

小説は今で言ったらポルノ小説以上に社会問題になったはずだと思うのですが、1913年に非難もされずに受け入れられているわけです。私も初めは変だと思いました。

　そこでよく読んでみると、この物語は非常に奇妙なのです。主人公の女性は、結婚したその日からほとんど別居状態のようなもので、実際には夫婦関係が一切ないということになっているのです。これはとても不自然な設定ですが、そういうストーリーに仕立てなければいけなかったということは、やはり朝鮮社会の現実を考慮したからでしょう」。

「長恨夢」は韓国で日本の文学、あるいは演劇を受け入れた最初の例の一つといえるが、韓国では大衆歌謡の歌詞との関連で、新派劇の世界観と対比する議論も登場している。

　李英美は、次のように主張している。

　　「トロット様式と同一の質感をもつ作品は、劇芸術や長編小説の新派様式で発見される。カン・ヨンヒは、演劇用語である新派を、日帝時代のひとつの芸術様式と見て、戯曲と長編小説、劇映画を対象として新派様式を分析したが、彼女は新派様式の特性を、主人公の『行為と観念の二律背反』、『現実の横暴に圧倒されている非主体的な自己の分裂的喪失』、『その結果、発生する被害意識と罪意識の複合としての自虐的感情』、これの『解消的慰安としての涙』として説明する。この説明はトロット様式の説明に極めて有用であるところから、トロット様式は大衆歌謡分野の新派様式として、トロット様式で現れる独特な質感の悲しさは、新派様式の悲哀観のような種類のものであるということができる」。

　1920年以降になると、日本に留学して文学や演劇を学んだ若者が韓国に帰国し、これまでとは異なる新しい演劇活動を始める。その代表的なものの一つが、1923年に朝鮮劇場で第1回公演を開いた土月会である。

　映画についてはまだ無声映画であったが、韓国では、1910年代末から制作

50

された。代表的な作品としては、1926年に羅雲奎が製作した「アリラン」がある。

また韓国では、1907年にアメリカコロムビア社によって韓国伝統音楽の製造販売がなされた（韓国の場合も、レコードは外国曲か韓国伝統音楽であった）。また、1911年には、日本蓄音器商会京城支店が開設され、当初は日本のレコードが発売されていたが、1920年代には流行歌「鴨緑江節」（日本の「鴨緑江節」の翻案）、「長恨夢歌」（日本の「金色夜叉」の翻案）、「萎れた芳草」（日本の「枯れすすき」の翻案）、「この騒がしき世上」（日本の「真白き富士の根」と同じメロディ）などのレコードが発売され、日本人だけでなく、韓国人の顧客を得ていくようになった。

(3) 消費文化の開花

1910年の日韓併合以降、朝鮮総督府の植民地政策のもとに、京城（ソウル）の街は大きく改造された。南大門付近の城壁を壊して京城駅と京城中心地を結ぶ道路を建設し、南村一帯に朝鮮銀行、ソウル駅、京城府庁舎などの建物を建設した。そして、京城（ソウル）の中心である王宮の正面に、朝鮮総督府の建物を建設した。

日本人商店が立ち並んでいた南村地区には、1910年代から1920年代にかけて日本資本の三越百貨店（戦後は新世界百貨店となる）、丁子屋百貨店（戦後は美都波百貨店、現在はロッテヤングプラザとなる）、三中井百貨店などが開店。北村では1930年代の初め、鍾路に韓国資本の和信百貨店が開店し、消費文化が開花した。

ところで、南村に建設された日本の百貨店の場合も、顧客は決して日本人だけではなかった。林廣茂は、

　　「この５大百貨店の客層に関する記述や証言がある。日本人ばかりではなく多くの朝鮮人もまた頻繁に日本人経営の百貨店を利用した。百貨店ビジネスにとってむしろ朝鮮人の方が重要な客層だったのである。
　　　三中井の客層は85〜90％が日本人中流サラリーマンで、一部は裕福

第2章　1920・1930年代の東京とソウル（京城）の社会と文化　51

京城(ソウル)の本町の入口にあった三越百貨店(崔吉城編・監修『絵葉書から見る近代朝鮮』より)

京城(ソウル)の本町通り(崔吉城編・監修『絵葉書から見る近代朝鮮』より)

京城（ソウル）の本町一丁目（入口）（崔吉城編・監修『絵葉書から見る近代朝鮮』より）

な朝鮮人である（中江章浩の証言及び三中井の社内資料による）。三中井の『支店長会議議事録』（1931年5月）によると、今後どうやって丁子屋に対抗して朝鮮人客をふやしていくべきかの議論がされている。丁子屋は客の60％が朝鮮人で、日本人は40％である。三越では朝鮮人60〜70％に対して日本人30〜40％であった（社内資料による）。和信は一般の朝鮮人、特に中流以下を客層にしていた。

　特に両班階級の朝鮮人が日本製の商品を、日本を代表する三越百貨店というブランド価値で包装してもらって買うことを好んだ。値段は日本国内より15〜20％高かったがそれでも人気が高かった」

と述べている。

　1920年代末から1930年代初めにかけて新聞に掲載された漫文漫画を分析した『モダンボーイ　京城をさまよう＝漫文漫画で見る近代の顔』では、当時の消費中心の近代都市、京城の特徴を「植民地近代の二重性」と規定し、次のように述べている。

第2章　1920・1930年代の東京とソウル（京城）の社会と文化　53

「漫文漫画が捉えた植民地近代都市京城の風景は単一ではない。互いに異なった二つのイメージが複雑に絡まっている重層的イメージとして描かれている。朝鮮人が主に居住した鍾路付近の北村、日本人商店や住宅が中心を占める南山付近の南村の区分もそうだが、京城の生活様式もやはり二重のものとして形象化されている。前近代的な生活様式と近代的な生活様式は都心のあちこちで衝突し、華麗な都市の夢はそこに近づくことができない生活の現実という絶望の壁にぶち当たって幻想に変わってしまう。

　京城は清渓川を境界にして南と北に分かれた。清渓川以南には本町通(今の忠武路)、明治町(今の明洞)のような南山のふもと、日本人商店を中心に南村が形成された。清渓川以北には朝鮮人商店が多かった鍾路通りを中心に北村が発達した。北村と南村はそれぞれの社会文化的アイデンティティを持っていたが、これは日本の植民政策体制の整備とともにいっそう強固になった。

　日本は植民地支配を始め、ソウルを取り囲む城壁と朝鮮王朝の官庁施設を撤去して、かわりにルネッサンス様式の新しい統治機関を立てた。また都市中心街を直線にして鉄道駅を建設し、南山の北側にあった朝鮮総督府を景福宮の中に新築移転する一方、京城駅と光化門の間をつなぐ直線道路を作った。……

　その結果、チンコゲ(ソウル南山の北山麓のこと)中心の南村地域商店には近代的商品と華麗な建物、ネオンサインで覆われた近代都市が形成された。けれども鍾路通り付近の北村地域は前近代の残材が残っている不安な近代、即ち植民地的近代都市を形成するようになった。百貨店が並んだ南村チンコゲ付近は近代商品の陳列場と呼ばれても遜色がないほどだ。新しい京城を見物しようと田舎から出てきた人が、まず最初に立ち寄るところもここチンコゲだ」。

韓国でも、日本と同じように、ソウルの町にはモボ・モガが出現している。漫文漫画ではモガの典型として女学生を挙げているが、当時の韓国では、ソウルを中心に地方を含め、全部で十数校しか女学校がなかったので、女学生は

バザー大會所見　槿友會食堂（「朝鮮日報」1928年1月18日）☆

少数のインテリだった。

　漫文漫画は二つの特徴を挙げているが、その一つは、

> 「鍾路中央 YMCA 会館大講堂で開かれたバザー大会の風景。全国 14 の女学校が参加するなかで女学校連合バザーが開かれた大講堂の片隅で臨時食堂を整えた槿友会女学生を描写している。表情は明るく軽快だ。……絵の表現も同じだ。お茶を持っていく女学生のパット広がる手先とすばやく見開く眼、黒いハイヒール、空に昇るエプロンは明るく軽快な雰囲気を示す。女学生の身体比率も他の作品でみせる 3～5 等身ではなく、8 等身に近い」

第 2 章　1920・1930 年代の東京とソウル（京城）の社会と文化　　55

1930年夏（「朝鮮日報」1930年7月19日）☆

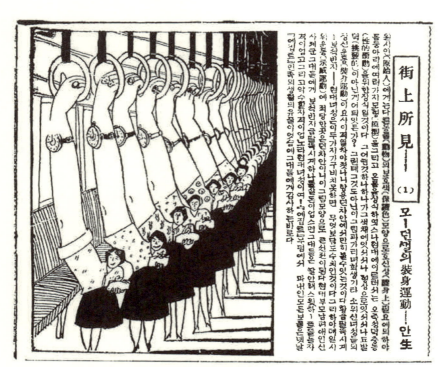

モダンガールの装身運動（「朝鮮日報」1928年2月5日）☆

という、バザーで奉仕する近代的な生活スタイルのモガである。もう一つは、

> 「期末試験を終え、故郷に帰っていく女学生の手には三越と丁子屋百貨店
> で買った化粧品を持っており、通勤通学の電車で、つり皮につかまって立
> つ手と手首には、モダンと富を同時に誇示する金の腕時計と宝石の指輪が
> 輝く」

のように華美な衣装のモガである。

　しかし、女学校を卒業すれば、裕福な資産家の娘か、裕福な男性と結婚する
かしなければ、これまでのようなモガであり続けるのは難しい。家が貧しい場
合には、家族のために富裕な家の妾となったり、女給となるモダンガールもい
た。

　また、漫文漫画ではモボの典型として、専門学校を卒業した知識人を挙げて
いる。モボは衣装もさることながら、カフェや茶房で優雅に過ごすことである
が、専門学校を優秀な成績で卒業しても、就職運動をするだけのお金がなけれ
ば、就職は難しい。やはり、資本家の息子か地主の息子でなければ、それを維
持するのはなかなか困難なようだ。もし官吏として採用されれば、経済的には
モボの生活様式は維持されたかもしれないが、当時韓国人は、なかなか官吏と
して採用されることもなかった。仮に官吏として採用されるような人であれば、
政治的立場からも、最初からモボのような生活様式を想像することもなかった
であろう。

　ルンペンと変わらない貧しいモボの姿を、漫文漫画は次のように描いている。

> 「失業者になれば、古着屋の洋服も絵にかいた餅だ。インテリ失業者がす
> ることのできる唯一のモボの振る舞いは、茶房に入ってコーヒー一杯で時
> 間を過ごすことだ。中折帽子にネクタイ、洋服までそろえたが、顔は帽子
> で隠され自分のルンペンの顔は見せない。茶房で一日座っていることもで
> きず、道をさまよえば、自然に洋服を着たルンペンになってしまう。洋服
> を着た知識人ルンペンの唯一のモダン空間である茶房には無為徒食の浮浪

女や浮浪者も多かった。貧しいモボでなければ、浮浪者になるしかないのが知識人ルンペンの運命だった」。

大衆的娯楽としてのレコードや映画、ラジオなどが普及し、百貨店の開店、カフェの営業なども盛んになっていった。そこではモボやモガが闊歩していた。

（4）マスメディアと大衆文化

前近代と近代、支配する日本人と支配される韓国人などの二重性は存在していたものの、他方で当時の京城は巨大な消費都市となり、日本の大都市と同じように大衆化、消費社会化が進行していたといえるだろう。

しかも、マスメディアや大衆文化の進展について、レコード、映画、ラジオなどの開始時期は、日本と韓国とではそれほど時間的な差異はなかった。韓国におけるレコード会社などが日本の経営であったにせよ、政治的支配とは異なり、経営的には韓国人消費者の選好を考慮せざるを得なかったことも事実だ。

ラジオに関しては、韓国でも日本に少し遅れて1927（昭和2）年にJODK（京城）として放送が始まった。JODKは初め、日本語と韓国語が複合した放送だったが、1933（昭和8）年には日本語放送と韓国語放送とに分けて放送されるようになった。

M・ロビンソンは、韓国におけるラジオ放送が「日本の宣伝と文化的同化政策に奉仕する広範な情報統制システム」として、厳格な中央の統制を受け、日本の官吏は日本語使用と日本文化の価値を広める目的があったことを認めながら、それでも、

「植民地ラジオが中央から厳格に統制を受けていたけれども、その設立と拡大問題で朝鮮総督府は文化政策上いくつかの重要な譲歩をせざるを得なかった。もっとも注目すべきは、日本当局が受信機を拡大して視聴大衆を増やすために、純韓国語だけを使用する第2放送を設立する必要にぶち当たったという点だ。そのうえ、放送局を運営するのに広範な有料視聴者集団が必要だった。最初の6年間（1927～1933）の放送経験で明らかな

ように、それはむしろ韓国人がラジオを購入して使用するのに関心を持つときにだけ可能なことだった。このようにして、植民地に放送を導入して6年たたない間に、当初の混合言語放送チャンネルに、純韓国語放送チャンネルが追加され、ラジオ販売が急増した。

　朝鮮総督府通信局官吏の厳格な統制を受けながらも、純韓国語ラジオ放送は空中波を通して創出する多様な情報・教育・経済・演芸番組を通して独特な文化的空間——すなわち、文化的・政治的同化論理に反駁する空間——を創出した。1933年から1941年太平洋戦争が勃発して、いっそう厳格な検閲がなされる時まで、韓国のラジオ放送は、伝統的な音楽ジャンルの復興を刺激し、新しい劇芸術形態を作り出し、西洋の古典音楽とジャズを紹介するかと思えば、近代的大衆歌謡（流行歌）に対する視聴者の限りない欲求を充足させながら、韓国語の標準化媒体として奉仕した。実に、韓国語ラジオ放送は植民地韓国で近代大衆文化を創造するのに重要な生産力となった。かりにこのような文化が植民統治下で日本の政治的文化的経済的優位の産物であったとしても、日本の文化的ヘゲモニーをひっくり返すのにも、やはり役割を果たした」

と述べ、JODKの韓国語放送を通して、韓国近代大衆文化の創造に貢献したと主張している。このことは、韓国でも張ユジョンが『近代大衆歌謡の媒体と文化』で詳しく論じている。

1920年代末から1930年代に、まずモボやモガが映画（活動写真）や音楽、そしてダンスを愛好した。

漫文漫画には、それに関してさまざまな記事がある。

　「流行の形成には、活動写真や蓄音器の役割が絶対的だった。活動写真と蓄音機はその時代すべてのファッションと思想の源泉だったせいだ。19世紀末20世紀はじめ植民地朝鮮に映画が最初に紹介され、1921年尹ベクナムの『月下の誓い』で朝鮮で最初の本格的無声映画が始まって以来、映画はすべての都市文化流行を先導した。留声器もまた同じだ。留声器が

家々ごと「君恋し」(「朝鮮日報」1929年9月1日) ☆

　最初にこの地に紹介されたのが、1899年で、最初にレコードが創られたのは1908年だ。留声器が本格的に大衆に普及されたのは、1926年尹シンドクの遺作『死の賛美』が出たときだった。尹シンドクの『死の賛美』が空前のヒットをなして、留声器が普及し、いわゆる流行歌手、流行歌も誕生した」。

　「チャップリン、キートンと一緒に無声映画時代の三大喜劇王と数えられたロイドの1917年映画「ロイドの野球」が植民地朝鮮でも上映され、ロイドめがねと帽子のロイドスタイルが京城でも流行した」。

　「西洋音楽が大衆化して、西洋の踊りも一緒に流行し始めたが、ジャズに合わせた踊りやチャールストンがそれだ。アメリカで1910年代以後黒人を中心に流行したジャズ音楽とそれに合わせて踊った踊りは、1920年代末から朝鮮で大流行し始めた。これは西欧文化なら、無条件に新しくモダンなものだと憧れた当時の風潮と無関係ではない。……
　ジャズとチャールストンは特に1930年代初め大流行したが、前の文を

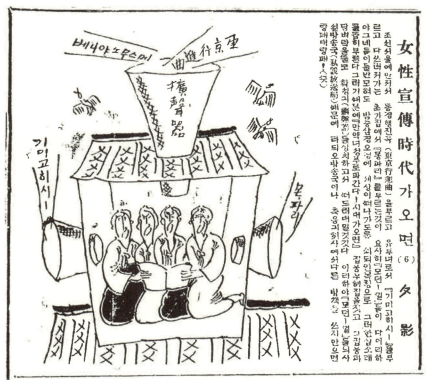

女性宣伝時代が来れば(「朝鮮日報」1930年1月19日)☆

見れば、当時モダンガール、モダンボーイにチャールストンをどれだけうまく踊れるかということが美の尺度だったということがわかる」。

これらの大衆芸術は、その後、ラジオや蓄音器の普及によって、家庭の中でも視聴されるようになり、漫文漫画では、以下のような記事もあった。

「留声器が普及して西洋音楽は日本の歌といっしょに、カフェー、料理店を越え、一般家庭にまで広く伝えられた。家々ごとに留声器を回して合唱する風景絵を調べてみる。……モダンガールは崩れかけた草ぶき家でもモンパリの歌を歌い、朝鮮のソウルで東京行進曲を力いっぱい歌い、主婦と

第2章　1920・1930年代の東京とソウル(京城)の社会と文化　61

なっても「君恋し」という若い愛人の歌を歌う。（絵76）〔「女性宣伝時代が来れば」の漫画——筆者注〕は歌の声が一層遠くに届くように屋根と塀に穴をあけ、拡声器を設置して、『モンパリ』、『東京行進曲』、『紅粉屋の娘』、『君恋し』のような西洋の歌、日本の歌を夜通し大声で歌った姿を示している。

　二番目の絵〔「家々ごとの『君恋し』」——筆者注〕では、家族全員がいっしょに「君恋し」を歌っている。空腹で倒れる状況でも、高い留声器を買って、日本の歌を一緒に歌うことが1920年代末30年代初めの京城の姿だ」。

　これまで見てきたように、世界的な大衆文化の流れは、ほぼ同時的に、日本にも韓国にも影響を与えていたといえる。

　このような中で、韓国においても、韓国人の作詞・作曲、そして韓国人歌手による「トロット」が生まれるのである。

　ただ、このような風潮に対しては、日本でも韓国でも伝統的な立場から、あるいは学校教育の立場から、さらには近代教養主義の立場から強く批判されてもいた。

第3章

大衆音楽としての日本の「エンカ」

──歴史と多様性

　日本の大衆音楽の中で、特に「エンカ」といわれるジャンルについて述べる。大衆音楽は 1920・1930 年代に成立したが、はじめは「エンカ」と呼ばれず、戦後になって「エンカ」がジャンル名となった。そのジャンル名が、遡って戦前の大衆音楽にも適用されたのである。

　「エンカ」といっても、必ずしも一つの定まった形式があるわけではなく、時代によって変化している。そこで、まず「エンカ」をめぐるさままざな言説を紹介し、整理した。次に「エンカ」の展開を「オールドエンカ（1920・1930 年〜）」「ミドルエンカ（1960・1970 年〜）」「ニューエンカ（1970 年代後半〜）」の三段階に分類した。もっとも典型的な「ミドルエンカ」を中心に楽曲、歌詞、歌唱法などの分野で分析、検討した。楽曲の音階に関しては、主に用いられているヨナ抜き音階が唱歌や童謡にも用いられ、必ずしもエンカに限定されないものであった。また歌唱法については、民謡などの伝統的な唱法をもとにしていることを明らかにする。

1　「エンカ」とは

「エンカ」とは、今では最も広い意味で「近代日本の大衆音楽、つまり歌謡曲の二つの潮流のうち、ポップス系と区別される、もう一つのジャンルである日本風の音楽」と考えられている。それは、最初から「エンカ」と呼ばれていたのではなく、戦後になって「エンカ」というジャンルが確立した後に、遡って

戦前の大衆音楽に適用されるようになったものである。今西英造によると、

　「現在、一般に“歌謡曲”“演歌”などと呼ばれている歌は、“流行唄”“流行小唄”“映画小唄”“映画主題歌”“愛唱歌”“歌謡曲”“流行歌”などとさまざまな名称で歌われてきた。だが、そのなかでは、“流行歌”が最も多いようである」。

　そして、レコード盤のラベルには全般的傾向として、1914（大正3）年～1931（昭和6）年は主として「流行歌」、1932（昭和7）年～1941（昭和16）年は主として「流行歌」、1942（昭和17）年～1945（昭和20）年は「愛唱歌」「国民歌」「歌謡曲」などが混在、1946（昭和21）年～1958（昭和33）年は「流行歌」「歌謡曲」などが混在している。その後、昭和50年代初めまででも「流行歌」が一般的であったと述べている。

　ただし、戦前に発行されたニットーレコードの総目録には「哀しき口笛」「夜の笛」などの曲にジャンル名として「トロット」、あるいは「スロー・トロット」と表記されたものもあった。

「日本の音楽」について、もっとも詳しい説明がある『日本音楽大事典』（平凡社、1989年）では「演歌」を、

　「自由民権運動と結びついて生まれたが、政治性を失って街頭の大衆芸能と化した。自由民権の壮士たちが、1883年ころから、政治や社会に対する批判を歌に託し街頭に出て大衆に訴えかけると同時に、歌詞本を売って収益を得た。その歌は演説に代えた歌という意味で『壮士自由演歌』と称され、一般には『壮士節』といわれた。（中略）国会の開設、日清戦争の勝利などの社会状況の中で演歌の曲調は飽きられ、法界節や軍歌におされて衰微し、1901年には演歌壮士の中心的団体であった青年倶楽部も解散した。しかし、日露戦争のころ、添田唖蝉坊が歌った『ラッパ節』が非常に流行し、演歌は再び隆盛の時代を迎える。その歌詞の題材は幅広く、歴史、時事、世相などであった。1907年ころ神長瞭月によってヴァイオリ

64

ンが伴奏に取り入れられる。

　音楽的にも初期の演歌がチョンガレのような語り物や民謡、俗曲に類似した旋律であったのに比べ、明治末期には唱歌や軍歌の影響を強く受けたものが多くなり、替歌も増えた。また、日露戦争以後には苦学生などが生活の手段として演歌を歌うようになり、『書生節』と言われる時期もあった。大正時代になると、演歌を職業とするものが増え、大正中期には『演歌師』という呼称が用いられはじめ、歌詞に男女の風俗を扱うようになるにつれ『艶歌』の字も使われる。

　昭和にはいると、大道芸としての演歌はラジオやレコードの進出におされ、30年ころまでにはほぼ姿を消した。いわゆる『流し』は演歌師の中で一段低くみられていたが、太平洋戦争後は演歌師といえばギターやアコーディオンを持って酒場をまわり、客の求めに応じて歌謡曲を歌う芸人の別名となった。また、60年代以後の歌謡曲で演（艶）歌という場合は、伝統音楽に由来しているユリやコブシといった唱法や声のはりあげ方を特徴とし、ヨナ抜き音階を用いるものが多い」

と記述している。

　この説明では、明治時代の演説歌から始まる「エンカ」の流れを詳しく述べているが、その説明の最後に「60年代以後の歌謡曲で演（艶）歌という場合は、伝統音楽に由来しているユリやコブシといった唱法や声のはりあげ方を特徴とし、ヨナ抜き音階を用いるものが多い」と記述されている。この部分は付加的な「エンカ」の定義であるが、ここで問題とする大衆音楽としての「エンカ」の説明に該当する。

　この記述について、他の辞典ではどうなっているかを調べてみる。『広辞苑』では第二版（1969年）までそのような記述はなく、第三版（1983年）になって「②現代歌謡曲の一種。哀調を帯びた日本的メロディとこぶしのきいた唱法が特色」が追加された。また『現代用語の基礎知識』（70年版増補語・日常語）では「最近のナツメロ（なつかしのメロディ）のリバイバル・ブームにのって、若い歌手たちによって、艶歌調の歌がレコードに吹き込まれ人気を博している」

と書き加えられている。そして、『新訂標準音楽辞典』（音楽之友社、1991年）では「演歌」項目の説明の中に、1960年代以降の記述はない。

　これまでの辞典の検討では、「演歌」という言葉そのものは、第一義として明治時代の「演説歌」を始まりとした「演歌師」によって演奏歌唱された音楽、第二義として、現代歌謡曲の一種を指すものとして用いられている。1960・1970年代になって提出された第二義的な記述は、近現代日本の大衆歌謡の一ジャンルとしての「エンカ」という、現在では最も一般的な説明である。「伝統音楽に由来しているユリやコブシといった唱法や声のはりあげ方を特徴とし、ヨナ抜き音階を用いる」「哀調を帯びた日本的メロディ」「こぶしのきいた唱法が特色」「艶歌調」「リバイバル・ブーム」などと書かれているだけで、あいまいな記述となっている。

　そこで問題となるのは、明治期、大正期に大衆音楽として出現した第一義的な「エンカ」が、どのような過程を経て、現代に引き継がれ、第二義的な「エンカ」に至っているのか。また、具体的に「エンカ」とはどのようなものか。これらについて、事典の記述では、いまだ十分な説明がなされていない。

2　「エンカ」に関する言説

　まず、明治期の「エンカ」を簡単に振り返ってみる。

　ここで「エンカ」を、漢字で「演歌」だけではなく、「艶歌」とも書かれていることに注意する必要がある。

　「演歌」と「艶歌」という二つの概念について、園部三郎は1962年に『日本民衆歌謡史考』を著し、その中で「演歌から艶歌へ」として、

　　「演歌が、演説にかわる歌という意味からでてきたことばであることは、すでに述べたが、のちには艶歌とも書かれるようになった。それは理由のないことではない。演歌師が、単に政治・社会の風刺批判の歌ではなく、昔の瓦版読みうりのように、市民生活のひろい範囲に題材を求めなければ生活できなくなってしまったからである。また、曲調としても、唱歌調の

普及や活動写真の伴奏あるいはジンタ、あるいは蓄音機・レコードなどで、昔のような一本調子の慷慨調では通用しなくなったのである。といっても、あらゆる意味で文化の底辺に追いやられている大衆は、自分自身で新しい音楽を創造する力もない。だから、『ラッパ節』がそうであったように既成の曲調に頼らねばならない。このような社会的、音楽的理由から、演歌もしだいに多様な性格をもたねばならなくなってきた」

と述べている。

また『現代用語の基礎知識』（1979 年版）で「演歌」は、

「……大正時代になると本来の政治性が希薄となり、恋や情緒的内容の曲も多くなり、しばらくは艶歌と呼ばれた。1930 年代には流行歌、歌謡曲などの新しい大衆歌曲の一ジャンル、スタイルとなり、再び艶歌を演歌というようになったのは漢字制限のためもあったようだ」

とも書かれている。

現在では、一般に「演歌」という用語が用いられているが、人によってはあえて「艶歌」という用語を用いることもあるようだ。

さらに「演歌調」という用語も用いられている。

園部三郎は、1954 年に書いた『演歌からジャズへの日本史』で、

「そのころ（明治時代——筆者）の流行歌曲の大部分は、（中略）演歌調が主流となっていて、それに明治の半ばごろから次第に移植されはじめた洋楽調が、民衆の耳と口を占めて新しい節まわしを作りはじめようとする時代なのである。だから、日本の俗謡にその根をもっている演歌調と新しく渡来した洋楽調とが、どういう風に反撥しまたどういう風に交流するかというのが、これからの叙述の中心になるわけである」、

そして、

第 3 章　大衆音楽としての日本の「エンカ」——歴史と多様性　67

「明治後期の民衆歌曲の中には、急激に吸収されはじめたからである。そ
　の頃の学校唱歌には日本人独特のものもあったし、学生の寮歌も、庶民の
　俗謡も、洋楽調はしだいにその色を濃くしていった」

と述べていて、明治期の流行歌曲を演歌調から洋楽調への流れとして捉えて
いる。
　ここでは「エンカ」が明治期の「演歌」に限定されているが、「演歌調」と
いう言葉を「洋楽調」と対比して「日本の俗謡にその根をもっている」という
ことに注意したい。
　明治の「演歌（演説歌）」とその後に出現した「艶歌」は、歌詞の点で、政
府批判、世相風刺という「壮士節」の主題から、人間の情愛を主題とした「書
生節」の一連の流れとしても把握できるだろう。しかし、楽曲の点では、初期
の「演歌（演説歌）」は単純で、どちらかというと日本の伝統音楽にもとづい
ている。一方、大衆音楽としての「艶歌」では、音楽的特性が西洋音楽にもと
づいたものも現れている。第 1 章で触れたが、軍楽隊は管楽器を中心とした
近代音楽を広く社会に普及する役割を果たした。さらに学校「唱歌」として始
まり、子どもたちを通して広められ、定着していった。
「エンカ」の作詞・作曲、および演奏に関わる音楽専門家が、近代の音楽教育
を背景として出現したことを考えると、楽曲に関しては「演説歌」としての「演
歌」よりも、むしろ「軍楽隊音楽」「唱歌」、あるいは「軍歌」の延長線に「エ
ンカ」を位置づけた方がわかりやすい。
　このように、「エンカ」を含む大衆音楽への流れには「演歌（演説歌）」から
だけでなく、「唱歌」あるいは「軍歌」からのものがあることは重要である。
　ただし、 日本では「唱歌」と「演歌（演説歌）」「流行り唄」は異なった部分
がある。「唱歌」が学校教育を背景に制度的、権威的であったのに対し、「演歌
（演説歌）」は非制度的で、大衆性と親近性をもっていた。「唱歌校門を出ず」
といわれたように、子どもたちは学校で「唱歌」を歌っていたが、校門の外で
は当時の「流行り唄」を歌う場合もあり、学校側、教育者側からは「流行り唄」

に対する強い批判が繰り広げられた。

　また、「明治演歌」とその後に出現した大衆音楽の媒介者として、演歌師の存在も無視できない。演歌師は今でいうストリート・ミュージシャンで、自ら作詞・作曲を行った。またレコードが普及する前はもちろん、レコード発売後もしばらくは街頭で流行歌を歌い、その歌が普及する役割を果たした。初期の流行歌である「船頭小唄」などは、演歌師の手によっても流行していったのである。

　今西英造は『演歌に生きた男たち』で、「大正演歌」として鳥取春陽を取り上げている。大衆音楽の流れを「明治演歌」「大正演歌」、そして「昭和演歌」（今西の場合は「昭和演歌」ではなく、「昭和流行歌」という表現を用いている）と整理できるかもしれない。

　輪島雄介は、

　　　「歴史的な記述では当然ながら、明治・大正期の『演説歌』としての『演
　　　歌』と、娯楽化した『艶歌』が区別されています。また、同時代の『流し』
　　　にまつわる事柄を指す場合、書籍や雑誌では『艶』の字が用いられること
　　　のほうが多いのですが、新聞ではもっぱら『演歌』が用いられています」

と述べている。輪島の研究によれば、1945年以降の「朝日新聞」記事の見出し語検索で、最初は「演歌調」あるいは「エンカ調」という言葉が出てきたが、「演歌」という言葉はなかった。

　輪島はまた、1963年の読書欄で添田知道著『演歌の明治大正史』が取り上げられ、その紹介文に「演歌調」という言葉が出ているという。この本での「演歌」は明治期の演歌を指している。1964年になると、7月には越路吹雪「ラスト・ダンスは私に」やペギー葉山「ラ・ノビア」といった外国曲の日本語版を取り上げ、

「『都会的』な洋楽カバー曲との対比において、従来の日本製の流行歌を古くさく田舎じみたものとして形容するのに『演歌調』が用いられています」

第3章　大衆音楽としての日本の「エンカ」――歴史と多様性　　69

と書かれている。また同じ年の12月の記事では「来年は演歌ブーム」として、

「『演歌調』ではなく単独の『演歌』という語で、現今のレコード歌謡のある部分を指す新しい用法が現れ、しかもその『ブーム』が予想されています」

と述べている。

　輪島雄介は『創られた「日本の心」神話——「演歌」をめぐる戦後大衆音楽史』で、戦後大衆音楽の流れと「エンカ」をめぐる言説について検討し、「エンカ」が1970年代前後に新たに形成され、それを通して「日本の心」のイメージが創出されたという。具体的に多くの人の言説を紹介して、「演歌は日本人の心」あるいは「演歌は日本人の歌」という表現が強調されていることを明らかにしている。

　その中で、「演歌」の発明者・五木寛之のことを、

　　「寺山・森・竹中の議論においては、『流行歌』や『歌謡曲』という呼称が用いられ、「演歌」「艶歌」の語は一切使われていません。彼らの議論の枠組みをほとんどそのまま受け継ぎながら、そこで日本のレコード歌謡の肯定的な特徴とみなされた側面を強調して、『艶歌』という新たな呼称を与え、一種の概念規定を行ったのは、1966年にデビューし70年代にかけて若者を中心に圧倒的な人気を誇った小説家の五木寛之です」

と述べている。

「エンカ」について検討する場合、この輪島の論考は参考になる。専属外の音楽制作が新たな主流になろうとする過渡期に、「専属制度時代の諸特徴を引き継ぐレコード歌謡」を指して「エンカ」と呼ぶ慣習が現れたのである。

　北中正和は、

　　「カレッジ・フォーク、和製ポップス、GSなどのブームは、新しい歌手

やミュージシャンばかりでなく、新しい作詞家・作曲家も生みました。……それまでの作詞家や作曲家、たとえば服部良一や古賀政男や佐伯孝夫と言った人たちがレコード会社の専属だったのに対し、新しいソングライターはフリーの立場で、レコード会社を越えて作品を提供しました。……こうしてフォークや和製ポップスやGSやフリーのソングライターが台頭してくると、それまでの専属制の中で主流を占めてきた歌謡曲とのちがいが目立ってきました。……そんな状況の中、都会調、日本調、浪曲調などと形容されてきたやや大人向けの音楽は、次第にジャンルのようにみなされ、60年代末には演歌と呼ばれはじめました」

と述べている。
五木寛之は「艶歌ノート考」で、「演歌」と「艶歌」を区別し、

「ぼくなりの考えでは、北島三郎とか春日八郎だとかいった歌い手さんの歌を演歌とよぶのはむりだと思えてなりません。明治・大正時代の、当時の政治青年が演説に魅力をもたせるために、言葉を工夫し、簡単な節をつけ、街頭で歌い流行させたものを演歌と定義してはどうでしょうか。演説歌、すなわち演歌だといえるでしょう。当世風にいうならば、プロテスト・ソングです。世の中に対する怒りや、意見が、ナマな形で歌われているのが特色です。……（中略）……艶歌はそれと反対です。内容よりも曲の美しさ、詞の巧みさが重視されるのです。ですから一般に言って、演歌は音楽的に貧しく、艶歌は内容が空疎である、という傾向がみられます」

と述べている。小泉文夫は、

「演歌をどう定義づけるかというのにいくつかの方法があって、それが時代によっても人によっても、また定義の仕方によっても変わってくるのです」

第3章　大衆音楽としての日本の「エンカ」——歴史と多様性　71

と述べている。続けて、

　「たとえば私が感じましたのは、演歌というものを一つのアンチテーゼと
　してとらえている。昔から演歌はありますが、なぜ意識するかというと、
　演歌じゃない音楽が幅をきかせ、のさばっているからなんですね。演歌が
　堂々と主流である間は、これは演歌だ、演歌だなんて言う必要がないんで
　すが、ニュー・ミュージックとか和製ポップス、フォークとか、そういう
　ものが流行歌すなわち大衆音楽の主流を脅かすような勢力になってきてい
　るために、そうでないものを意識し、区別しなければならない状況にきて
　いる」

と、なぜエンカが問題となるのかについて、自らの見解を述べている。ただ
具体的な分析については、

　「ここでは演歌というものを本当は時代によって、あるいは立場によって
　細かく分類したり定義づけたりして論ずべきだろうと思うんですけれど、
　あまりにも数が多いものですから、ふつうに皆さんが演歌と呼んで、漠然
　と承認しているものの、最大公約数のようなものでお話をしていきたいと
　思います」

としている。
　また、現代音楽の作曲家・吉田進は、フランスで音楽を勉強する中で、

　「日本人である僕はそうして西洋の音感に近づこうとすればするほど、自
　分の体内に潜む本来の感性とのズレを感じざるを得なかった。西洋音楽が
　僕に及ぼした影響を否定するつもりは毛頭ないけれど、どこか深いところ
　で拒絶反応が起こったのは疑えない事実なのだ」

と考えたという。そのような中で改めて「エンカ」に出会い、「エンカ」の

底知れぬ魅力に取りつかれて、「エンカ」を素材とした作品を書く方向へと向かった。そして、実際に「演歌」というタイトルの曲を作っている。吉田は「エンカ」を「歌謡曲」と区別して、

> 「一口で言えば、歌謡曲は歌の文句が歌い方に反映せず、ひたすら耳に感覚的快感を与えることを生命としている一方、演歌は歌詞の意味内容に従い声の出し方が変化することによって、演劇的世界を現出させる。つまり、演歌とは歌を演じることなのである」

と述べている。

3　平岡正明らの「エンカ」論

これまでの「エンカ」の言説とは異なるものとして、平岡正明、相倉久人らがいる。彼らは、「エンカ」をジャズ理解の延長線上で捉えている。

平岡正明は「ジャズの土着化論」の中で、

(1) 発生の順序において、ジャズは辺境－中央の経路をたどった。

(2) しかしジャズがアメリカ合衆国を離れ、諸国を席巻していくときは、都市－地方の伝播経路をたどる。

(3) ブルース衝動という概念は、リロイ・ジョーンズが提唱したこと、すなわち基底たるブルースによってジャズが変化していく上向の論理ではおそらくなく、黒人知識人たるジャズマンが自己の二面感情を震動させることによって基底的なものに到達したいとする下降衝動と理解する。

(4) したがって諸外国の都市に流れついた風媒花たるジャズが、その国のミュージシャンの演奏を通して、その国の民衆の情感を震動させる可能性を手に入れる。

(5) ジャズが異国の民衆に向き合う時の顔は迎合ではなく攻撃でなければならない。

（6）輸入音楽としてのジャズは都市小市民の意識形態までは直接ゆさぶる。しかし、そこまでだ。この範囲でゆるされる最良の展望は、不良少年をひきつけることである。

　そして「ジャズからブルースに下降」する過程で、「エンカ」に出会ったという。平岡は「エンカ」を「艶歌」と呼んで、

　1. 艶歌は戦後のものである。
　2. 艶歌は主として在日朝鮮人のココロである。
　3. 歌謡曲的近代が汎アジア規模で存在する。

という三本の柱を立てている。さらに、平岡は

　「私見では、艶歌の成立は1930年代である。（中略）それは日本帝国の植民地領有を前提にしている。伝統的音感を土台に、そのうえにクラシック、ジャズ、朝鮮メロディを三層に重ね合わせながら、ある局面では朝鮮的要素が強化され（古賀政男）、ある局面ではジャズが強化されながら（服部良一）、日本敗戦によって価値観が一度ひっくり返ったあとに、美空ひばりによってひとたび集成され完成され源泉化されたものが戦後歌謡曲である」

と述べている。
　同じ『歌入り水滸伝』という本の中で「艶歌」を戦後のものとしているかと思えば、他方では「艶歌」の成立を1930年代としているので、それがどのような意味なのかが問題である。平岡が大衆音楽としての「エンカ」をアメリカで成立したジャズとの関わり、また韓国との関わりで触れている。「エンカ」をアジア的枠組みで捉えようとしていることは大胆な仮説として注目したいが、残念ながら具体的な検証はほとんど行われていない。
　クリスティン・R・ヤノは≪Tears of Longing≫の中で、

「いずれにせよエンカあるいはエンカのような音楽は、台湾、韓国、香港、そして東南アジアで、ジュークボックスやカラオケを通して、または放送を通して聴くことができる。不思議なこと、そして重要なことには、これらアジア地域の中で、人がエンカ、あるいはそれにかわって彼ら自身が歌い継いだ歌を、植民地時代の遺産と主張していることだ。テレサ・テンはいう。『私は台湾で、日本の歌を聴いて育った。私は日本の歌を外国の歌とは考えられない。日本の音楽はアジアの音楽だ』もっとはっきりいうと、多分テレサ・テンが表現したのは、日本の大衆文化は以前の植民地の大衆の一部となったということだ」

と述べ、「エンカ」をアジア的な枠組みで捉えようと試みている。

　このことは、テレサ・テンだけではなく、日本で活躍している韓国をはじめとする外国人歌手、外国人音楽家、あるいは在日韓国人音楽家の場合にも当てはまる。日本の「エンカ」と韓国の「トロット」を比較しようとする上で一層重要な観点となる。

　ただし、テレサ・テンが台湾で聴いていた日本の歌は、美空ひばりなどの戦後の歌であったといわれていて、直接植民地時代の遺産ではないことに注意する必要がある。

　今まで「エンカ」をめぐる言説について検討してきたが、もう一つ重要なのは音楽産業の観点である。レコードジャケットに「エンカ」が表記されたのは、1970年に発売された藤圭子の「新宿の女」で、そのキャッチコピーとして「演歌の星」と書かれたことに始まる。このことはレコード会社の販売戦略の一環であった。彼女の歌の人気とともに、「エンカ」という言葉自体もメディアを通して普及し、日本で広く人々に知られるようになったといわれている。

4　「エンカ」の音楽的特徴

「エンカ」について、もう少し音楽に沿って具体的に考えようとすると、いく

つかのアプローチが必要になる。

　小泉文夫は「エンカ分析　七つのアングル」で、エンカ分析の項目として、一番目はリズム、二番目は音階、三番目がアクセント（言葉のアクセントがどういうふうに旋律の中で活かされているか）、四番目はディナーミック（強弱法、声を強くしたり、弱くしたりする、そのテクニックがエンカではどういうふうになっているか）、五番目はこぶし（メリスマあるいはヴィヴラート）、六番目に発声法、そして七番目は歌の内容（歌詞）を挙げている。これは音楽学者としてかなり専門的な分析の枠組みで、面白い試みだと思われるが、ここではリズム、音階、発声法（メリスマ）、歌詞の四つに分けて検討する。

（1）リズム

　典型的な「エンカ」のリズムは４分の４拍子、ないしは４分の２拍子が多いといわれる。アメリカから入ってきた４分の４拍子、ないし４分の２拍子のフォックス・トロットや、４分の４拍子のブルースのリズムは、日本の流行歌に影響を与えたといえる。もともとダンス曲であるフォックス・トロットは明るい感じの少しテンポの早い曲であった。

　しかし、戦前に古賀政男の作曲した「影を慕いて」「男の純情」、そして戦後に千昌夫が歌って大ヒットした、遠藤実作曲「星影のワルツ」は４分の３拍子だった。したがって、４分の３拍子系統の「エンカ」もないわけではない。

（2）音階

「エンカ」の音階はヨナ抜き５音階で作られた楽曲が多い。このヨナ抜き５音階（１オクターブの音階の中で４番目の音と７番目の音が脱落した５音階）には、〈ド−レ−ミ−ソ−ラ〉の音で構成される長調５音階と、〈ラ−シ−ド−ミ−ファ〉の短調の５音階がある。しかし、軍歌の音階でも紹介したように、ヨナ抜き５音階に１音加えられた６音階、さらには自然長音階や自然短音階で作られた楽曲もある。

　日本や韓国で西洋音楽の出発点の一つと考えられる「蛍の光」（日本）や「愛国歌」の元歌であるスコットランド民謡「Auld Lang Syne」は、日本では「真

白き富士の根」、韓国では「希望歌」として、よく知られている楽曲である。使われた音階は、4番目と7番目の音が欠落した長調5音階であったため、日本では後に「ヨナ抜き音階」と呼ばれることになる。安田寛は、この音階が日本の軍歌でよく使われていることから、歴史的経緯を踏まえて「軍歌調音階」と呼んでいる。この音階は安田の調査によると、「七四抜き」「学童旋法」「五音音階童謡調」「五声音階」、さらには面白がって「ハ（歯）ぬけのフ抜け」とも呼ばれていたという。

　この「ヨナ抜き音階」の楽曲は、日本や韓国にもたらされた多くの西洋楽曲の一つだが、とりわけ最初に西洋音楽に触れた日本人や韓国人に好まれた。当時の宣教師などの記録には、日本人はファやシの半音を出すのが難しいという記事も残っている。

　そして韓国でも、日清・日露戦争当時に日本で作られた軍歌（ほとんど長調ヨナ抜き音階）が好まれ、新しい歌詞を付けて歌われた。したがって、「エンカ」に用いられている長調ヨナ抜き音階は、日本でも韓国でも西洋音楽の導入段階から親しまれた音階であったといえるだろう。

　それでは、「エンカ」や「トロット」などによく使われた短調ヨナ抜き音階はどうだろうか。この短調ヨナ抜き音階こそ、日本の伝統音楽の都節ではないかとして、韓国の「トロット」をめぐる議論で大いに問題となった。

　第1章でも述べたように、日本で初めて短音階を用いて作られた曲は「ノルマントン号沈没の歌」（1887［明治20］年）で、その後「唱歌」「童謡」「歌曲」などが作られていった。

　ただし、その際に注意しなければならないことは、最初からヨナ抜き5音階だけで作られたものではないことである。つまり、西洋近代音楽における自然短音階から、第4音ないし第7音を除いた6音階なども使われていたのである。

　本居長世は、1910（明治43）年『音楽』9月号で、「現代の流行唄　附喇叭節、さのさ節の沿革」の中で、

　　　「『ノルマントン（号）沈没の歌』の旋律は『抜刀隊』の曲の主部と實に

よく似て居る。即ち最初の六小節は全く抜刀隊のそれを模倣したものだ。
之に二小節を補足して八小節の最小なるリードフォームを形成して居る。
　併しながら此曲は形の上でこそ唱歌體であるが、純然たる外國では無い、
即ちタンチョウの第二度に始り、又短調の第二度に終って居る、短調の第
二度は日本の陰旋の第五度である。之を以て見れば此曲の旋法は全く陰旋
と全性質である。斯の如く陰旋を唱歌調に應用する事は全く明治の新形式
であって、之が引いては現代の俗謡や流行唄の上などにも大變動を起す原
因ともなったものである」

と述べている。小村公次は、

　「この曲（「抜刀隊」のこと――筆者注）は前半がイ短調、後半は同名調の
　イ長調に転調している。お雇い外国人として黎明期の軍楽隊を指導したル
　ルーが作曲したこの曲は、当時の日本人には難しくて歌えなかったという。
　そのため、この曲の前半部分を歌い崩したものに別の歌詞をつけたのが
　〈ノルマントン号沈没の歌〉である。ここでいう“歌い崩す”という意味
　は日本人がそれまでなじんできた伝統的な音階に“引き寄せて”歌ったと
　いうことである」

と述べている。
　流行歌（大衆音楽）の中で、初めて短調ヨナ抜き5音階が使われたのは、演
歌師によって作られた「金色夜叉の歌」（1918〔大正7〕年）であり、次に短
調ヨナ抜き5音階が使われたのは、中山晋平が作曲した「船頭小唄」である。
この歌は野口雨情作詞で、最初は1921（大正10）年に「枯れすすき」として
作られたが、1922（大正11）年に題名を「船頭小唄」に改めたという。そして、
1923（大正12）年に多くの人によってレコード化され、大ヒットした。
　小泉文夫は、次のように述べている。

　「明治以降は、外から入ってきた西洋音楽の影響を受けたんですけれども、

そして一時は四七抜き音階という形で、妥協してきたのです。つまり西洋風の音楽を取り入れたいが、しかし七音音階、一オクターブの中に七つの音があったのでは歌いにくいから、五つにし、五音音階にしたのが四七抜き音階です。四番目と七番目を抜き、そういう折衷した音階を作ってきました。しかしただ五音音階という意味では伝統的でありますが、今のように旋律の構造そのものが伝統的なものではないので、したがってこの四七抜き音階は、今までは確かに主流でありましたし、そういうものに演歌のふるさとを感じておられる方もたくさんいるでしょうが、伝統との結びつきという意味では、本当は薄いのです。伝統との結びつきという点では、四七抜き音階の曲は、むしろ発声法だとか、こぶしだとかリズム感だとか、そういったところに頼っています。しかし音階の構造そのものはあまり伝統的ではないのです」。

　短調ヨナ抜き5音階は半音があり、日本の伝統的音階の陰旋である「都節」に似ているといわれる。しかし、それは「都節」をそのまま復活させたわけではないし、何より小泉がいう音階の構造が異なっているのである。
　繁下和雄は、

　　「四七抜き長音階が定着したときに、その下降性がさらに強まって短調化して、四七抜き短音階となったわけである。四七抜き短音階は、都節のテトラコルドを核にしているので、端唄、小唄などの感覚に近い歌が構成される。そして、この粋な感じが好まれて、その後歌謡曲の主流を占めるようになったのだといえよう」

と述べている。
　この下降性について、さらに繁下は、日本の代表的な寮歌である「嗚呼玉杯に」の楽譜が、だんだん変化していったと説明している。明治、大正、昭和と三種類あり、最初は長調だったが、昭和期の楽譜ではミとラの音が半音下がり、短調となったという。そして、

第3章　大衆音楽としての日本の「エンカ」――歴史と多様性　　79

「小泉氏もすでに『日本伝統音楽の研究』の中で、律のテトラコルドは下降性の強いもので、二つの各音の間にある音は往々にして半音下がってしまうと指摘しているように、律から都節へと変化してしまうのである」

とも述べている。つまり時間の経過の中で、自然に長調が短調になっていったということである。

このように見てくると、ヨナ抜き5音階は必ずしも「エンカ」だけに用いられた音階ではなく、近代音楽受容の過程で作られたものといえる。とりわけ「エンカ」に特徴的だといわれる短調ヨナ抜き音階も、すでに軍歌、童謡、流行歌の作曲段階で用いられ、それが人々に愛好されたのである。この説について、専門的な音楽学者でない私には、それを検証することはできないが、短調ヨナ抜き音階成立に関する一つの説として留意しておく。

(3) 歌詞

歌詞について、小泉は「演歌と演歌でないものを区別する場合には、少なくとも演歌は、メロディ優先というよりは言葉が優先であって、その言葉の内容を聴こう、じっくり味わおう、そういう気持ちがあります」と述べ、演歌における言葉の重要性を強調している。

流行歌の歌詞分析をした見田宗介によれば、「怒り」「うらみ」「やけ」「あきらめ（みれん）」と四つのモチーフに分け、大正期には「やけ」が、昭和期には「あきらめ」が比較的多いと分析している。

そして、代表的な流行歌のうち、これらのモチーフをもつものの時代的変遷を見ると、

「ストレートな『怒り』から『うらみ』へ、『うらみ』から『やけ』へ、そして『あきらめ』と『みれん』へと、日本の民衆の心の底にある怒りの心情は二重・三重に屈折し内向した表現をとるに至るのである」

と説明している。もっとも、この見田の分析は必ずしも「エンカ」を対象にしたものではなく、1868（明治元）年から1963（昭和38）年までの流行歌を対象としたものであった。大正期、昭和期は、時代的に「エンカ」が流行した時期なので、この分析は参考になると思われる。

「エンカ」の歌詞の内容と情感では、「男女間の慕情あるいは別れの悲しさ」と「股旅もの」の他、明るく軽快で享楽的な歌も発売されている。また、童謡のような児童性や庶民のありのままの個人的心情などを、その内容としている。

「エンカ」の歌唱法について、コブシなどの声を振るわせる技巧が用いられている。小泉文夫は、

> 「日本の歌はわらべうたにはほとんどありませんが、子守唄から上の民謡、
> 芸術音楽、すべてにわたってメリスマ、こぶしに満ちています。ですから、
> 演歌のなかからこういうメリスマ、こぶしというものを除いてしまうと、
> 演歌の特徴もなくなってしまうほどです」

とも述べている。

5 「エンカ」の歴史的展開

これまでの検討から、日本大衆音楽の歴史の中で「エンカ」というジャンルの音楽が、必ずしも一つの定まった形ではないことが明らかになった。

そこで、まず典型的な「エンカ」が成立した1960・1970年代を基準にし、それ以前の「エンカ」を「オールドエンカ」、それ以後を「スタンダードエンカ」とする。また、「艶歌」や「ジャズ・ソング」など、いわゆる大衆音楽の「エンカ」を形成するもととなった時代の音楽を「プリエンカ」としておく。それは、おおよそ1930年代前後を境とすることができるだろう。他方、1960・1970年代以後では、段階的に新しいリズム、新しい演歌歌手が登場する。その「エンカ」は「ニューエンカ」といわれることになる。

したがって、ここではおよそ1930年前後までの「プリエンカ」、1930年代

から 1960 年代までの「オールドエンカ」、1960・1970 年代から「ミドルエンカ」ないしは「スタンダードエンカ」、そして 1970 年代半ばから始まり 2000 年代に至る「ニューエンカ」という四段階に分けて、検討することにする。ただし、この境界ははっきりと区別できるものではなく、過渡的な段階もあり、並列的に進行している状態でもある。

　また、1945（昭和 20）年の日本の敗戦は、日本社会に大転換をもたらし、大衆音楽にも新しいスタイルが取り入れられた。1945（昭和 20）年から 1960（昭和 35）年までの時期は「オールドエンカ」から「ミドルエンカ」への過渡期、ないしは二つの「エンカ」の境界期といえるだろう。

　このように分類してみると、1970 年代半ば以降の「ニューエンカ」を別にすれば、1930 年代から 1990 年まではおよそ昭和時代ということができ、「エンカ」は昭和とともに歩んできた大衆音楽ともいえよう。

6　〈プリエンカ〉とその時代

〈プリエンカ〉と分類される楽曲は、大正時代に流行した「流行り唄」、つまり「大正歌謡」ともいえる。代表的なものとしては「カチューシャの唄」（1914〔大正 3〕年）、「ゴンドラの唄」（1915〔大正 4〕年）、「金色夜叉の歌」（1917〔大正 6〕年）、「東京節」（1919〔大正 8〕年）、「船頭小唄」（1923〔大正 12〕年）、「籠の鳥」（1925〔大正 14〕年）などがある。

　これらの曲はほとんどがヨナ抜き音階であるが、「金色夜叉の歌」「船頭小唄」「籠の鳥」には短調ヨナ抜き音階が用いられている。

　また、演歌師・添田さつきの「東京節」（1919〔大正 8〕年）は、アメリカ民謡の楽曲に東京の新旧の名所を数え上げ、歌詞をつけたものである。これは昭和になって新民謡として流行した「東京音頭」（西条八十作詞・中山晋平作曲）よりかなり前のことである。

　この頃、日本のレコード会社は電気吹込みという新たな方式を用いてレコードを制作し、発売した。代表的なものとして、「道頓堀行進曲」（1928〔昭和 3〕年）、「私の青空」（1928〔昭和 3〕年）、「アラビアの唄」（1928〔昭和 3〕年）、「君

恋し」（1929〔昭和4〕年）、「洒落男」（1929〔昭和4〕年）などが作られている。

これらの曲の中で、「私の青空」「アラビアの唄」「洒落男」はアメリカ音楽であるし、その他の曲もアメリカ軽音楽ジャズ（フォックス・トロットのリズム）の影響を受けている。「私の青空」と「アラビアの唄」は、いずれも堀内敬三によって訳詞され、二村定一によって歌われている。ヨナ抜き音階は使われてはいないが、フォックス・トロットのリズムは日本の流行歌に影響を与えている。「道頓堀行進曲」「東京行進曲」などは、フォックス・トロットのリズムで作られている。全体として、この時代の歌はフォックス・トロット、シャンソンなど、当時流行していたポップス音楽が含まれていたが、「ジャズ・ソング」と総称されている。

園部三郎は「新しい大衆社会の発生と流行歌謡曲の定着」で、大衆音楽においても、昭和初期に「外国調」と「日本調」がはっきり分化してきたという。ここで「外国調」とは浅草オペラや「私の青空」などのジャズ・ソングで、これらは都会の青年層やインテリ層の流行歌になり始めていたという。他方、「日本調」とは「波浮の港」や当時復活した民謡などを挙げることができる。これは地方を中心として、全国的に歌われたという。

このように大正から昭和への転換期に、大衆音楽は「日本調」ないし「艶歌」的なものと「ポップス」的なものが共存し、さまざまな要因が介在していたといわなければならない。音楽的には、唱歌の段階から童謡・歌曲の段階へと洗練され、当時世界で流行していたポピュラー音楽の影響を大きく受けている。

この時期の代表的な作曲家としては、東京音楽学校を卒業し、新たな大衆歌謡を作り出したと評価される中山晋平（1887～1952年）と、明治時代の演歌師の系譜を引く鳥取春陽（1900年～1932年）がいる。当時の代表的な文学者によって作詞され、中山晋平が作曲した「カチューシャの唄」と「ゴンドラの唄」、そして「船頭小唄」は「流行歌の誕生」と位置づけられている。中山が短調ヨナ抜き音階を用いて作曲した「船頭小唄」は、それ以降の日本の大衆歌謡の原型となったといえるだろう。

代表的な演歌師として、「船頭小唄」などを歌って流行らせた鳥取春陽は、大阪を中心に一時はレコード会社の専属作曲家として活躍した。「籠の鳥」を

作曲する以外にも、ジャズ・ソングを含め、当時流行した音楽を精力的に学び、数多くの楽曲を作っている。

菊池清麿によれば、

「鳥取春陽は、作曲に行き詰っていた。ディキシースタイルの演奏形態でフェイク、ブルーノートなどのジャズの手法を加え、〈望郷の唄〉を作曲したが、どうもいまひとつだった。やはり、恐慌と戦争の不安に脅える大衆心理に応えるメロディはジャズよりももっとセンチメンタリズムが溢れるそれでなければならないのだろうか。鳥取春陽には迷いが生じていた。そうしたときに鳥取は古賀政男のギター曲〈影を慕いて〉に衝撃を受けたのである。たしかにギター・マンドリンオーケストラは今までの〈流行り唄〉の世界にはなかった」

であった。

鳥取春陽の最後のヒット曲「思い直して頂戴な」について、今西英造は「このころ、バンドマンをしながら春陽の曲の編曲をやっていた服部良一は、この歌を、大正演歌から昭和流行歌への橋渡し的意義の大きい作品であると言っている」と述べている。

7 〈オールドエンカ（アーリーエンカ）〉とその時代

（1）鳥取春陽から古賀政男

今西は、鳥取春陽の病床での様子を以下のように書いている。

死を間近にした病床で春陽は、外で郵便局員が口ずさむ古賀政男作曲「酒は涙か溜息か」をじっと聴きながら、

「春陽がかすれた声でうめいた。『貞子（春陽の妻）、よくはやっているなあ……あの歌、オレ、早く良くなって、書くよ、もっともっといいのを、きっとあれ以上のものを……。』

気丈な貞子は、あふれ出る涙をせい一杯の努力でこらえながら、歌に生き、そしていま、歌に死んでいこうとする夫の凄絶な執念を見守るばかりであった。

　数日後、最後の演歌師鳥取春陽は、枕辺に未だ入籍もしていない若い妻と幼い長女を残して、その短い生涯をとじた。享年31歳。昭和7（1932）年1月16日の早朝、しらじらと冬の夜が明けそめるころであった」。

　このエピソードは古い時代の歌、あるいは作曲家から新しい時代の歌、あるいは作曲家への転換を示す象徴的な出来事のように思われる。

　大正時代から活躍していた中山晋平は、昭和になっても「波浮の港」（1928〔昭和3〕年）、「鉾をおさめて」（1928〔昭和3〕年）、「マノン・レスコオの唄」（1928〔昭和3〕年）、「鞠と殿さま」（1929〔昭和4〕年）、「紅屋の娘」（1929〔昭和4〕年）、「愛して頂戴」（1929〔昭和4〕年）、「東京行進曲」（1929〔昭和4〕年）、「銀座の柳」（1932〔昭和7〕年）、「東京音頭」（1933〔昭和8〕年）などを作曲している。そのジャンルは多様で、童謡から新民謡、今では日本歌曲とも呼ばれるものもあるが、流行歌はそれほど多くない。また、佐々紅華は昭和になって、「祇園小唄」などの新民謡の他に「君恋し」など、戦後リバイバルした大衆音楽などを作曲している。

　昭和の大衆音楽制作において、エポックメイキングな出来事としては、電気式録音技術の開発と専属制度というレコード制作システムの確立がある。ラジオ放送の開始（1925〔大正14〕年）とともに、マスメディアとしてのレコード産業が確立する中、最初に新しいスタイルの楽曲をもって登場したのが、古賀政男であった。大衆社会の成立とともに、都市を中心とする新たな購買層・消費者層を獲得していった。

　このように、大正─昭和時代の日本の大衆音楽の流れは、中山晋平─古賀政男のラインの上で基礎付けられることになった。

　この時期の作詞家には、野口雨情、北原白秋、時雨音羽、島田芳文、高橋掬太郎、佐伯孝夫、藤田まさと、佐藤惣之助、サトウ・ハチローなどがいる。時雨音羽、藤田まさとを除くと、詩人、歌人、文学者が多く、最初から大衆音楽

の作詞家ではなかった。しかし、レコード会社専属の作詞家となり、多くの大衆音楽の詞を作ることになった。なかでも代表的な人物は西条八十で、早稲田大学仏文学の教授で、象徴詩人であった。彼の作品の中には「愛して頂戴」「わたしこの頃変なのよ」などがあり、エログロナンセンスとして非難されたこともある。時雨音羽は日本大学を卒業後、大蔵省に勤めていたが、出版社の依頼で「朝日をあびて」の詞を書いたことを契機に、レコード会社の専属作詞家になった。藤田まさとの場合、文学的経験はなく、レコード会社の文芸部長を勤めながら、作詞活動を始めている。

　この時期の作曲家は、中山晋平、佐々紅華、奥山貞吉、古賀政男、服部良一、江口夜詩、古関裕而、大村能章、阿部武雄などがいる。この中で、江口夜詩は海軍軍楽隊と東京音楽学校、奥山貞吉や阿部武雄は東洋音楽学校、大村能章は海軍軍楽隊を出ている。佐々紅華は東京高等工業学校を卒業後、印刷会社を経て日本蓄音機商会に入社し、デザインを担当していたが、お伽歌劇の作詞・作曲を始めている。古関裕而は商業学校を卒業して銀行に勤務していたが、幼い頃から音楽を愛好していた。音楽の専門教育を受けることはできなかったが、ほぼ独力で音楽の研鑽を続けた。二十歳で応募した舞踊組曲「竹取物語」が国際作曲コンクールで入選したこともある。古賀政男は幼い頃から音楽に親しみ、十代を韓国で過ごした後、明治大学でギター・マンドリン倶楽部に入り、音楽を学んでいる。服部良一は大阪の出雲屋少年音楽隊に入って、ポピュラー音楽を学び、その後大阪フィルハーモニック・オーケストラなどを通して西洋音楽の基礎を学んでいる。

　このように、多くの作曲家たちは軍楽隊、少年音楽隊などで専門の音楽教育を受けるか、大学音楽倶楽部での実践的な経験を積む中で、西洋音楽の基礎を学んでいる。ただし、服部良一がポピュラー音楽を学んだ経験があることを除けば、ほとんどが西洋クラシック音楽を学んだ人たちであり、レコード会社の専属作曲家となって本格的に大衆音楽の作曲家となった。

(2) 古賀政男

　この時期の代表的な作曲家の一人である古賀政男は「丘を越えて」(1931〔昭

古賀政男──「影を慕いて」の歌碑の前で（毎日新聞社提供）

和6〕年）、「酒は涙か溜息か」（1931〔昭和6〕年）、「キャンプ小唄」（1931〔昭和6〕年）、「影を慕いて」（1932〔昭和7〕年）、「日本橋から」（1932〔昭和7〕年）、「サーカスの唄」（1933〔昭和8〕年）、「緑の地平線」（1935〔昭和10〕年）、「二人は若い」（1935〔昭和10〕年）、「うちの女房にゃ髭がある」（1936〔昭和11〕年）、「男の純情」（1936〔昭和11〕年）、「東京ラプソディ」（1936〔昭和11〕年）、「人生の並木路」（1937〔昭和12〕年）、「青い背広で」（1937〔昭和12〕年）、「人生劇場」（1938〔昭和13〕年）、「誰か故郷を想わざる」（1940〔昭和15〕年）など、ヒット曲を次々と作曲する。

「東京ラプソディ」「軍国の母」「コンロン越えて」などは、短音階、長音階、6音階などで作られているが、多くはヨナ抜き音階、とりわけ短調ヨナ抜き音階で作られている。歌詞では「酒は涙か溜息か」「影を慕いて」のように悲しく寂しいものもあるが、「丘を越えて」「キャンプ小唄」「二人は若い」「東京ラプソディ」「青い背広で」のように、軽快で楽しいものもある。また「うちの女房にゃ髭がある」のようなコミックソングもある。このように、古賀政男は

第3章　大衆音楽としての日本の「エンカ」──歴史と多様性　　87

「ブギ」コンビ渡米　東京ブギの指揮を取る服部良一（手前右）
（1950年6月16日、羽田空港。毎日新聞社提供）

歌謡曲の中でも、さまざまなジャンルの楽曲を精力的に作っている。

（3）服部良一

　古賀政男に対し、もう一人の対照的な代表的作曲家として服部良一がいる。1930年代後半から「別れのブルース」（1937〔昭和12〕年）、「雨のブルース」（1938〔昭和13〕年）、「チャイナタンゴ」（1939〔昭和14〕年）、「一杯のコーヒーから」（1939〔昭和14〕年）、「蘇州夜曲」（1940〔昭和15〕年）、「湖畔の宿」（1940〔昭和15〕年）などを作曲する。「別れのブルース」や「雨のブルース」は、必ずしもブルースコードを使用していないが、うまくブルースの雰囲気を醸し出している。いわば日本的ブルースといえよう。「別れのブルース」や「チャイナタンゴ」はヨナ抜き音階だが、多くは長音階、短音階で作られている。

　服部は自伝で「別れのブルース」の創作時の逸話を、

「ぼくは、一軒のバーで洋酒を傾けていたが、ある衝撃を感じてグラスを
宙に浮かせた。

　蓄音機からシャンソンの『暗い日曜日』が流れ出したのだ。淡谷のり子
の声だ。

　パリの下町の女王・ダミアが、しわがれ声で切々と歌ったセレスの曲を、
脇野元春の訳で淡谷のり子が吹き込んでいた。レコードは前年の秋に発売
されており、ぼくの好きな曲だったが、今、この本牧のチャブ屋で聴くと、
一層の哀愁が強まり、心がふるえるのを覚える。

　〈淡谷のり子。本牧を舞台にしたブルースを彼女に歌わせよう。もっと
もっと低い、ダミアばりの声で……〉」

と書いている。また、「ブルース」については、

「ブルースは、なにも、ウィリアム・ハンディの『セントルイス・ブルー
ス』のように黒人の専売ではないと思うんだ。日本には日本のブルース、
東洋的なブルースが大いにありうるとおもわないかい」

とも書いている。

また、藤浦洸は服部に「ブルースは魂のすすり泣きだ。国籍に関係ない。キ
ミはジャズにくわしいんだし、日本のブルースを完成してみろよ」といって、
作曲をすすめたともいわれている。

服部良一の作曲した「歌謡曲」は、古賀政男の作曲した「歌謡曲」と極めて
対照的と思われている。服部自身も、当時の流行歌を「艶歌調」「股旅調」と
いい、自分の作曲するものとは区別していた。

また、菊池清麿は古賀について、

「中山晋平の手法を踏襲しながらも、退廃的な哀調趣味を色濃く持つ艶歌
調の多くの亜流作品によってマンネリ化した閉塞状況を打開するために外
国リズム（ワルツとハバネラタンゴ）を使用した。流行歌に新生面を切り

第3章　大衆音楽としての日本の「エンカ」——歴史と多様性　89

開いたのだ。殊に〈影を慕いて〉の初演はギター合奏のワルツであり、マンドリンオーケストラ伴奏で奏でたハバネラタンゴの〈日本橋から〉〈私此頃憂鬱よ〉は斬新であり新鮮なサウンドだった。そして、古賀は藤山一郎の歌唱芸術によって欧米にも見られる明るい哀感を日本の流行歌において確立した」

　と述べている。また、服部については「あくまでもブルース、中国メロディ、スウィングジャズが音楽の基調であった」と述べ、この二人によって中山が先鞭をつけた日本の近代流行歌は、かなりの進歩・発展がとげられたと主張している。ただし、古賀はその後、初期の洋楽調から邦楽的技巧表現へ重心を移す傾向が目立ってきたとも述べている。「退廃的な哀調趣味を色濃く持つ艶歌調」を批判し、「プレクトラム音楽」（ギター・マンドリン音楽）という西洋音楽を基調として、新しい歌謡曲を作り出した。古賀は初期の代表作「酒は涙かため息か」を作曲する時、「ジャズと都々逸の差を埋めるような曲」を作ろうと思ったというから、このジャンルの曲は完全に「日本風」を意図されたものではない。

　このように、昭和初期を代表する二人の作曲家の歌はかなり異なっているところと、共通するところをもっている。ちなみに、音階を基準とすると、古賀の「酒は涙か溜息か」「影を慕いて」も、服部の「別れのブルース」も短調ヨナ抜き5音階である。
「ブルース」という題名自体が外国由来のものであっても、戦後には「△△ブルース」という題名の「エンカ」が数多く作られている。歌詞についても、戦後「エンカ」といわれる歌の中には、「別れのブルース」や「雨のブルース」に似た、男女の情愛を内容としたものがしばしば見られている。

（4）「股旅もの」「放浪もの」

　これまで述べた古賀政男や服部良一に代表される大衆音楽とは異なり、「股旅もの」「放浪もの」といわれる流れがある。ヤクザを扱った「股旅もの」の最初の歌は、日活映画「沓掛時次郎」の主題歌として作られた長谷川伸作詞、

奥山貞吉作曲の「沓掛小唄」（1929〔昭和4〕年）である。その後「赤城の子守唄」（1934〔昭和9〕年）、「旅笠道中」（1935〔昭和10〕年）、「赤城しぐれ」（1937〔昭和12〕年）、「妻恋道中」（1937〔昭和12〕年）、「忠治子守唄」（1938〔昭和13〕年）、「旅姿三人男」（1939〔昭和14〕年）、「名月赤城山」（1939〔昭和14〕年）、「大利根月夜」（1939〔昭和14〕年）、「吉良の仁吉」（同年）、「勘太郎月夜唄」（1943〔昭和18〕年）などが作られている。昭和初期から作られているが、これはコロムビアやビクターというレコード会社に対して、当時の新興レコード会社・ポリドールが独自の制作販売戦略に基づくものであった。

　阿部武雄の楽曲はほとんどヨナ抜き5音階で作られているし、竹岡信幸の楽曲もほとんどヨナ抜き5音階、大村能章の楽曲はヨナ抜き5音階、6音階、自然短音階と多様な音階で作られている。

　これらは小説家・長谷川伸や子母澤寛らの書いた大衆時代小説をもとに、新国劇として映画化や演劇化された時に作られた。ヤクザというアウトローを対象とした歌が、戦時中に発売されたのは興味深い。なお、楽曲はほとんど長調と短調のヨナ抜き音階で作られている。

「股旅もの」「任侠もの」、あるいは「道中もの」という主題は、浪曲が得意とするところでもあったので、浪曲の流れを汲むものと考えることができる。

　また「股旅もの」が男の世界を歌ったものとすれば、民謡風、小唄風の情緒的な女性の世界を歌った歌も登場している。「浪花小唄」（1929〔昭和4〕年）、「祇園小唄」（1930〔昭和5〕年）、「唐人お吉の唄」（同年）、「島の娘」（1933〔昭和8〕年）、「大江戸出世小唄」（1935〔昭和10〕年）、「明治一代女の歌」（同年）、「むらさき小唄」（同年）、「お駒恋姿」（同年）、「博多夜船」（1936〔昭和11〕年）、「下田夜曲」（同年）、「すみだ川」（1937〔昭和12〕年）、「鴛鴦道中」（1938〔昭和13〕年）、「お島千太郎旅唄」（1940〔昭和15〕年）などがある。

　特に1930年代後半、このような「股旅もの」「放浪もの」が登場した背景には、レコード会社の商業戦術があった。日本のアジア進出という時代的背景の中で、人びとが移民や植民、あるいは兵士としてアジア各地に移動していった。そのため、それまで暮らしていた故郷を離れていく心情を表すものとして、人びとに共感をもって受け入れられていったように思われる。このような「股

旅もの」や「放浪もの」は、国民を総動員し、戦争遂行のために国家の情報を統制する動きとは乖離する部分もあった。しかし、全体としては、それを否定するものではなかった。

(5)「昭和エンカの源流」

「股旅もの」「放浪もの」などの歌は、ほとんどが佐々紅華、大村能章、竹岡信幸、阿部武雄などの作曲家によって作られている。楽曲としては、多くが長調と短調のヨナ抜き音階で作られており、タイトルおよび歌詞の主題に、日本の伝統的な風俗を含めている。現在の視点で言うと、典型的なエンカの男歌、女歌に相当するものであり、最も「エンカ」の原型に近いものといえる。

菊池清麿は「〈昭和演歌の源流〉は古賀政男ではなく阿部武雄であると思われてならない」という。なぜなら、阿部武雄の作品は「民衆の雑多・猥雑な生活感情の領域に潜む卑属的な農村民謡の土の香り、退廃的感傷的な江戸俗謡、媚態的な情緒趣味を肌で感じ〈流行り歌〉を形にした」からである。

また、菊池は当時の歌謡曲を、クラシック・洋楽（ジャズ）系歌謡曲と演歌系歌謡曲に分け、古賀政男や服部良一を前者に分類し、後者には鳥取春陽を継承する音楽家を挙げている。そして、阿部武雄を鳥取春陽の継承者でもあるとして、

> 「街頭で唄い流しながら、巨大資本に立ち向かい、独学で修練した洋楽・ジャズのメソッドで〈流行り唄〉を昭和流行歌へと橋渡しした男の魂は永遠である。その鳥取春陽のスタイルを受け継ぎながら、昭和演歌への経路を導いてその源流になったのが阿部武雄である」

と述べている。

結局、戦後「エンカ」と呼ばれる大衆音楽のルーツを考えると、中山晋平を継承し、ヨナ抜き音階を流行歌の中に定着させた古賀政男。戦後のムード歌謡の原型を作った服部良一。そして、戦後の「ドエンカ」「男歌」「女歌」などの原型を作った阿部武雄（あるいは大村能章、竹岡信幸）の存在が重要になる。

その中で、鳥取春陽らの演歌師的な音楽の継承、江戸情緒的な雰囲気を持つ楽曲、「股旅もの」「放浪もの」などは、歌詞から見ると「エンカ」のもっともコアな部分を構成している。

ただ古賀政男の場合には、前にも述べたように、大衆歌謡のあらゆるジャンルに挑戦し、それぞれで成功を収めている。

日本の海外膨張戦略と結びついて、「急げ幌馬車」（1934〔昭和9〕年）、「国境の町」（1934〔昭和9〕年）、「上海のだより」（1938〔昭和13〕年）、「上海の街角で」（同年）、「国境の春」（1939〔昭和14〕年）、「広東ブルース」（同年）、「上海の花売娘」（同年）、「上海ブルース」（同年）、「何日君再来」（同年）、「南京だより」（1940〔昭和15〕年）、「ラバウル小唄」（1944〔昭和19〕年）など、中国大陸をはじめ、海外を舞台とした歌が発売されている。それらは「戦時歌謡」と呼ぶこともできるが、曲調としては明るく、日本のアジア進出の雰囲気を高める役割を果たしたといえる。

そして、日中戦争が始まると、「満州行進曲」（1932〔昭和7〕年）、「討匪行」（同年）、「露営の歌」（1937〔昭和12〕年）、「麦と兵隊」（1938〔昭和13〕年）、「出征兵士を送る歌」（1939〔昭和14〕年）、「兵隊さんよありがとう」（同年）、「暁に祈る」（1940〔昭和15〕年）、「燃ゆる大空」（同年）、「月月火水木金金」（同年）、「海の進軍」（1941〔昭和16〕年）、「梅と兵隊」（同年）、「空の神兵」（1942〔昭和17〕年）、「戦友の遺骨を抱いて」（同年）、「若鷲の歌」（1943〔昭和18〕年）、「ラバウル海軍航空隊」（同年）、「海を征く歌」（同年）、「加藤隼戦闘隊」（1944〔昭和19〕年）、「勝利の日まで」（同年）、「同期の桜」（同年）、「神風特別攻撃隊の歌」（1945〔昭和20〕年）など軍歌、あるいは「軍国歌謡」が作られ、大々的に歌われることになった。この分野では「露営の歌」「暁に祈る」「若鷲の歌」「ラバウル海軍航空隊」などを作曲した古関裕而が注目される。

(6) 第一世代の流行歌手

第一世代の流行歌手としては、男性の場合、二村定一、徳山璉、藤山一郎、松平晃、東海林太郎、楠木繁夫、ディック・ミネ、霧島昇などがいた。その中で、徳山璉、藤山一郎、松平晃、楠木繁夫、霧島昇は、音楽学校を卒業（ある

藤山一郎（毎日新聞社提供）

東海林太郎（毎日新聞社提供）

いは中退）した。また、二村定一、東海林太郎も音楽学校には入らなかったが、西洋音楽の訓練を受けている。ディック・ミネは大学時代に音楽サークルでアメリカポピュラー音楽に出合い、慣れ親しんでいる。このようなことから、彼らは西洋音楽、ないしは西洋ポピュラー音楽の歌唱法を用いている。したがって、現在の典型的な「エンカ」の唱法と見なされるものとは異なっている。

それはクラシック音楽で学んだ正統的な発声法をもとにしながらも、マイクロフォンを用いた新しい電気吹込みに対応する「クルーン唱法」を日本で確立した点にあったという。また、戦前を代表する男性歌手として藤山一郎と東海林太郎を挙げており、菊池は次のようにいう。

「東海林太郎の愁いのある響きと東海林太郎特有の微妙なバイブレーションにユリを加えた艶っぽい歌いまわしが、この日本調にうまく合っていた。演歌に底流する江戸三味線俗謡の肌合いを感じさせない格調があったのである。これは東海林太郎がヤクザ小唄を歌ってもヤクザ風には聴こえない

ように、江戸三味線俗謡的な歌を歌っても、それを感じさせなかったのである。

　東海林太郎の日本調歌謡の対極に位置したのが、前述の藤山一郎の都市文化を讃えるモダンな青春歌謡である。この時期、表現力の豊かさと正確無比な藤山一郎の歌唱は本質的にモダニズムを求める中間層の深層心理にインパクトを与えるものであり、それに対して東海林太郎の日本調歌謡は、江戸という郷愁に回帰する心情と日本情緒を盛り込んだものだった」。

この指摘は、なかなか興味深いものである。

しかし、遅れて流行歌手になった場合は少し事情が異なる。岡晴夫の場合、流しをしながら、音楽の勉強をしている。レコード会社のオーディションを受けて合格し、1939（昭和14）年に「国境の春」でデビューしている。田端義夫の場合、家が貧しくて幼い頃から丁稚奉公をしていたが、ディック・ミネがギターをもって歌う姿にあこがれ、独学で音楽の勉強をした。当時は、自分でもベニヤで音の出ないギターを作り、歌っていたという。新聞社主催の歌謡コンクールに出て優勝し、1939（昭和14）年に「島の船唄」でデビューしている。彼らの場合は、最初から今の「エンカ」の唱法に通じる発声を行っていた。

　女性の場合は、佐藤千夜子、四家文子、関種子、ミスコロムビア（松原操）、渡辺はま子、淡谷のり子、二葉あき子、藤本二三吉、小唄勝太郎、市丸、音丸、美ち奴、赤坂小梅などがいた。その中で、佐藤千夜子、四家文子、関種子、ミスコロムビア（松原操）、渡辺はま子、淡谷のり子、二葉あき子は音楽学校出身者であり、彼女らの基礎には西洋音楽の発声法があった。藤本二三吉、小唄勝太郎、市丸、音丸、美ち奴、赤坂小梅は芸者出身であり、彼女たちの場合には、日本の伝統音楽の歌唱法を用いたといえる。

　芸者出身歌手について、菊池は次のように述べている。

　「日本調の美声で小唄勝太郎が歌った〈島の娘〉が空前のヒットを呼び、ハー小唄が一世を風靡した。……小唄勝太郎の、女心がやるせなく燃えて思わず洩れるようなハァは濡れた声のようだった。

第3章　大衆音楽としての日本の「エンカ」――歴史と多様性　　95

ここに藤山一郎のような芸術歌曲を歌う声楽技術とは違う邦楽唱法が生まれた。生まれつきの美声で、微妙なユリを濃くし、小節で日本情緒を歌う艶歌調の先駆となった」。

　この指摘も、大変分かりやすいものとなっている。

　音楽学校を卒業しても、クラシック音楽だけでは生活できないので、大衆歌謡を歌うようになり、四家文子、関種子などは、クラシックとポピュラーの両方を歌った。

（7）戦後日本の歌謡曲の出発点

　戦後になると、日本社会はそれまでの天皇主義的、軍国主義的な要素が否定され、政治、経済、文化などあらゆる分野で、表面的には大きく転換する。

　平岡正明は戦後歌謡曲史を「敗戦の年の秋『リンゴの唄』に始まり、翌年の田畑義夫『かえり船』を経て、昭和22年に『東京ブギウギ』と『星の流れに』の双極にいたる」と述べているが、「リンゴの唄」はリンゴを擬人化したもので、戦争が終わった安堵感よりも、戦争の苦しさ、敗戦の辛さ、ただ明るい空白感・喪失感が感じられる。

　「帰り船」は戦地からの帰国、「東京ブギウギ」には戦後の混乱と開放感、「星の流れに」は戦争ですべてを失った女性の生きる姿などが描かれ、戦後日本の歌謡曲の出発点となったといえよう。

　北中正和によれば、敗戦後すぐの歌謡曲の特徴を、①米軍キャンプとジャズ、②女性歌手の活動、③異国情緒の氾濫としている。

　①については、敗戦後のアメリカ占領下では、米軍キャンプの兵士や将校を対象としたクラブが盛んで、アメリカのジャズやポップスを演奏していた。そこで演奏していた日本音楽家は、戦前からアメリカ音楽を演奏していた人たちであり、戦後日本の歌謡界をリードすることになる。

　②については、「リンゴの唄」（並木路子歌）、「東京ブギウギ」（笠置シズ子歌）、「星の流れに」（菊池章子歌）、「青い山脈」（奈良光江歌）など、当時ヒットした曲の歌い手は、ほとんどが女性歌手であった。そんな中、少女歌手として彗星

96

のように現れたのが美空ひばりであった。さらに、これは異国情緒とも関わるが、楽曲ではブルース、ブギウギ、タンゴ、ルンバ、ワルツ、ボレロ、ハワイアンなど形式が多様で、服部良一をはじめとする日本人作曲家によって創作された。

③については、そこに描かれた風景の大部分が、日本的な山河ではない高原や牧場を舞台にした一種の青春賛歌の抒情歌が登場したという。

また、戦前に活躍した作曲家の中では、古賀政男が少し遅れて「お座敷ソング」という形で復活する。その後、しばらくはジャズブーム、ラテンブーム、ハワイアンブーム、シャンソンブーム、ロカビリーブームなど外国音楽のブームが起きた。そうかと思えば、他方で浪曲ブームが起こるなど、多様な音楽のブームが起きている。

(8) 都会調歌謡と田舎調歌謡

1960 年代、いわゆる日本社会が戦後の混乱期から経済成長期に入る段階で、人口の都市移動が顕著になり、都市と故郷をテーマとした都会調歌謡と田舎調歌謡という二つの大衆歌謡が出現する。

金子勇は「ふるさと派歌謡」曲と「都会派歌謡」曲の誕生として、次のようにいう。

> 「1955 年前後に集中する『ふるさと派歌謡』曲では、音階的にヨナぬき五音の短音階とイチニイイチニイという農作業の歩行のリズムに加えて、『コブシをきかせた』歌唱法を基本として、故郷に残っている人が、東京に出かけてしまった人に呼びかける内容の歌詞が重ねられた。これを第一型とすると、出郷した大都市暮らし者が遠いふるさとおよびそこに暮らす親兄弟や恋人友人などを偲んで想いにふける歌詞を持ち、ヨナぬき五音の短音階と歩行のリズムをもち、『コブシをきかせる』第二型がある。
>
> それに対して、大都市東京に移動してきた人々が都会の生活を思い、哀愁や喜びを感じるさま、ないしは大都会の風俗そのものを歌詞に表現して、それに和声短音階、旋律的短音階のメロディとブルースのリズムを加え、

歌い方がクルーナといわれるジャズ唱法による語りかけるような歌い方を
特徴とする『都会派歌謡』曲が作品化された」。

　この段階で、作詞家としては西条八十、サトウ・ハチロー、藤浦洸、佐伯孝
夫、清水みのるなどが、戦前から引き続き活動していた。そして、この他に石
本美由起、川内康範などが登場した。
　古賀政男や服部良一、古関裕而など戦前から活躍していた作曲家が引き続き
活躍するが、新しく戦後世代の音楽家が出現することになる。「ふるさと派歌謡」
の新しい作曲家としては船村徹、遠藤実、市川昭介らが登場し、「都会派歌謡」
の作曲家としては吉田正が登場した。この中で、船村徹は音楽学校を卒業して
いるが、他の作曲家はほとんど独学で学んでいる。
　戦後に登場した吉田正の楽曲は、デビュー曲といえる「異国の丘」や「潮来
笠」はヨナ抜き音階だが、ムード歌謡といわれる「有楽町で逢いましょう」は
短音階で作られている。同じく戦後に登場した船村徹の楽曲は、ほとんどがヨ
ナ抜き音階で作られている。
　戦後活躍した男性歌手では、戦前から活躍していた藤山一郎、ディック・ミ
ネ、田端義夫、小畑実、近江俊郎などの他に、春日八郎、藤島恒夫、津村謙、
若山彰、三橋美智也、村田英雄、三波春夫、フランク永井などが登場している。
三橋美智也は民謡出身で、村田英雄、三波春夫は浪曲出身である。そして、フ
ランク永井はジャズ出身であった。
　また戦後活躍した女性歌手では、戦前から活躍していた淡谷のり子、二葉あ
き子、菊池章子などの他に、新たに並木路子、笠置シヅ子、美空ひばり、江利
チエミ、雪村いずみ、島倉千代子、松尾和子などがいる。並木路子、笠置シヅ
子は戦前から松竹歌劇団などで活躍し、戦後はレコード歌手として脚光を浴び
た。美空ひばり、島倉千代子などは幼い頃から歌が好きで上手く、コンクール
やレコード会社のテストを受けて、歌手となった。江利チエミ、雪村いずみ、
松尾和子の場合は、幼い頃から歌を歌い、米軍キャンプで活躍後、レコード歌
手となっている。戦後、新たにデビューした女性歌手はほとんど音楽学校を出
ていないのである。

結局、戦後においても、後に「エンカ」と分類される「歌謡曲」は主として「ふるさと派歌謡」と「都会派歌謡」とに分けられた。しかし「歌謡曲」はそれだけでなかった。藤山一郎によって歌われた「青い山脈」（服部良一作曲）や「長崎の鐘」（古関裕而作曲）などは「エンカ」とみなしにくく、「長崎の鐘」はクラシック系楽曲とも「国民歌謡」ともいえる。服部良一と古関裕而は、その後大衆歌謡を離れて、クラシック音楽の作曲家としても活躍した。

8　〈ミドルエンカ（スタンダード・エンカ）〉とその時代

(1) 1960年代
　高護は日本の大衆歌謡において、1960 年代を「和製ポップスへの道」としている。

> 「1960 年代の歌謡曲を概観するとポップス系では 60 〜 62 年の『日劇ウエスタン カーニバル』＝ロカビリー・ブームに端を発するカヴァー・ポップスと、そこから派生したオリジナル曲が始点となる。
>
> （中略）63 〜 64 年にかけての『青春歌謡』の台頭はカヴァー・ポップスの衰退と時期が重なる。青春歌謡は一定の年齢層をターゲットにして『世代』というテーマを歌謡曲に持ち込んだ点においてはカヴァー・ポップスの持つ『若者』の世界観をより拡大し、より突き詰めた画期的なコンセプトだった。
>
> 　衰退したカヴァー・ポップスと次の青春歌謡の歌手や聴衆は 65 年のエレキ・ブームとそこから派生した『エレキ歌謡』によって統合される。それは翌 66 年の加山雄三の『君といつまでも』の大ヒットや『バラが咲いた』、『若者たち』によるモダン・フォークのブームと、ザ・ビートルズを契機とした『和製ポップス』へと発展する。
>
> 　（中略）GS ブームは 64 〜 65 年にかけてのエレキ・ブームと、遅れながら並行したモダン・フォーク・ブームによって生じた『ギター』を中心とする二つの『バンド・ブーム』という共通項を端緒とするが一方でビート

第 3 章　大衆音楽としての日本の「エンカ」──歴史と多様性　　99

ルズによる音楽革命を歌謡曲に導入しようとする試みがあった」。

　さらに六八九トリオ（永六輔、中村八大、坂本九）が登場するなど、多彩な音楽が現れている。
　また高護は、1960年代を「新しい演歌の夜明け」としている。

　　「60年代に演歌は二度にわたって進化を遂げるが、はじめに大きなムーブメントを起こしたのは船村徹、遠藤実、市川昭介といった昭和一桁世代の新進作曲家と作詞家星野哲郎らによる新たな作品とそれらを体現した歌手の一群である」

と述べ、代表的な例として村田英雄の「王将」、北島三郎の「なみだ船」を挙げている。そして、何といっても美空ひばりが古賀政男作曲の「柔」「悲しい酒」を歌い、「エンカ」歌手として大きな存在感を示した。
　菊池清麿は演歌の勃興と題して、次のように言っている。

　　「流行歌・歌謡曲といわれた歌が、演歌という形容で呼ばれるようになったのは、1960年代後半からである。またそれは、日本の歌謡曲がビートルズサウンドの影響から演歌とポップスに分けられ始めたスタート地点である。
　　1960年代後半の演歌は、美空ひばりを頂点にして、北島三郎・男の鎮魂歌、都はるみ・独特の『唸り節』、水前寺清子・人生応援歌に代表される。
　　1960年代後半になると……〈柳ヶ瀬ブルース〉、〈恍惚のブルース〉、〈伊勢佐木町ブルース〉、〈港町ブルース〉などがヒットした。盛り場では、有線放送でこれらのブルース演歌もしくはブルース艶歌がながれた。また、自動車時代を迎え、カーステレオの普及も歌のヒットに影響をあたえている。交通－放送－地方都市の連結は、他にも『ご当地ソング』『季節入り演歌』、北島三郎の〈函館の女〉に始まる『女シリーズ』をヒットさせた。
　　60年代後半には、演歌においてまったく従来とは異なるヴォイススタ

イルが生まれた。森進一、青江三奈である。それは、悪性のハスキーヴォイスで男女の情念を歌い上げる歌唱だった」。

このように1960年代は、それまでレコード制作にあたっていた徒弟制度的なレコード会社専属制度を打ち破り、作詞・作曲・歌唱に新しい人材が登場した。つまり、大衆音楽の多様化、多元化が進み、そのような状況の中で、以前の専属制度を維持する形でジャンル名としての「エンカ」が出現するのである。
　島野功緒は、

　　「昭和40年代は流行歌最高の黄金期といえる。昭和44年のわが国のレコード生産量は1億2,000万枚で、アメリカに次ぐ世界第2位。それまでマイナー産業にすぎなかったレコード業界は、大きな脚光を浴びて急成長した。レコード会社も増えたが、注目されるのは芸能プロダクションの存在である。それまで、歌手も作詞作曲家もレコード会社の専属だった。それがこの時代から、芸能プロが歌手を抱えるだけではなく、原盤制作、つまりレコードの元になるマスターテープの制作を引き受けるようになったのだ。作詞作曲はもとより、その出版権まで一手に握ったわけで、レコード会社の勢力は半減した。その芸能プロの頂点に立ったのが、渡辺プロダクション。渡辺プロの協力なしには、テレビの音楽番組が成り立たない状態になった。レコードの内容を見ると、それまでの演歌中心から、フォークソング、アメリカンポップス、ムードコーラスと多彩。レコード購買層の好みも大きく分かれてきた」

と述べている。

(2) 歌謡曲黄金時代
「歌謡曲黄金時代」と題した1970年代の大衆音楽では、

　　「ニューミュージックが誕生−発展−定着した10年間である。……ニュー

第3章　大衆音楽としての日本の「エンカ」——歴史と多様性　　101

ミュージックはフォーク、ロック、ポップスに細別されるが歌謡曲も 10
年の間に細分化が進んだ。71 ～ 72 年にかけてアイドル歌謡が誕生し、
演歌はジャンルとしてより強固にその位置を確定させた」

としている。そして演歌については「豊饒なる演歌の世界」と題して、内山
田洋とクールファイブの「そして神戸」、藤圭子の「圭子の夢は夜ひらく」、五
木ひろしの「よこはま・たそがれ」、都はるみの「北の宿から」を取り上げて
いる。
「変貌進化する歌謡曲」とした 1980 年代では、「演歌～ AOR 歌謡の潮流」と
題して八代亜紀の「舟唄」、テレサ・テンの「時の流れに身をまかせ」、小林旭
の「熱き心に」を取り上げている。
　この時期の代表的な作詞家としては星野哲郎、代表的な作曲家としては船村
徹、遠藤実、市川昭介、猪俣公章、戦後の古賀政男などがいる。代表的な歌手
としては、1960 年代の男性では北島三郎、美川憲一、千昌夫、森進一、内山
田洋とクールファイブ、大川栄策など。女性では水前寺清子、都はるみ、青江
三奈、小林幸子、藤圭子などがいる。また、1970 年代の男性歌手としては五
木ひろし、吉幾三、細川たかし、渥美二郎、山本譲二など。女性歌手としては
八代亜紀、天童よしみ、石川さゆり、川中美幸などがいる。そして、1980 年
代には女性歌手として神野美伽、坂本冬美、香西かおり、伍代夏子、藤あや子、
長山洋子（アイドル歌手としてデビュー、「エンカ」歌手としては 1993〔平成 5〕
年）、中村美津子らがいる。1980 年代以降、人気歌手は男性より女性が多くなっ
ており、特に若い女性の歌手が目立っている。
　ライバル関係としては、五木ひろしと森進一が挙げられる。代表的な「エン
カ」歌手で、年齢も近く、デビュー時期は五木が最初の芸名でデビューしたの
と森のデビューがほぼ同時期。その後もヒット曲を数多く出している。

（3）レコード会社の専属制度

「エンカ」の場合には、レコード会社の専属制度のもと、歌手と作詞家・作曲
家との結びつきが強い。北島三郎の場合は作詞家・星野哲郎と作曲家・船村徹、

森進一の場合は作曲家・猪俣公章、五木ひろしの場合は作詞家・山口洋子、千昌夫の場合は作曲家・遠藤実、都はるみの場合は作曲家・市川昭介、藤圭子の場合は作詞家・石坂まさをなど、師弟関係は大変強いものがある。そして多くの「エンカ歌手」の場合、生い立ちやデビューに至る苦労話が話題となった。

　また、藤圭子のデビューに際して、五木寛之は、

　　　「ここにあるのは、〈艶歌〉でも〈援歌〉でもない。これは正真正銘の〈怨歌〉である。……〈怨歌〉は暗い。聞けばますます暗い沈んだ気分になってくる。だが、私はそれでも口先だけの〈援歌〉より、この〈怨歌〉の息苦しさが好きなのだ」

と述べている。

（4）「エンカ」唱法の確立

　この時期の「エンカ」を歌手別に見てみる。美空ひばりの代表的な楽曲を見てみると、古賀政男作曲の「柔」「悲しい酒」は長調・短調ヨナ抜き音階であるが、小椋佳作曲の「愛燦燦」は長調6音階（7番目のシの音がない）、船村徹の「みだれ髪」は自然短音階、見岳章作曲の「川の流れのように」は長音階で作られている。北島三郎の楽曲は、長調と短調のヨナ抜き5音階を使用しているものが多いが、デビュー作ともいえる「なみだ船」は短調6音階（7番目のソの音がない）で、「帰ろかな」「与作」は自然短音階で作られている。青江三奈の楽曲は、ほとんど長調・短調ヨナ抜き音階で作られている。

　水前寺清子の楽曲は、ほとんど長調ヨナ抜き音階で作られている。都はるみの楽曲では、1960年代の「アンコ椿は恋の花」や「好きになった人」は長調・短調ヨナ抜き音階であるが、1970年代の「北の宿から」は自然短音階で作られている。森進一の楽曲は、1960年代後半の「命かれても」「年上の人」「花と蝶」などは短調ヨナ抜き音階で作られているが、1970年代の「襟裳岬」は長音階で作られ、その後の楽曲はヨナ抜き音階だけでなく、6音階でも作られている。

第3章　大衆音楽としての日本の「エンカ」──歴史と多様性　　103

内山田洋とクール・ファイブの楽曲は、長調・短調ヨナ抜きの他、和声短音階で、藤圭子の楽曲は、ほとんどが長調・短調ヨナ抜きである。五木ひろしの楽曲は「よこはま・たそがれ」は自然短音階、「長崎から船に乗って」は6音階、「千曲川」は長調ヨナ抜き音階、「長良川艶歌」は短調ヨナ抜き音階とさまざまな音階で作られている。石川さゆりの楽曲は「津軽海峡冬景色」は6音階、「能登半島」は自然短音階、「風の盆恋歌」は短調ヨナ抜き音階で作られている。五木ひろしや石川さゆりのような場合、楽曲が非常に多いので、さまざまな音階が使われている。

　「エンカ」のシンガーソングライターといえる吉幾三の楽曲は、自然短音階で作られている。

　坂本冬美の楽曲は、初期の「あばれ太鼓」「祝い酒」などは6音階で、中期以降の「能登はいらんかね」「夜桜お七」などは短調ヨナ抜き音階で作られている。

　このように、いわゆる「エンカ歌手」の楽曲は、必ずしもヨナ抜き音階で作られているのではなく、6音階、自然音階、和声音階などで作られているものもある。

　歌唱法としては、日本の伝統音楽に由来するユリやコブシなどを用いる「エンカ」唱法が確立した。

　この時期は日本の高度経済成長期にあたり、人口の都市移動がはっきりと表れた。大きな社会変動が進行する中で、都市生活の夢と現実（光と影）、故郷や家族、恋人を想う心情など、庶民の哀歓を歌い上げている。

（5）「日本の心」を代表する音楽「エンカ」

　また「エンカ」に関わるさまざまな議論もなされ、「エンカ」が「日本の心」を代表する音楽だという言説が作られていった。

　高護は次のように述べている。

　　「『なみだ船』をひっさげた北島三郎の登場とその音楽的特徴は、戦後の新たな演歌のはじまりを告げるものであった。古賀政男に代表される戦前

から連なる旧来の演歌や、戦後に生まれた民謡、浪曲の要素を取り入れた望郷・哀愁歌謡を経過した、戦後の新しい聴衆に向けた新世代の演歌の誕生である」。

　結局、この「ミドルエンカ」は、一般的にもっとも「エンカ」らしいと思われている。つまり、典型的な「スタンダードエンカ」といえる。

　このように1960年代に「エンカ」の典型化がなされ、「エンカ」という名称も定着し、多くの「エンカ」歌手が登場した。また、新しい試みも始まっており、その嚆矢というべきものが、1974（昭和49）年に発売された森進一の「襟裳岬」だ。この曲はフォーク系の音楽家である岡本おさみが作詞し、吉田拓郎が作曲した。この「襟裳岬」は大きな話題となり、人気を得て、その年のレコード大賞を受賞した。これは「ポップエンカ」の始まりといえるだろう。

　また、高護が指摘しているように、1980年代はAOR歌謡が主流として「エンカ」を把握している。AORとはAudio-Oriented Rockという音楽ジャンルの略語であり、1970〜1980年代のアメリカで流行した音楽の一つである。当時、日本のミュージシャンもその影響を受けており、「エンカ」の世界にも影響を与えた。リズムは8ビートで、歌詞はやさしく、それまでの「エンカ」の典型的な唱法から離れて、ストレートになった。そのような中で、外国人歌手の日本での活動が始まっているのだ。この動きは、それまでの「エンカ」では見ることができなかったもので、「ニューエンカ」への移行過程だといえる。

9　「エンカ」のタイポロジー

（1）クリスティン・R・ヤノによる三分類

「エンカ」を歌詞中心に主題別で分けてみると、「義理人情」を扱う男歌、「恋愛」あるいは「情」を扱う女歌、そして故郷や都会など地域との関わりを表現するなど、いくつもの主題がある。男歌といっても男性歌手だけが歌うのではなく、女性歌手が歌っても、そのテーマによって男歌といえる。それは女歌の場合も同様で、男性歌手が歌う女歌というのもありえる。

第3章　大衆音楽としての日本の「エンカ」——歴史と多様性　　105

クリスティン・R・ヤノは「エンカ」のタイプを「ドエンカ」「ムードエンカ」「ポップスエンカ」の三つに分けて考察している。

「もっとも伝統的とみなされる演歌は『ドエンカ』。それは浪花節に強い影響を受け、それゆえ、はっきりとした関西地方の地域的香を表している。『ドエンカ』歌謡は義理人情、道徳、苦難というテーマに焦点を当てている。音楽的にそれはヨナ抜き音階、ゆっくりとしたテンポ、しばしば台詞がはいる。歌唱法は語り口調、動物の鳴き声のような特別な音楽的発声法、それは浪花節の影響を受けている。男の『ドエンカ』は女のそれよりもっと一般的となりがちだ。良く知られた現代の『ドエンカ』歌手は、北島三郎、鳥羽一郎、都はるみ、中村美津子、坂本冬美である。

『エンカ』のもう一つの重要な下位ジャンル、日本風ブルースに影響を受けて、哀愁ジャンル、『ムードエンカ』で、失恋と結びついている。悲しさを表現するのに、しばしばヨナヌキ短音階で書かれ、ゆっくりした悲しげなバラードである。『ムードエンカ』の歌手はユリやコブシのような伝統的唱法を採用している。女性の『ムードエンカ』は男のそれよりより一般的だ。代表的な『ムードエンカ』歌手は森進一、五木ひろし、八代亜紀、石川さゆりなどだ。

最後の主要な現代演歌の下位ジャンルは、『ポップスエンカ』で、それは『エンカ』とニューミュージックの間の線をこえている。その歌詞は愛と失恋についてである。音楽も同様により軽く、より速いテンポで、伝統的発声法から離れた長調である。より若い歌手は堀内孝雄や韓国人歌手桂銀淑などだ」。

時間的な観点からいうと、この「ポップスエンカ」は「ミドルエンカ」から「ニューエンカ」への過程に位置づけられるだろう。

(2) クリスティン・R・ヤノの指摘

このようなヤノの研究では、日本の大衆音楽の中で「エンカ」系音楽と「ポッ

プス」系音楽の系譜を、その拮抗関係について十分に検討することなく、漠然と大衆音楽として「エンカ」を扱っている。また「エンカ」をすべて並列的に捉え、歴史的、あるいは通時的な視点がない。さらに「浪花節」への言及はあるが、「民謡」への言及がほとんどないなど疑問点はある。しかし「エンカ」について総合的に検討したことには感心する。とりわけ「エンカ」を広くアジア的な視点から捉えようとする指摘は興味深い。

ところで、クリスティン・R・ヤノの主張する「もっとも伝統的とみなされる演歌は『ドエンカ』。それは浪花節に強い影響を受け、それゆえ、はっきりとした関西地方の地域的香を表している」の中で、「関西地方の地域的香を表している」という部分は問題がある。浪花節（浪曲）は、それまでの庶民的伝統芸能の要素を取り入れ、明治初期に作られたものでる。伝統芸能の中では新しい形態であるが、明治期から昭和初期まで大衆芸能の中で、最も人気を得ていたものである。最初に大阪の芸人・浪花伊助が始めたので「浪花節」となったという説もある。大阪がその発祥であることに違いはないが、浪花節は関西だけでなく、東京、名古屋など、他の大都市でも盛んに興行されていた。

それに浪曲には「任侠もの」「股旅もの」の他に「世話もの」というテーマがあり、「ムードエンカ」に含まれるかもしれない。

クリスティン・R・ヤノの主題や唱法に関した分類はなかなか興味深いが、これまでの「男歌」と「女歌」、あるいは「都会派歌謡」と「ふるさと歌謡」などとの関連もより詳しく検討しなければならない。

具体的には「ムードエンカ」という表現も、これまでの「ムード歌謡」とどう違うのか。一見すると似ているが、かなり大きな差異がある。ムード歌謡といえば、ナイトクラブでのダンス音楽の演奏から出発し、「和田弘とマヒナスターズ」をはじめとしたコーラス・グループが登場し、一大ブームを引き起こした。それらは「都会派歌謡」の流れに位置づけられ、歌謡曲の中ではポップス系に含まれるものであった。

また、ドエンカ歌手に分類されている都はるみの場合、「北の宿から」はどうか。ムードエンカに分類されている森進一の場合、「襟裳岬」はどうか。おそらく一人の歌手でも複数に分類される場合も出てくるのではないか。

第3章　大衆音楽としての日本の「エンカ」──歴史と多様性　　107

「ニューエンカ」については、第7章で扱う。

第4章

大衆音楽としての韓国の「トロット」

──歴史と多様性

韓国の大衆音楽、特に「トロット」といわれるジャンルについて述べる。興味深いことは、日本の「エンカ」と同じように、初めは「トロット」とは呼ばれず、流行歌、歌謡曲などと呼ばれていた。「トロット」がジャンル名になったのは戦後であり、遡って、そのジャンル名が戦前の大衆音楽にも適用されたのである。韓国の大衆音楽においては、日本のエンカとは異なり、「オールドトロット（1920・1930年〜）」、「ミドルトロット（1960・1970年〜）」、「ニュートロット（1970年代後半〜）」、そして「新世代（2000年代〜）」の四段階に分類した。ここでは「オールドトロット」「ミドルトロット」までの段階を対象として、楽曲、歌詞、歌唱法などの分野で分析、検討する。楽曲については、日本と共通するものがある。歌詞については、主要テーマが愛する人と故郷の喪失となっており、曲調としては、李美子（イ ミ ジャ）に代表される「恨（ハン）」と周炫美（チュヒョンミ）に代表される「興（フン）」という対極的な二つのものがあることを示した。

1 「トロット」とは

(1) 戦前韓国には「トロット」というジャンル名はなかった

宋芳松（ソンバンソン）は戦前の韓国で、レコードに記載された音楽ジャンル名として「歌謡」「歌謡曲」「流行歌」「流行歌謡」「流行曲」「流行漫謡」「流行漫曲」「流行小曲」「流行雑歌」「流行唱歌」が用いられたことを明らかにしている。当時の韓国で

第4章　大衆音楽としての韓国の「トロット」── 歴史と多様性　　109

はコロムビア、ビクター、ポリドール、シエロン、OKeh，大平の六社のレコード会社が存在し、会社ごとにさまざまな名称が用いられていた。その中で、宋はシエロンを除く五社を調べているが、五社すべてで「流行歌」だけが用いられたと述べている。ただし、ここに挙げられた名称の概念は、必ずしも明確なものではない。

このことから、戦前の韓国において、大衆音楽のジャンル名として「トロット」という名称はなかった。大衆音楽におけるジャンル名は、韓国の伝統音楽を除いて、ほとんど日本と同様であった。韓国の五つのレコード会社は日本資本であるから、日本で用いられていた「流行歌」「歌謡曲」という名称を、そのまま韓国で用いたとしても不思議ではない。

つまり「トロット」は最初から「トロット」と呼ばれていたのではなく、戦後になって、ある種の韓国大衆音楽が「トロット」と呼ばれるようになり、遡って戦前の大衆歌謡の一ジャンルと見なされるようになったのである。

この点では、韓国の「トロット」と日本の「エンカ」は同様の過程を辿ったといえる。

(2)「トロット」解説

韓国の事典『標準国語大辞典』によれば、「トロット」は次のように説明されている。

「我が国の大衆歌謡の一つ。定型化されたリズムに日本のエンカからもたらされた音階を使用して、趣があり哀傷的な感じを与える」

と、簡単に書かれている。

『韓国民族文化大辞典』の「トロット」では、「概説」で

「独特な5音階を音楽的特徴とし、日本エンカの翻訳・翻案を経て、1930年前後の時期に、国内創作が本格化。1930年代中盤に定着した大衆歌謡様式で、新民謡とともに日帝強占期大衆歌謡との二大山脈をなして

いる。1960 年代以後、スタンダードポップスやフォークなどが勢いを強
める時期に衰えたが、新しい様式との融合を通して生命力を維持し続けて
いる」

　と書かれている。日本の「エンカ」の影響という点では、二つの事典はあま
り違わないが、『韓国民族文化大辞典』では 1930 年代に成立し、1960 年代以
降の変化など歴史的展開についても触れている。さらに、トロットの「内容」
についても、かなり詳しく記述している。
　また、韓国のウィキペディア（위키백과）では、「트로트」は

　　「トロット、あるいはポンチャクは大韓民国の音楽ジャンルで、反復的な
　　リズムとエンカのヨナヌキ・都節音階、そして南道民謡の影響を受けた振
　　える唱法が特徴的なジャンルだ。20 世紀日帝強占期に流入したアメリカ
　　のダンス曲であるフォックストロットがその語源で、韓国、日本、アメリ
　　カそしてヨーロッパの多様な音楽が混合されて誕生した」

　　　　　　　　　　　　　　　　　　　　　　　　　（2019 年 11 月 20 日）

　と書かれ、前の二つの説明とは異なり、唱法における南道民謡の影響と、ア
メリカ、ヨーロッパ音楽の影響なども挙げている。

(3)「トロット」の概念
　では、「トロット」という概念はどのようにして作られたのだろうか。「トロッ
ト[trot]」は、もともと馬の走り方の一種で「早足」のことをいう。韓国では、
20 世紀初頭に流行したダンス曲のリズム名「フォックス・トロット[Fox Trot]」
を省略して、「トロット」と呼ばれるようになったといわれている。当初はハ
ングルで「도롯도」と表記されていたが、その後新しく「트로트」、あるいは「트
롯트」と表記されるようになり、現在では一般的に「트로트」と書かれること
が多い。最も新しい表記としては、TV 朝鮮の番組で「트롯」が用いられてい
るが、これは英語の発音に近くなっている。

第 4 章　大衆音楽としての韓国の「トロット」── 歴史と多様性　　111

「フォックス・トロット」は日本の音楽事典によると、

> 「中庸テンポのラグタイム曲や、ジャズ・テンポの4/4拍子の曲で踊る
> 社交ダンスのステップ、あるいはその演奏リズムにたいする名称として、
> 1914〜1917年ころアメリカ合衆国で流行、以来ダンス音楽のもっとも
> 一般的なものになった。語源は動物の歩く速さに由来し、一時はダンス音
> 楽の代名詞のようになり、ヨーロッパにも早くから普及した」

と説明されている。なお「フォック・ストロット」という名称は、考案者の
ハリー・フォックス（Harry Fox）に由来しているといわれている。
　この「フォックス・トロット」というダンス音楽は、1920年代になって日
本でも流行し、韓国でも流行した。
　日本では1920年代に、二村定一が外国語曲のジャズソングといわれた「私
の青空」や「アラビアの唄」を歌って大流行したが、それらは軽快な「フォッ
クス・トロット」のテンポであった。二曲ともノバラ社刊の『日本の歌　第2集』
に掲載されている楽譜では「Tempo di Fox Trot」と指示されている。日本人
作曲家によって作られた「道頓堀行進曲」や「東京行進曲」も同じように「フォッ
クス・トロット」のテンポで作られている。
　その中で、塩尻精八の作曲した「道頓堀行進曲」は韓国で翻案され、場所を
ソウルの繁華街である「鍾路」に移し、「鍾路行進曲」というタイトルで発売
された。したがって、1920・1930年代には、日本と韓国において「フォック
ス・トロット」がダンス曲としてだけでなく、大衆歌謡のリズムとして用いら
れ、大いに流行したのである。ただし、それは「フォックス・トロット」だけ
でなく、いくつかのダンスリズムが使われており、一般的な総称として、日本
でも韓国でも「ジャズソング」と呼ばれていた。

（4）「トロット」用語の出現
　最初に韓国で「トロット」という用語が使われたのは、1950年代に出され
たレコードのラベルである。

『韓国戦争と大衆歌謡、記録と証言』に載せられたレコードラベルを見ると、「トロット」と書かれていた曲は「水車回る来歴」「恨み多い大同江」「断腸のミアリ峠」「懐かしい故郷への道」などがあり、「スロートロット」と書かれた曲には「夢の中の恋」があった。しかし「歌謡曲」と書かれた曲が一番多く、「白馬江」「ペルシャの王子」「夢に見たわが故郷」「香港アガシ」「洛東江哀歌」「避難日記」「恋愛春秋」「南北統一」「旅愁」などがあった。また「流行歌」と書かれたものに「去れ38線」、大衆歌謡と書かれたものに「夢に見た大同江」などがある。他にタンゴと書かれたものとして「エレナになった順姫」や「涙のタンゴ」、ブルースと書かれたものとして「過去を問わないで」などがあった。なお「水車回る来歴」は、正確には軽音楽（トロット）と書かれていた。

　このことから、1950年代の大衆歌謡の多くは歌謡曲と呼ばれていて「トロット」は大衆音楽の大きなジャンルを示すものではない。軽音楽（トロット）と書かれていたり、タンゴやブルースなどと書かれていることからすると、ダンス音楽を区別するためとも考えられる。したがって、この段階で「トロット」は、狭い意味でリズムを表す言葉であって、まだ「流行歌」のジャンルを示す言葉ではなかった。

(5)「倭色歌謡（倭色風歌曲）」とトロット

　他方、戦前において「流行歌」あるいは「歌謡曲」などと呼ばれ、韓国で親しまれ歌われてきた大衆音楽は、朝鮮戦争後、韓国社会が混乱から解放された段階で、戦前に日本からもたらされた文化を清算する政策の中で、「倭色歌謡」あるいは「倭色風歌曲」と呼ばれることとなった。

　そうすると「倭色歌謡」と「トロット」は、同じジャンルの音楽になる。論理的に考えると、「倭色歌謡」は李美子以前の流行歌、歌謡曲などに対しても、遡って適用されてよいように思えるが、必ずしもそうはならなかった。特に典型的な625三大「トロット」などは、決して「倭色歌謡」と呼ばれることはなかった。韓国で「倭色歌謡」という用語が強調されたのは、日帝（日本帝国主義）残滓の清算という社会的風潮が出現したからである。潜在的に「倭色歌謡」という意識が全くなくなってしまったとはいえないが、今ではその表現は

第4章　大衆音楽としての韓国の「トロット」──歴史と多様性　　113

ほとんど見られなくなっている。

1960年代半ば、李美子が歌って大ヒットし、その後歌謡禁止処分を受けた「トンベクアガシ」も、当時の議論を見ると、主として「倭色歌謡」と呼ばれていて、「トロット」と呼ばれたことはほとんどなかった。しかし、現代では、李美子は「トロット」の代表的な歌手として認められている。

結局、「倭色歌謡」という言葉が先行し、後に「倭色歌謡」を引き継ぎ、それに替わるジャンル名として「トロット」が用いられたのではないか。1960・1970年代という世界的な新しい大衆文化の出現と、李美子の出現が重要な契機になっていると思われる。

李美子は「倭色歌謡」と非難され、いくつかの代表作が歌謡禁止処分を受けながらも、いわゆる「トロット」系の歌を歌い続け、多くの人々の人気を得ていた。李美子はその歌によって「エレジーの女王」とも呼ばれていた。現在では「トロットの女王」とも呼ばれるが、最初は決して「トロット」ではなく「エレジー」であったことに注意する必要があるだろう。

「トロット」は1930年代から作られていたが、韓国大衆音楽の一ジャンルを表す用語に変わっていったと考えられる。つまり、リズム名としての「トロット」がジャンル名としての「トロット」に昇格したのである。

それについて、宋ミンジョンは次のように説明している。

　　「初めに韓国大衆音楽が形成された1930年代には多様なジャンルが存在しなかったために、特別に下位ジャンルを区別する必要性はなかった。流行歌という用語一つで十分だったのだ。しかし韓国大衆音楽は次第に外部的、内部的変化によりその領域が広がっていき、同時に流行歌と命名された音楽は別のジャンルと区別される個別の名前が求められた。それがまさに"トロット"という名前だ」。

逆に、張ユジョンは「韓国では1930年代から多様なジャンルの大衆音楽が存在していた。それが戦後になると忘れ去られたか、またはそのジャンルの差があまり大きな問題とされなくなり、新民謡など民謡系を除く戦前の大衆音楽

の総称として『トロット』が用いられたもの」と述べている。

　宋ミンジョンの主張は、1960・1970年代の世界的なユースカルチャー、ポップミュージックの出現と関わり、それ以前の大衆歌謡のジャンル化というべき文脈で述べており、日本の「エンカ」出現とも同じようなものといえる。それに対して、張の主張は、さまざまな外来音楽の土着化という文脈で捉えられる。

　また、同じ時期に「ポンチャク［뽕짝］」という用語もジャンル名として登場した。「トロット」は演奏の時に、2拍子のリズムを刻む音が「ポンチャチャポンチャ」と聞こえるので、そのリズム音から「ポンチャク」ともいわれるようになった。なお、リズム音としては「クンチャクンチャ［쿵짝 쿵짝］」と表記されることもあるが、これはジャンル名としては用いられていない。「ポンチャク」は「トロット」の蔑称と見なされているといわれており、特に1980年代に行われた韓国の「トロット」と日本の「エンカ」との比較論争では、最初の提起から「ポンチャク論争」といわれることもあった。

　ただし『韓国大衆歌謡史』で、朴燦鎬は1945（昭和20）年までを扱っているが、そこで「トロット」という用語は用いていない。また、1980（昭和55）年に日本のTV局RKBで制作されたドキュメンタリー「鳳仙花」に登場する韓国の大衆音楽家から「ポンチャク」という言葉は発せられても、「トロット」という言葉が一度も発せられなかったのは印象的だ。「ポンチャク」はいわゆる業界用語の一つとなっていたようである。朴燦鎬は在日韓国人で、『韓国大衆歌謡史』が1980年代に、日本で書かれたこととも関係があるのかもしれないが、「トロット」はそれほどよく使われる用語ではなかったようである。

　また、後の時代になっても、歌手・李博士などは堂々と「ポンチャク」を用いている。一般的に「ポンチャク」は「トロット」の別称で「蔑称」といわれているが、使う人によって異なったニュアンスが込められているようである。これについてのさらなる検討が求められる。

(6) トロットのジャンル名化

「トロット」は、1960年代に李美子が活躍した後、「倭色歌謡」と入れ替わるようにして呼ばれ始めた名称である。そして、時代を遡って、戦後アメリカ

ンポップスの影響を受ける以前の、日本から伝えられ、韓国で発展した大衆音楽を意味するようになった。つまり、1930（昭和 5）年から作られ、かつて「流行歌」「歌謡曲」と呼ばれ「ヨナ抜き 5 音階」で作られた歌も含め、「トロット」と呼ばれようになった。ほぼ同じ時期に、日本でも「エンカ」のジャンル名化が起こっているが、韓国でも同じようなことが起こっていたのである。

　ところで、楽譜集『歌謡半世紀』には韓国大衆音楽が時代別に 700 曲以上収録されているが、それぞれの楽曲には曲調が指示されている。この表記には「トロット」など、その当時には存在しなかったリズム名が付けられているので、後から付けられたと思われる。他の出版社から出ている楽譜集にも同様の表記がなされているので、演奏スタイルにおいて、現段階では共通に認識されていると考えてよいだろう。

　曲調名、あるいはリズム名としては「バラード」「ブルース」「ボレロ」「チャチャチャ」「フォックス・トロット」「ゴーゴー」「ポルカ」「ロック」「ルンバ」「トロット」「タンゴ」「スウィング」「ソウル」「ワルツ」などが書かれている。これらのリズム名は、北アメリカ、南アメリカ、ヨーロッパなどで作られた世界的に流行したダンスリズムであり、基本的には日本でも、韓国でも共通するものである。

　ただ注目すべきは、「トロット」は、戦前に日本で用いられたことはあるが、戦後は韓国特有の表記であることだ。またリズム名として「トロット」とは別に、「フォックス・トロット」「スロートロット」などと書かれていることにも注目される。つまり「トロット」リズムは、韓国では「フォックス・トロット」や「スロートロット」のリズムとは区別したものとして扱われている。また、これらのリズム名は、時代によって新たな流行のリズムが取り入れられるなど、常に変化している。全体としてみると、1950 年以前は「トロット」が一番多く、「フォックス・トロット」「スロートロット」を含めると「トロット」の曲数は掲載曲数のおよそ 6 割を占めていた。1950 ～ 1970 年代も「トロット」が比較的多く、「フォックス・トロット」「スロートロット」を含む「トロット」の曲数は、掲載曲数のおよそ 4 割程度となっている。

（7）韓国大衆音楽の一ジャンルとしての「トロット」

1970年以降、韓国大衆音楽のジャンルとして「トロット」の概念が成立したとすれば、『韓国歌謡半世紀』に掲載された楽曲には、「新民謡」などの楽曲が含まれないので、多くは「トロット」と分類されることになる。そこでは、狭い意味でのリズム名としての「トロット」だけでなく、「ブルース」「ポルカ」「ワルツ」などのリズム名が付いた大衆音楽の楽曲も、多くは「トロット」に分類されることになった。1950年代、朝鮮戦争の中で、戦争捕虜、避難生活などをテーマにし、人々の共感を得て流行した「頑張れクムスン」のリズム名は「ポルカ」、「断腸のミアリ峠」のリズム名は「トロット」、「別れの釜山停車場」のリズム名は「フォックス・トロット」となっているが、これらの曲はリズムが異なっていても、ジャンルとしては「トロット」と見なされている。

それにしても、なぜ「トロット」という名称が選ばれたのか。韓国大衆音楽のジャンル名としての「トロット」は、世界的に流行したダンス曲のリズム名に由来する。外国由来のポップス系の楽曲で、軽快で享楽的な性格があるという印象があるのに、韓国「トロット」はどちらかといえばスローテンポで、歌詞でも悲劇性が強調されている。これはあまりにも対照的で「倭色（日本的）」という特徴を示すのは難しく、韓国の伝統歌謡との関係を表すことは難しいように思える。

いずれにしても、もともと日本から入ってきた音楽をもとにして作られ、しかも日本の「エンカ」に似た音楽が韓国の大衆音楽の一ジャンルとして「トロット」といわれることになった。そのことを踏まえて、ここでは「トロット」として議論をすすめる。

2　韓国大衆音楽の成立と展開

（1）自生論と移植論

韓国大衆音楽は、どのように形成されてきたのか。韓国の伝統音楽を継承して形成されたという自生論（内的発展論）と、日本から伝えられた移植論との二つの観点が存在する。

第4章　大衆音楽としての韓国の「トロット」── 歴史と多様性　　117

自生論の観点は、19世紀末と20世紀初めの「雑歌」を近代大衆音楽の内発的発展とみなすものだ。

　移植論としては、

　　「民衆が享有した音楽が民謡から唱歌、流行歌に変わっていく過程で伝統的な音楽様式が衰退し、新しい様式に置き換わってしまった姿が大衆音楽であるというもので、内発的な近代化が十分に達成されない状態でなされた唱歌の登場と新しい『流行歌』の流行は伝統との断絶を生み、断絶から始まった我が国の大衆歌謡は最初からすでに植民性を持たざるを得なかった」（チョン・ジョン）

という見方と、

　　「日本の歌謡曲は大部分ヨナヌキ長音階で作られたために、唱歌などを通してすでに新しい音感覚になれた当時の人々には別に抵抗感なく受け入れられ、かえって新しい歌に対する渇きを感じた時代だったために、異質性よりは親密な要素が多い日本の歌謡曲を自然に受け入れたものと見える」
　　（閔更燦）

との見方がある。

　閔更燦のほうが、日本の大衆音楽との繋がりを強調し、唱歌との連続性の中で捉えている。それに対し、チョン・ジョンは、伝統との断絶として捉えているが、韓国の大衆音楽が日本の影響を受けて始まったという点では一致している。ただし、その段階でも、韓国の大衆音楽には外国の大衆音楽、とりわけアメリカのジャズソングの影響を無視することはできない。また、日本の大衆音楽も日本固有のものではなく、西洋音楽の影響を受けて成立したことも忘れてはならないだろう。

　権度希は『韓国近代音楽社会史』で、自生論と移植論について次のように述べている。

「現在まで朝鮮の大衆音楽に対する研究は二つの観点で展開された。音楽研究分野の場合、大衆音楽は資本と権力から無関係ではないため、日本による一方的に主導されたという移植論を展開して、文学研究分野では朝鮮の大衆音楽は雑歌から即ち伝統的歌唱文化と連携して発展したという自生論を主張した。しかしこの二つの視角は一種の極端な図式を作り出すことによって、朝鮮大衆音楽の一体的発展過程を理解しにくくしている。実際に最近まで大衆音楽研究者はこの図式から自由ではなかった。現在まで大衆音楽を望む極端な二つの図式は朝鮮大衆音楽の実質的発展過程を通して補充しなければ生産的な論議ができない。

　もちろん、自生論の場合、雑歌の大衆的属性を明らかにすることによって、朝鮮の大衆音楽の始まりを議論するのに大変有用な視角を提示する。しかしこの議論は雑歌という系統が発生した以後の大衆音楽として展開された全過程を説明することができない理論的限界をもっている。この理論は雑歌が音楽であり、一方では大衆音楽で主流となるレパートリーは時期により変化する事実に注目していない。1910年代前後雑歌を中心に大衆音楽という流通網が形成されて、1920年代以後からはこのように作られた流通網の中で唱歌が入ってき始め、1930年代前後には音楽産業の合理化が進行し標準化された歌が大量に流通した。したがって、雑歌は大衆音楽ではない伝統音楽の流通網に移動した。

　一方、移植論の場合、唱歌と流行歌の形態論的類似性に注目することで、1930年代以後朝鮮の流行歌の音楽様式がそれ以前にすでに広がっていた西洋式音楽である唱歌を関連付けることができるという点と、1930年代前後に朝鮮の大衆音楽に大きな変動があることを認知したところに意味がある。しかし、実際にこの議論では厳密に唱歌の様式的範疇を限定しなかったために、この議論でいう唱歌の範疇は理論的に非伝統音楽全体を指すという難点がある。したがって、この理論は1920年代いわゆる唱歌と呼ばれた純粋音楽と1930年代以後多様な様式的特性を見せた標準化された大衆音楽間の差別性を説明できない」。

第4章　大衆音楽としての韓国の「トロット」——歴史と多様性　　119

ここで、権度希は「雑歌」を伝統的歌唱文化という特性よりも、地域性や階級性を超越した大衆的属性を獲得したことに注目している。そして、韓国の大衆音楽は、20世紀初頭の「雑歌」の流行を始まりとしている。これは、マスメディアの出現とともに、1930年代前後の「トロット」と呼ばれる流行歌が出現したことを、大衆音楽の始まりとする立場とは異なっている。大衆的属性という観点から捉えると、日本では流行歌の出現に先立ち、明治「演歌」や浪花節などが流行した。それを大衆音楽の出発点とすることも考えられるだろう。そうすると、伝統音楽の流れとしての大衆音楽と、近代音楽の流れとしての大衆音楽という二つ系統が存在することになる。これは重要な指摘である。

　また権度希の場合、1930年代に、新たに西洋音楽に基盤を置く大衆音楽が興隆する中で、「雑歌」は大衆音楽の舞台から退出したとしている。しかし、伝統音楽は大衆音楽から、まったく無くなってしまったのだろうか。

　楽曲という点では、主として西洋音楽の影響を受けて成立していることは確かである。しかし、音階やリズム、歌詞など、伝統音楽との関わりをまったく無視することはできない。また、大衆音楽には「新民謡」という新たなジャンルも出現している。その意味で、自生論と移植論の融合が求められている。

　韓国大衆音楽史に関する代表的な論著としては、朴燦鎬『韓国歌謡史』、李英美『韓国大衆歌謡史』、崔チャンイク『韓国大衆歌謡史（1）』、金昌男編『大衆音楽の理解』、張ユジョン、ソ・ビョンギ『韓国大衆音楽史概論』などがあるが、それぞれ時代区分がなされている。そのことについては、後で詳しく検討するが、いずれも1920年代末・1930年代を本格的な創作大衆音楽の始まりとする見方で共通している。

(2) 1920年代の大衆音楽

　では、1920年代までの大衆音楽の準備段階、あるいは前史的段階はどうであったのか。音楽的には、すでに創作唱歌、創作童謡、創作歌曲などが作られ、作詞、作曲、歌唱の音楽専門家が出現している。

　大衆演劇公演や映画、レコード、ラジオなどのマスメディアが出現したこと

により、大衆音楽成立の基礎が作られたといえるが、1920年代には、外国の曲や日本の曲の翻案歌謡レコードが作られた。1925（大正14）年には「鴨緑江ノレ（日本でも鴨緑江節として知られる）」「枯れた芳草（原曲は日本の「船頭小唄」）」「長恨夢歌（原曲は日本の「金色夜叉の歌」）」「この風塵の世の中に（原曲は日本の「真白き富士の根」）」の四曲があったという。それらの歌は、すべて日本の流行歌の翻案曲であるが、「枯れた芳草」や「長恨夢歌」のように題名が変わったり、「この風塵の世の中に」のように題名だけでなく、歌詞がまったく違ったものもある。また1926（昭和元）年には、尹心憙が「死の讃美」を吹き込んでいるが、これはイバノビッチ作曲の「ドナウ川のさざ波」に、自作の歌詞をつけて歌っている。いずれにしても、李英美はこれらの曲を「流行唱歌」といっているが、唱歌と歌謡曲の過渡的形態にあるものといえる。

ただし、1926（昭和元）年に映画の主題歌として作られ、後にレコード化した「アリラン」を考えると、創作歌謡としての「新民謡」は1920年代に出現しているので、少し先行していたといえるだろう。

流行歌と称された韓国大衆音楽の中でのジャンル分けについて、李英美は「トロット」と「新民謡」を挙げ、張ユジョンは「トロット」と「新民謡」の他に「ジャズソング」と「漫謡」を挙げている。「漫謡」は別として、「新民謡」はそれぞれ取り上げているので問題ないが、張ユジョンが「ジャズソング」を挙げていることに注目してみよう。

張ユジョンは、戦前の歌を含め、詳しく調査している。具体的にみると、戦前の韓国で発売されたレコード数はおよそ4,000曲あるが、1930年から1945年までにジャズレコードが132曲発売されたことを明らかにしている。これらはレコードのラベルに書かれた名称で、厳密な意味でのジャンル名ではない。アメリカや日本のジャズソングの翻案曲が多かったものの、創作ジャズも作られていた。

特に1920年代半ば以降、韓国で「コリアンジャズバンド」が結成されるなど、ジャズ音楽の活動があり、アメリカや日本の「フォックス・トロット」が翻案された。ソウルを話題とした曲も55曲あるが、そのほとんどが韓国人の住む鍾路を中心とした北村が描かれていた。日本人の住んでいた南村について、

第4章　大衆音楽としての韓国の「トロット」——歴史と多様性　　121

「茶房（タバン）の青い夢」李蘭影　☆☆

ほとんど描かれなかったのは興味深い。また、1939（昭和14）年に金海松(キムヘソン)が作曲し、李蘭影(イナンヨン)が歌った「喫茶店の青い夢」は、本格的にブルーノートを用いて作られている。その曲調はどことなく「セントルイスブルース」に似ている。

　このようなことから、張ユジョンは、これまであまり論じられなかった韓国大衆音楽のジャンルとして「ジャズソング」を挙げた。このことは評価される。

　大衆音楽の前史として、確かに日本でも「青空」「アラビアの歌」などのジャズソングが発売されていた。この時期の日本と同様に、韓国でもジャズブームが起こっていたことを明らかにした。

　しかし、日本では古賀政男と服部良一という、一方では「エンカ系列」、もう一方では「ポップス系列」という好対照をなした作曲家が登場した。それに比べると、韓国では明確な対称軸をなす作曲家は現れず、「トロット」と「ジャズソング」が併存した状況を作り出していた。韓国人の有名な「トロット」作曲家でも、一方ではジャズバンドの演奏家や歌手となっており、それらの関係は相互依存的で、対照的ではなかった。したがって、日本での「エンカ系列」と「ポップス系列」という二分法は、韓国では「トロット系列」と「新民謡系列」という二分法で捉えることができる。

（3）日本と韓国は一つの音楽市場

　これまで、日帝時代の大衆音楽について述べてきた。当時、アメリカのポップソングの影響を受け、「ジャズソング」は存在していたし、レコードのラベルにも「ジャズソング」と表記したものも見られた。しかし、一つ一つの楽曲がはたして「トロット」なのか「ジャズソング」なのか。それをはっきりと区別することは難しい。そもそも当時「フォックス・トロット」が「ジャズソン

グ」の範疇と考えられていたこともある。

　このことは「エンカとは何か」「トロットは何か」という問題を考える上で根本的な問題の一つである。

　韓国には日本人が居住し、日本商品の市場も存在していたので、日本で作られたレコードが韓国でそのまま売られていた。初期には韓国との関わりが深い古賀政男の作曲した「酒は涙か溜息か」が、そのまま韓国語の題名で、韓国語盤のレコードとして発売されていた。日本の音楽学校を卒業し、韓国の流行歌手の元祖といわれる蔡奎燁は、韓国語翻案の「酒は涙か溜息か」をはじめ、「君の影を訪ねて」（日本の「影を慕いて」の翻案曲）などを歌った。また日本では長谷川一郎という芸名で、日本語で「アリランの唄」「恋ごころ」などを歌っている。このように、日本の流行歌をそのまま受け入れる韓国人もいたと思われる。

　このことから、戦前の韓国大衆音楽を考える場合、日本の植民地下にあって、日本資本によるレコード産業の展開から、日本人音楽家の韓国での活動や、韓国人音楽家の活動も無視できない。つまり、戦前において、日本と韓国は一つの音楽市場という側面もあったのである。

3　「トロット」の歴史

（1）韓国大衆音楽の時代区分

　韓国の大衆音楽の時代区分について、朴燦鎬は戦前を草創期あるいは揺籃期（1920 年代半ば～）、黄金期あるいは全盛期（1930 年代半ば～ 1940 年代初め）、暗黒期（1940〔昭和 15〕年～ 1945〔昭和 20〕年）とし、戦後の 1960 年代を第二黄金期、1970 年代を試練期としている。

　李英美は韓国大衆音楽史を 10 年度ごとに分け、トロットと新民謡の両立（1930 年代）、トロットの再生産と新しい様式の混沌（1940・1950 年代）、イージーリスニングの定着と李美子のエレジー（1960 年代）、青年文化の光と影（1970 年代）、趙容弼とバラードの時代（1980 年代）、そしてソテジとポストソテジ（1990 年代）とに区分した。

第 4 章　大衆音楽としての韓国の「トロット」──歴史と多様性　　123

張ユジョンとソ・ビョンギは、韓国大衆音楽史を胎動期（1907年〜1929年）、形成期（1930年〜1940年）、暗黒期（1941年〜1945年）、再建期（1945年〜1957年）、復興期（1958年〜1974年）、受難期（1975年〜1979年）、分化期（1980年〜1991年）、転換期（1992年〜1996年）、躍進期（1997年〜）に区分して、記述している。

　これらは韓国大衆音楽を全体として認識するのには参考になるが、〈トロット〉だけでなく、すべての大衆音楽を含んでしまっている。「トロット」に関して、李埈熙は「韓国大衆音楽の出発——トロットと新民謡」という論文の中で、「トロット」を形成（成長）期、拡張期（第一段階、第二段階）、変質期と四つの段階に分けて分析している。最初の形成期には、1930年代に発売された〈木浦の涙〉と〈哀愁の小夜曲〉を代表的なものとして挙げ、その特徴をヨナヌキ短音階と少し早めの2拍子のリズム、そして歌詞としての〈新派調〉を挙げている。李英美も指摘しているが、新派調とは、

　　　「新派調情緒とは個人と社会が葛藤を引き起こす状況で、個人が自らの欲望を断念してあきらめるという消極的解消方式を示し、多少過度の悲劇性を喚起することにある」

と述べている。

　次の拡張期では、さらに第一段階と第二段階に分けられ、1940年代の「ナグネソルム」を第一段階の代表的なものとして挙げている。音楽的にはヨナヌキ長音階を使用し、歌詞においては、新派調とは異質な流浪や郷愁をテーマにしたロマン的なものとなっている。第二段階では、1960年代の〈トンベクアガシ〉を代表的なものとしている。1930年代の形成期トロットと比べて、ゆっくりとしたテンポと裏声やコンヌンモクなどを駆使した李美子の独特な唱法を挙げている。

　そして変質期では、1970年代の「釜山港へ帰れ」と1980年代の「新沙洞その人」を代表的なものとして挙げている。「釜山港へ帰れ」の場合はトロットゴーゴーというテンポの変化が、また「新沙洞その人」の場合は歌詞の軽さ

が特徴である。

　李埈熙の分析では「1930年代に形成期のトロットは様式の枠組みが確立した」と述べ、形成期を基準として、その変化を拡張、そして変質と述べている。ただ形成期と拡張期の第一段階の時期の差がほとんどないこと、また拡張期の第一段階と第二段階の時期の差が大きいことなど、わかりにくい部分もある。だが、変質期を1970年代の趙容弼と1980年代の周炫美という二つの段階に分けているのは大変興味深い。いずれにしても、1930年代から現代までの「トロット」は、決して一つの形態として捉えることができないのは明らかだ。

　ここでは「トロット」といわれる契機ともなり、典型的な「トロット」と見なされている李美子の歌を中心に、それ以前とそれ以後の時代に分けて検討する。日本の「エンカ」と同じように、李美子以前を「オールドトロット」、李美子以後を「ミドルトロット」、そして1980年代末以降を「ニュートロット」とする。ただし、1970年代の趙容弼の登場は「ミドルトロット」から「ニュートロット」への過渡的段階といえる。これは李埈熙のいう変質期に当たるが、リズムにおいてそれまでのトロットとは異なる8ビートを作り出した。また歌詞においては、それまでの「恨」を中心としたテーマとなっている。趙容弼の場合、韓国ではトロット歌手としてだけでは捉えられないことも、トロットにおける位置づけを微妙なものにしている。そして、2000年代に登場したトロットを「新世代トロット」とする。

(2) オールドトロット

　まず「オールドトロット」は、1945（昭和20）年以前に作られた曲が主となるが、少し延長して1960年代以前に作られた曲を含むといってもいい。

　朴燦鎬は、最初の創作歌謡として「江南の月」（「落花流水」とも呼ばれる）を挙げている。『落花流水』の作詞・作曲者は弁士としても有名な金曙汀（金永煥のペンネーム）で、1927（昭和2）年に制作された同名の映画の主題歌である。当時から映画と音楽のメディアミックス戦略が取られていたようだ。金曙汀は専門的に音楽を学んだ経験がないようで、この曲はどちらかというと唱

「木浦の涙」李蘭影 ☆☆

「連絡船は出てゆく」張世貞 ☆☆

「哀愁の小夜曲」南仁樹 ☆☆

歌風であり、「流行唱歌」と呼んでいいだろう。

本格的な創作歌謡としては、開城(ケソン)(高麗王朝の旧都)の王宮遺跡を偲んで作られた「荒城の跡」(王平(ワンピョン)作詞、全壽麟(チョンスリン)作曲、李エリス歌：レコード発売 1932〔昭和7〕年)がある。この歌は最初、演劇の幕間で歌われていたが、後にレコード発売されている。

全壽麟は開城生まれで、松都(ソンド)高等普通学校在学中、校長のリクルス夫人からバイオリンの個人指導を受けた。また、軍楽隊出身の音楽教師・鄭子仁(チョンサイン)から音楽理論を学び、ソウルでは洪(ホン)蘭坡(ナンパ)が指導する研楽会に加入した。当時の韓国では、演奏だけでなく、高度な音楽理論を学んだ人物といえる。その後、巡回劇団・研劇舎に入って、作曲家兼バイオリン奏者として活動した。彼は、他にも「静かな長安」という歌も作っている。

この時期の代表的な大衆音楽としては「他郷暮らし」(金陵人作詞、孫牧人(ソンモギン)作曲、高福壽歌：1934〔昭和9〕年)、「木浦の涙」(文一石作詞、孫牧人作曲、李蘭影歌：1935〔昭和10〕年)、「連絡船は出て行く」(朴英鎬作詞、

金松奎作曲、張世貞歌：1937〔昭和12〕年）、「哀愁の小夜曲」（李扶風作詞、朴是春作曲、南仁樹歌：1938〔昭和13〕年）、「涙にぬれた豆満江」（李時雨作詞作曲、朴是春編曲、金貞九歌：1938〔昭和13〕年）「ナグネソルム」（張景煥作詞、李在鎬作曲、白年雪歌：1940〔昭和15〕年）「不孝者は泣きます」（金栄一作詞、金教聲作曲、秦芳男歌：1940〔昭和15〕年）などがある。

　作詞家としては、朴英鎬、趙鳴岩、金陵人などがいるが、多くは流行歌の作詞だけでなく、詩人でもあり、劇作家でもあった。朴英鎬、趙鳴岩などは日本に留学しているし、宋芳松は韓国文芸界のエリートだったと指摘している。

　作曲家としては、全壽麟、朴是春、孫牧人、李在鎬、金海松などがいる。全壽麟は幼い頃、キリスト教会やミッションスクールで西洋音楽に出合い、牧師や牧師夫人から個人的に音楽を学んだケースに該当する。その他、軍楽隊で西洋音楽を学んだ人はいるが、多くは日本の音楽学校に留学して専門の音楽教育を受けている。その人たちの中には、古賀政男の影響を受けたという人がいる。

　男性歌手としては、韓国最初の流行歌歌手として知られる蔡奎燁がいる。彼は日本に留学し、東京中央音楽学校声楽科を卒業しているが、最初はクラシック歌手として活躍した。また長谷川一郎と名乗り、日本でも歌手として活躍した。一方、女性歌手の場合のような伝統音楽出身の歌手はいなかったが、高福壽、南仁樹などのようにコンクールで選抜された歌手もいる。

　女性歌手としては、その出身背景に二つの種類があった。一つは券番（日本では、検番のこと）出身の妓生歌手。新民謡も歌ったが、流行歌も歌った。もう一つは人気女優出身で、コンクールで選ばれた歌手である。尹心悳のような日本の音楽学校出身者は例外的だ。

　この時期の音楽家には、兄弟姉妹で活躍した人たちとして、金龍煥、金安羅、金貞九がいる。『韓国近代音楽人辞典』によると、金龍煥は咸鏡南道元山のクリスチャンホームで生まれた。幼い頃から教会に通い、教会音楽に親しんだ。金龍煥は早くからバイオリンやトランペットを学び、元山高等普通学校卒業後は、日本の東京音楽学校に留学した。帰国後は作曲家、歌手、楽器演奏家として、さまざまな音楽活動に従事している。朴燦鎬は金龍煥のことを「シ

第4章　大衆音楽としての韓国の「トロット」――歴史と多様性　　127

「砂漠の恨」高福壽　☆☆

「感激時代」南仁樹　☆☆

ンガーソングライターの草分け」と評している。その妹・金安羅も日本に留学。武蔵野音楽学校と中央音楽学校で平井美奈子に声楽を師事し、卒業した。1935（昭和10）年、日比谷公会堂で開かれた第6回全日本新人演奏会に出場して、オペラ「椿姫」のアリアを歌ったという。また、日本で日劇の流行歌手となり、「半島の春」の主人公として活躍した。また、韓国でも流行歌手として活動した。その弟・金貞九は、やはり幼い頃から教会音楽に親しみ、歌手となった。代表曲としては「涙に濡れた豆満江」がある。このように、韓国大衆音楽を含め、キリスト教が近代音楽の発展に大きな貢献をしたことを忘れてはならないだろう。

　一部の歌手を含めて、韓国の近代大衆音楽を担った韓国人音楽家の多くは日本留学派が占め、音楽分野で日本と何らかの関わりを持っていた。また、歌手の場合には日本名を名乗り、日本で活躍したケースもある。日本のレコード会社に所属したことから、日本との関わりを持ち続けている。

　このように当時、大衆音楽の「トロット」は専門的で先進的な文学者によって作詞され、近代音楽を学んだ先進的な音楽家によって作曲された。都市を中心とした市民層に受容され、ハイカラなものであった。なお、当時の近代音楽はクラシックと大衆音楽の区分がまだ明確ではなく、洪蘭坡のような音楽家でも童謡や歌曲だけでなく、大衆音楽にも関わっている。

（3）日本人作曲家の存在

　韓国大衆音楽の作曲家として、また編曲家として、江口夜詩、古賀政男、大村能章の他に、服部良一など日本人作曲家が含まれていることがある。日本のレコード会社は韓国でも営業しており、韓国音楽の録音などレコード制作はほとんど日本で行われていた。演奏だけでなく、編曲も日本人音楽家が担当したことは、それほど特別なことではないように思われる。しかし、これはまだ当時の韓国人音楽家の中に編曲を担当するのが困難であったことを意味している。少なくとも、韓国大衆音楽の商品として、レコードを制作するにあたり、作詞家、作曲家、歌手は韓国人であっても、編曲や演奏など音楽技術的には、日本人の果たす役割が大きかった。ただし、それは日本の伝統音楽ではなく、あくまでも韓国より早く西洋音楽を学んだ日本人音楽家によるものであり、日本と韓国の近代化受容のタイムラグといえるだろう。

　稀な事例として、韓国での日本人歌手の活躍があった。OKeh には、三又悦（サムウョル）と名乗った日本人歌手のディック・ミネがいた。彼は韓国名を名乗り、自分の持ち歌である「ダイナ」などを韓国語で歌って、レコードを発売している。

　この時期、日本の大衆歌謡が韓国の大衆音楽に与えた影響として、日本大衆歌謡の翻案曲の韓国での発売と、日本人音楽家の韓国大衆歌謡での作曲・編曲・演奏などへの関与があった。しかし、韓国ではそれらをすべて受け入れたのではなく、選択的に受け入れていた。

　李埈熙（イジュンヒ）によると、韓国では古賀政男の曲は受け入れたが、大村能章の曲は受け入れられなかった。また、日本では新民謡運動が起こり、市町村単位で各地をテーマとした民謡が作られ、大ヒットした。だが、そのような音頭、民謡は韓国では受け入れられなかったという。

　インターネットの韓国大衆音楽アーカイブ／音楽知識「エンカとトロット」〔엔카와 트로트　대중음악 아카이브／음악지식〕の中には、「古賀政男の音楽には初めて聴いた曲でも、恰も以前に楽しく聞いたことのある曲として錯覚するほど、メロディに親しみあるものが多い」（2015 年 7 月 22 日）という記述もある。これはまた大変興味深い指摘である。

第 4 章　大衆音楽としての韓国の「トロット」── 歴史と多様性　　129

(4)「親日歌謡」「軍国歌謡」の進出

　李埈熙が拡張期の第一段階と呼び、朴燦鎬が暗黒期と呼んだ 1940 年代、日本でも軍事体制化の文化政策の一環として、軍国歌謡が出現した。この楽曲は以前の短調ヨナ抜きを特徴とする「トロット」とは異なり、唱歌のような長調ヨナ抜き 5 音階で構成されたものであるが、これも「トロット」とみなされている。

　日本では戦争に向けた政策が次々に実施される 1930 年代後半、韓国では1936（昭和 11）年、朝鮮総督府に南次郎が就任した。韓国を中国大陸進出の兵站基地とし、韓国人を戦争に動員するため、皇民化政策を強いるようになった。1937（昭和 12）年には、皇国臣民の誓詞を制定し、神社参拝を強要した。1938（昭和 13）年の朝鮮教育令改定、1939（昭和 14）年は朝鮮民事例を改定し、創氏改名が実施されていった。また、1938（昭和 13）年にはレコードの検閲が強化された。

　韓国と日本の大衆音楽とが一体になって、戦争遂行に突き進んでいった。歌謡界や演劇界、芸能界でも戦争協力が強いられるようになり、そこで作られたのが「親日歌謡」「軍国歌謡」と呼ばれる歌であった。

朴燦鎬は、以下のように述べている。
_{パクチャン ホ}

　　「流行歌の世界でも 1930 年代後半から、しだいに"北国"とか"満州"という題材が多く取り上げられるようになった。蔡奎燁の『北国五千キロ』、南仁樹の『響く満州線』、白年雪の『北邦旅路』『なつかしの満浦線』、黄琴心の『満浦線千里路』などがその例である」。

　日本の膨張政策を支持する「親日歌謡」、あるいは「軍国歌謡」は、それまで短調が主となっていた音階に変わり、「長調ヨナ抜き 5 音階」を用いて、あくまでも軽快なリズムで、明るい内容の歌詞であった。

　他方、「半島義勇隊」「従軍看護婦の歌」「志願兵の母」「息子の血書」など、勇壮な「軍国歌謡」も作られていった。

（5）「流行歌」の流れと「ポップ音楽」の流れ

1945（昭和20）年の解放後から1953（昭和28）年の朝鮮戦争休戦まで、韓国では日本の支配から解放されたものの、左右のイデオロギー対立から政治的、経済的混乱が続いていた。そのような中で、韓国大衆音楽は解放前から歌い継がれてきたいわゆる「流行歌」の流れと、解放後にアメリカ軍が進駐してもたらされた、アメリカのポップ音楽の流れが出現した。戦前の「トロット系列」と「新民謡系列」の二分法から、「トロット系列」と「ポップス系列」の二分法となり、それ以後の韓国大衆音楽の中で展開されていくことになる。

1945（昭和20）年、日本の植民地支配から解放されても、韓国では南北対立が出現し、1950（昭和25）年には朝鮮戦争が勃発、緊張関係が高まった。

その中で、大衆音楽では「親日歌謡」はなくなったが、「軍国歌謡」あるいは「戦時歌謡」は作られ続けた。そこでも基本的に、戦前に活躍していた作曲家がヨナ抜き5音階を用いて、作曲している。戦争の悲惨さを歌い、多くの人の共感を得た代表的な曲として、三大トロットといわれる「頑張れクムスン」（1953年、姜史郎作詞、朴是春作曲、玄仁歌）、「別れの釜山停車場」（1954年、好童児作詞、朴是春作曲、南仁樹歌）、「断腸のミアリ峠」（1955年、半夜月作詞、李在鎬作曲、李海燕歌）がある。そして同時期に、新人女性歌手・白雪姫が「春の日は行く」を歌ってヒットした。この歌は戦争の悲惨さを歌った三大トロットとは対照的に、平和だった昔を懐かしむ抒情的な歌であった。

この時期には、朝鮮戦争に参戦したアメリカ軍が韓国に駐留していて、当時のアメリカンポップスが、まず米軍キャンプで流行った。米軍キャンプで働く韓国人音楽家を通して、韓国の中へも広がっていったのである。代表的な歌としては、1950年代後半に「大田ブルース」（安貞愛歌）、「無常ブルース」（白雪姫歌）、「ニルリリマンボ」（金貞愛歌）、「アナンネマンボ」（金貞愛歌）、「ラッキー・モーニング」（朴載蘭）、「雨のタンゴ」（トミ歌）、「落ち葉のタンゴ」（南一海歌）、「ノレカラクチャチャチャ」（黄ジョンジャ歌）、「ギターブギ」（尹一路歌）などがある。そして1960年代になると、カントリーミュージック風の「黄色いシャツの男」（1961年、孫夕友作詞・作曲、韓明淑歌）も出てきた。

これについて、チョン・ジヨンは

第4章　大衆音楽としての韓国の「トロット」——歴史と多様性　131

「むしろ、韓国戦争を経て、1970年代までの韓国の民衆を、もっとも多く泣かせたり笑わせたりした様式は、まさにトロットであり、特に戦争の痛さをどんなものよりも、心の奥深いところで共感を与えた音楽が『頑張れクムスン』や『別れの釜山停車場』のようなトロットだった。かえってトロットよりも強く罵倒しなければならないのは、米8軍を通して入ってきた消費的で享楽的なアメリカ大衆音楽様式で、またこの国の民衆の暮らしと遊離したまま、みずから設定した孤高の風格に染まってエリート的な様式だけにとどまって我が国の伝統に対する軽視と西欧文化優越主義を助長してきた西欧古典音楽様式をやはり何よりも強く罵倒しなければならない」

と主張している。

(6)「日帝残滓の清算」と「エンカ」

ところが、時を同じくして、1956年3月になると、文教部と国民皆唱運動推進会が共同開催した「倭色風歌曲排撃、啓蒙講演会」から、倭色歌謡浄化運動が本格的に始まっていく。

1945年の解放後から、制度、思想、文化、言語、日常生活などあらゆる分野で、植民地時代に日本から影響を受けたものを取り除き、韓国的なものを取り戻そうという「日帝残滓の清算」運動が、大衆音楽の分野に及んだのである。

にもかかわらず、李埈熙によると、日本音楽の影響は表面に現れない形で続いたという。

まず、朝鮮戦争直後では、韓国レコード産業の設備が不十分で、韓国音楽のプレス作業は日本のレコード会社に委託した。また、日本の大衆音楽の曲が、剽窃され、題名を変えて韓国で制作販売された。さらに、日本で流行した美空ひばりやフランク永井の歌の題名を一部変更したり、雰囲気を似せて、韓国音楽として売り出したことが挙げられる。加えて、日本の歌謡曲の海賊盤がリヤカーなどで売られており、それだけ日本の歌謡曲が韓国でもひそかに聴取され、

132

韓国音楽産業がそれを活用したといえるだろう。

また、李埈熙は1945年以降、韓国大衆音楽に対する日本の影響の経路として、孫牧人、吉屋潤(キルオッキュン)など韓国人音楽家の日本での活躍を挙げている。このことは逆に言えば、日本の大衆音楽に対する韓国の影響の一つともいえる。

(7) ミドルトロット

「カスマプゲ（胸痛く）」南珍　☆☆☆

次に「ミドルトロット」は、1960年代以降の「トロット」である。これは李埈熙のいう「トロット」の拡張期の第二段階に当たる。この時期は、アメリカのポップ歌謡、あるいは世界的なロック・フォークブームの中で韓国大衆音楽は大きな影響を受け、「トロット」危機の時期であるといえよう。

この「ミドルトロット」は、やはり韓国においても典型的な「トロット」といえる。基本的には「オールドトロット」と同じように短調ヨナ抜き5音階を用いているが、「オールドトロット」よりはゆっくりしたテンポで歌っている。何より「オールドトロット」と異なる点は、李美子の技巧的な歌唱法である。この唱法は、音を揺らすメリスマを用いていて、それまでのトロット歌手とは異なっている。

1960年代に活躍した代表的な男性歌手として、裵湖(ペホ)、南珍(ナムジン)、羅勲児(ナフナ)がいる。裵湖は都市的な雰囲気で歌う歌手で、フランク永井のような低音を響かせて、日本でいう「ムード歌謡」のような歌を歌った。残念なことに、裵湖は早くして亡くなってしまった。

南珍は最初ポップス歌手として活躍したが、後に「カスマプゲ」で「トロット」歌手となった。羅勲児は1966年にデビューし、1967年の「愛は涙の種」

で10大歌手賞を受賞。その後も第一線で活躍し、作詞・作曲も手がける。南珍とはライバル関係にあった。

(8) 戦後世代の作曲家の登場

作曲家も戦後世代が登場した。代表的な作曲家としては、朴椿石、白映湖、孫夕友、南国人などが挙げられる。

1970年代半ばには、新しいリズムの「トロット」が出現した。そのきっかけとなったのが、1976（昭和51）年の趙容弼「トラワヨ、プサンハンエ（帰って来て、釜山港へ）」である。黄善友作曲の原曲は典型的なトロットだったが、8ビートのテンポにアレンジされている。この「ゴーゴートロット、あるいはトロットゴーゴー」はそれまでのリズムと違い、「トロット」に新しいリズムをもたらしたが、歌詞の内容は、従来どおりの男女の出会いと別れなどが主になっている。

これは李埈熙のいう〈トロット変質の第一段階〉に当たるもので、〈ニューエンカ〉の始まりといえる。

その後、1970年代になると、韓国の芸能界を揺るがす大事件が起こっている。1975（昭和50）年12月起こったに大麻草事件である。そこではロック系のミュージシャンを中心に検察による事情聴取が行われ、なかには拘束・収監されたものもいる。当時はヒッピームーブメントの影響もあり、芸能界で大麻を吸うこともしばしば行われていたようだ。その事件を契機に、音楽活動の禁止処分が出されている。軍事政権下での芸能活動への規制、ないし弾圧ともいえる事件であった。それによって、趙容弼もしばし音楽活動の休止を余儀なくされた。そのような中でも、フォークやロックなどの新たな音楽ジャンルが活発になり、「トロット」はそれまでのような人気を得ることはできなくなった。

(9) 李美子以降の女性歌手

そのような状況でも、女性歌手では文殊蘭（1949〔昭和24〕年生まれ、1966〔昭和41〕年「小雨降る街」でデビュー）、金秀姫（1953〔昭和28〕年生まれ、歌手として1978〔昭和53〕年「あまりにもひどい」でデビュー）、河春花

(1955〔昭和30〕年生まれ、1966〔昭和41〕年「お父さんはマドロス」でデビュー)、沈守峰(シムスボン)(1950〔昭和25〕年生まれ、1978〔昭和53〕年「その時その人」でデビュー)、ヘ・ウニ(1956〔昭和31〕年生まれ、1975〔昭和50〕年「あなたは知らないでしょう」でデビュー)、崔辰熙(チェジニ)(1957〔昭和32〕年生まれ、1983〔昭和58〕年「あなたは私の人生」でデビュー)、李銀河(イウナ)(1958〔昭和33〕年生まれ、

金蓮子　☆☆

1976〔昭和51〕年「いまだにあなたはあたしの恋人」でデビュー)、玄淑(ヒョンスク)(1959〔昭和34〕年生まれ、1976〔昭和51〕年「熱くなっているよ」でデビュー)、金蓮子(キムヨンジャ)(1959〔昭和34〕年生まれ、1974〔昭和49〕年「話してください」でデビュー)などが登場し、李美子の次の世代の歌手として活躍している。

　このうち、金秀姫は早くから米8軍ショー舞台で活動、ヘ・ウニは芸能関係の仕事をしていた家族出身、玄淑は作曲家との個人的な関係で歌手になった。しかし、多くの歌手はTV・ラジオ・レコード会社主催のコンクールやオーディションに出場し、優勝して歌手となったである。

　沈守峰の場合、音楽家家庭に生まれ、幼い頃からピアノを学び、音楽的才能に恵まれた少女で、米8軍舞台にも立った経験がある。1978（昭和53）年第2回大学歌謡祭に出場し、自作曲「その時その人」をピアノの弾き語りで歌った。この歌は歌謡祭で入賞できなかったが、評判をよび、本格的に歌手デビューしている。大学歌謡祭で歌われる歌は、フォークとかロックが多かったが、この歌はそのようなジャンルではなく、スウィング（Swing）という古いスタイルのジャズ・ソングだった。大学生らしくないと選考から外されたようだが、歌としては、かなりのレベルの作品であった。また、沈は当時のフォークとか

第4章　大衆音楽としての韓国の「トロット」——歴史と多様性　　135

ロック系以外の歌手としては珍しい、シンガーソングライターであった。

男性歌手では玄哲（1942〔昭和17〕年生まれ、1969〔昭和44〕年「無情な
あなた」でデビュー）、宋大琯（1946〔昭和21〕年生まれ、1967〔昭和42〕年「人
情厚いおじさん」でデビュー）、太進児（1953〔昭和28〕年生まれ、歌手として
1972〔昭和47〕年「我が心急行列車」でデビュー）、薛雲道（1958〔昭和33〕
年生まれ、1982〔昭和57〕年デビュー、1983〔昭和58〕年「失われた30年」）
などがいる。女性歌手に比べると、人数も少なく、羅勳児や南珍があまりにも
大きな存在であったために、その影になって、音楽活動も順調な時ばかりでは
なかった。しかし1980年代にブレイクすると、長く活動して「トロット四天
王」と呼ばれている。

「ミドルトロット」はポップス、ロック、フォークなどの音楽に対抗するもの
として作られたが、それでも「ミドルトロット」は、当時のアメリカのポップ
音楽の影響を受けているといえる。

4 「トロット」の特徴

果たして、「トロット」とはどのようなものと考えられていたのか。これに
ついては、必ずしも一つにまとまっているわけではないが、まず楽曲の音階に
ついて考えてみる。

(1) 楽曲の音階

張ユジョンは「音楽的にみると、草創期トロットは主に4音と7音が除か
れた5音階短調と2拍子が結合した姿で存在した」、そして「2拍子リズムは
おおよそ1分間に4分音符を70回以上、多ければ100回以上反復する速度」
であるという。

「トロット」で使用される音階は、いわゆる「ヨナ抜き5音階」であることは、
多くの学者によって認められている。この「ヨナ抜き5音階」という用語は、
韓国語でもそのまま用いられる場合がある。長調と短調があり、長調について
は前章でも説明したように「トロット」だけではなく、日本と韓国の西洋から

136

伝えられた近代音楽の出発点から、人々に愛好されて存在した音階である。唱歌、童謡、そして大衆音楽の新民謡にまで多く用いられた。

　また、短調ヨナ抜き5音階は、日本で作られたものであるが、これまで見てきたように軍歌、童謡、流行歌などで用いられた。後に大衆音楽として、中山晋平や古賀政男の曲でよく使われている音階だが、この短調は5音階だけでなく、6音階で構成されるものもある。

　また拍子については、多くは4分の2拍子、ないし4分の4拍子が多いが、4分の3拍子で作られたものもある。代表的なものでは、金曙汀作曲「江南の燕」「江南の月」「セドンム」、全壽麟作曲「荒城の跡」「奇しき運命」、朴是春作曲の「故郷の草」「青春無情」、孫牧人作曲「他郷暮らし」、李在鎬作曲の「歳歳年年」「山有花」「山荘の女人」、孫夕友作曲「黒い手袋」「私の一つの愛」「青糸紅糸」「牧童の歌」、朴椿石「草雨」などがある。特に、初期の作曲家である金曙汀、戦後の作曲家の中では孫夕友などは4分の3拍子の歌が多い。

(2) 歌詞

　次に歌詞についてはどうだろうか。李英美は「トロット」の歌詞について、

　　「日帝時代、大衆歌謡の歌詞の内容は〔日帝末期の親日歌謡を除外するとすれば〕、大きく三つの流れに分けてみることができる。第一は男女間の愛と別れであり、第二は放浪する旅人の寂しさや故郷を離れた悲しさ、第三に自然と季節の変化、山川の美しさなどである。この中で、自然と季節の変化に関連した歌は、おおよそ新民謡で発見され、トロットの題材は、離別と放浪の二筋に圧縮される」

と述べている。

　張ユジョンは「新民謡が主に充足意識を表したものであるのに、その時代のトロットは大部分喪失意識を表している」と述べ、とりわけ「ニム（大切な人）の喪失」と「故郷の喪失」という二つを代表的なものとして挙げている。

　トロットの歌詞が、主にあなたと故郷に対する愛着を主題としていることに

対して、二人は同じだが、張は〈トロット〉の中には楽しい歌もあったと指摘している。

また、李英美は韓国「トロット」の中で、男女間の愛と別れという歌詞には涙と嘆息という新派的世界認識があるという。

「トロット様式と同一の質感をもつ作品は、劇芸術や長編小説の新派様式で発見される。カン・ヨンヒは、演劇用語である新派を、日帝時代の一芸術様式と見て、戯曲と長編小説、劇映画を対象として新派様式を分析したが、彼女は新派様式の特性を、主人公の『行為と観念の二律背反』、『現実の横暴に圧倒されている非主体的な自己の分裂的喪失』、『その結果、発生する被害意識と罪意識の複合としての自虐的感情』、これの『解消的慰安としての涙』として説明する。この説明はトロット様式の説明に極めて有用であるところから、トロット様式は大衆歌謡分野の新派様式として、トロット様式で現れる独特な質感の悲しさは、新派様式の悲哀観のような種類のものであるということができる」

と述べている。

(3)『金色夜叉』と『長恨夢』

李英美の指摘は大変興味深いが、日本の『金色夜叉』を近代小説として考えると、慎根緯（シンコンジェ）は

「紅葉の『金色夜叉』は『世紀の転換期』に大衆小説という様式を通して作家の近代意識を表現したものである。ここでの近代意識とは一言でいえば『近代的自我の発見』と解釈できよう。主人公の鴫沢宮は許嫁の間貫一を裏切り、富山銀行の御曹司富山唯継と結婚し子まで産む。しかし夫婦の生活に倦怠を覚え、裕福な生活に飽きた宮が、愛を無視した本人の選択を後悔し、貫一に対する悔悟の手紙を繰り返し繰り返ししためるのである。

飽くなき欲望と華麗な変身を経て、結局彼女が執着したのは、果たして

『真の愛とは何ぞや』であり、『女として自分は誰か』という根本的な課題
であった。彼女の婚約者の貫一もやはりお宮の裏切りに対する復讐として
高利貸になるが、究極においては『自分とは何か、愛とは何か』という命
題に逢着することになる」

と述べている。
　また『金色夜叉』の翻訳小説である『長恨夢』についても、慎根縡は

　　「『長恨夢』には因習に対する抵抗の意志を披歴する部分がところどころ
　　に登場する。作中の人物たちが彼らの趣向と行動を、儒教的あるいは家父
　　長的秩序に対する心理的抵抗で引っ張っていく場面が少なくない。
　　　金 重 培〔金色夜叉では、お宮と結婚する富山唯継役のこと〕は留学を
　　　キムジュンベ
　　通じて西欧の個人主義思想に接した人物である。したがって家門に見合っ
　　たものとして両親から一方的に与えられた女性を拒否し、本人の主眼で妻
　　になる人を選ぼうとした。その選択基準はやはり開放的で個性的である。
　　伝統的な認識のもとでは門閥と学識ならびに教養という観念的価値を優先
　　するのであるが、金重培の場合は容貌の美しさをはっきりと求めた。これ
　　は伝統的価値観が崩壊され、新しい価値観が生まれる当代の社会相を反映
　　している結果である。作中人物は崩壊されていく伝統的価値を因習として
　　受け止める」

と述べている。
　『金色夜叉』が韓国の『長恨夢』に翻案される過程で、韓国人にも受け入れやす
いように伝統的な性観念を尊重し、終末もハッピーエンドに改変されている。
しかし、近代小説として捉える場合、二つとも近代的自我の成立が前提となっ
ている。つまり、女性主人公の鴫沢宮／沈順愛は、最初に自らの意志で許嫁で
　　　　　　　　　　　　　　シムスネ
ある間貫一／李守一を捨て、別の男性・金重培を選択しているのである。
　　　　　イスイル
　『金色夜叉』と『長恨夢』は日本と韓国で上演され、その後「新派劇」として
定着することになるが、近代的自我の成立とカン・ヨンヒの新派様式の図式は

必ずしも一致しない部分があるようだ。さらに、カン・ヨンヒの新派様式の図式は「トロット」にだけ当てはまるのか、考慮されなければならない。

また、張ユジョンは「近代化と植民地状況は自我の覚醒と発見をもたらし、自身の内面に関心を持つようになった自我はこのような時代的雰囲気の中で、自分の主観的感情を強く表出する傾向性を持つようになった」と述べている。

(4)「恨」と「興」

李御寧は、韓国大衆音楽の歌詞の中に「恨_{イ オリョン}」があると述べている。この「恨_{ハン}」とは、「人の内部に積み重ねられた決して消えることのない青白く燃え続ける雪のように冷たい恨みつらみの感情」で、歌うことによって、その恨みを解かすのである。この点では、韓国の新民謡の歌詞なども同様である。

宋ミンジョンは「トロット」の歌詞として「恨」と「興_{フン}」を挙げており、特に「ニュートロット」などに現れる情感は「興」であるという。

また、「木浦の涙」の二番の歌詞に「三百年の恨み」という文句が出てくる。表面的には決して現れることはなくても、暗喩として、また歌手が歌う意識の中や聴衆の聞く心の中に、民族的意識が存在したということもできる。
『日帝強占期大衆歌謡研究』では、

> 「全体で437曲の中で、生の哀歓を主題とした歌が半数以上を占め、多数をなし、小項目を見ても、『サラン（愛）』の歌がもっとも多い。これは古今東西を問わず、人間生活でもっとも重要視される情緒が反映しているせいだ。
>
> 　その次に、故郷、他郷暮らしに関する内容が多いのは、仕方なく祖国を捨て、流浪の道に出ていく人が多かった日帝強占期の民族的状況と関連が深いのだ。
>
> 　一方、社会的性向の歌も相当数発見されるが、『祖国愛、親日』に分類された歌は、主に日帝統治当局によって、皇国臣民化政策を実現させるための目的として作曲され、意図的に普及させた政策的な歌である」

と述べられている。

ここで「『祖国愛、親日』に分類された歌」というのは、1930年代末から1940年代前半にかけて作られた軍国歌謡で、日本でも韓国でも作られている。

前にも述べたが、大衆音楽の楽曲に関しては、日本音楽や西洋音楽の影響を確認しやすいが、歌詞については、その比較は簡単ではない。そして、仮に日本の影響があるとしても、歴史的文化的背景が異なり、言語も異なっている日本の歌詞を、当時の韓国人がそのまま受け入れ、共感したとは思えない。

(5) 「情」

戦後の韓国大衆音楽において、「サラン（愛）」や「コヒャン（故郷）」という単語が多く用いられている。それに加えて、「情」という単語が目に付くことには注目だ。「情」という同じ題名だけでも楽譜集をみると、趙容弼、朴イルナム、アドニス、ヨントクスなどが歌う曲が載っている。ヨントクスの場合は新しく、リズムもディスコとなっているが、あとの歌は「トロット」ないしは「ゴーゴー」となっている。その他には「情のために」「情多い女」「情に弱い男」などがある。

沈守峰のデビュー曲「その時その人」には、「世の中で一番悲しいものは何かと　愛よりもいっそう悲しいものは情だと」という歌詞がある。若い女性の作った歌詞とは思えないような、憂いに満ち、哲学的というか老成した感じがする。滝沢秀樹は『ソウル讃歌』で、韓国大衆音楽の歌詞において〈情〉が強調されていると指摘している。このように韓国大衆音楽で用いられる直接的な「情」表現は、日本の大衆音楽に現れた歌詞とも大いに異なっているようだ。

(6) 歌唱法

歌唱法について、〈オールドトロット〉の場合は、韓国の男性歌手の経歴が音楽学校出身か、コンクールでの入賞が契機となっている場合が多い。それほど伝統歌謡に習熟していたとは思われず、基本的な歌唱法は西洋音楽（ここにはクラシックだけではなく、大衆音楽を含む）に近いストレートなものだったように思われる。

第4章　大衆音楽としての韓国の「トロット」――歴史と多様性　　141

また女性歌手の場合、音楽学校出身者や、劇団所属の俳優兼歌手の場合は歌唱法も基本的に西洋音楽的なものといえるだろう。ただし、伝統音楽を習得した券番出身の妓生は新民謡をはじめ、流行歌なども担当している。西洋音楽や伝統歌謡においては明確な発声法が存在し、訓練されてきたが、大衆音楽においては初期段階で明確な発声法がなく、歌手個人の個性などに特徴があった。

　それに対して、〈ミドルトロット〉の場合は低音であれ、高音であれ、それぞれの歌手の個性を活かし、西洋音楽的な発声法とは異なる、どちらかといえば伝統音楽に由来するメリスマを使用することに特徴があるようである。

　これまで述べてきたことから、「トロット」の中では、「ミドルトロット」がもっとも「トロット」らしい「トロット」であるが、李美子は楽曲や歌詞、そして歌唱力の点で正統派「トロット」といえる。

第5章

日本における韓国「トロット」

　日本における韓国「トロット」をはじめ、大衆音楽について述べる。韓国の大衆音楽が成立した当初から、「木浦の涙」など代表的な韓国音楽は、日本語歌詞で韓国人歌手によって歌われた。そして、戦後においては「連絡船の唄」（原曲「連絡船は出ていく」）などが日本人歌手によって歌われている。しかし、戦後しばらく、韓国大衆音楽が伝えられることはほとんどなかった。これまでに、日本では大きく三回の韓国音楽ブーム（いわゆる韓流）があった。第一は、1930年代のアリランブームであり、多くのアリランの歌が作られ、日本人、韓国人歌手によって歌われた。第二は、1970年代後半以降の韓国音楽ブームで、韓国人歌手・李成愛が日本でデビューしたことによって始まった。この韓国音楽ブームは「トロット」に関わるもので、1965年に日韓条約が締結されて、およそ10年が経った頃のことである。第三は、2000年代前後から始まったKポップブームで、いわゆる韓流ブームといわれるものである。

1　韓国大衆音楽の日本への移入

　これまでも述べてきたように「トロット」といっても、日本では必ずしも明確なものとして認識されているわけではない。そこで、ここでは「トロット」を軸としながらも、それに限定せず、「アリラン」など韓国大衆音楽という、より広い枠組みで検討することにする。

（1）アリランブーム

　日本での「アリラン」について、宮塚利雄によれば「中流以下の韓人間に行わるる俗謡に至りては却って往々興味あるものあり、殊に予は最もアラランなるものを愛す、之を愛するや唯音調のみにして、其何を意味するやは知らず」（信夫淳平、1901〔明治34〕年）と述べているという。これは現在、日本でもよく知られている「正調アリラン」とは異なる「アララン」が、20世紀の初頭に韓国で歌われており、かなり早い段階で日本に紹介されている。

　1926（昭和元）年、韓国で映画「アリラン」の主題歌として作られた新民謡「正調アリラン」は、その後さまざまな音楽家によってレコード発売され、大いに人気を得た。

　日本でも「アリラン」が紹介され、1930年代の日本では「アリランブーム」が起こった。

「アリランの唄」（小林千代子歌、ビクター、1931〔昭和6〕年）、「アリランの唄」（佐藤惣之助作詞、古賀政男編曲、淡谷のり子・長谷川一郎歌、コロムビア、1932〔昭和7〕年）、「アリラン時雨」（原田貞輔作詞、原田誠一作曲、渡辺光子歌、ポリドール、1934〔昭和9〕年）、「アリラン夜曲」（坂村真民作詞、鈴木静一作曲、渡辺はま子歌、ビクター、1935〔昭和10〕年）、「アリラン夜曲」（西条八十作詞、江口夜詩作曲、松平晃歌、コロムビア、1936〔昭和11〕年）、「アリラン小唄」（鈴木かほる作詞、服部逸郎作曲、京城百太郎歌、コロムビア、同年）、「アリラン夜曲」（高橋掬太郎作詞、服部良一作曲、赤坂百太郎歌、コロムビア、1937〔昭和12〕年）、「アリランブルース」（西条八十作詞、服部良一作曲、高峰三枝子歌、コロムビア、1940〔昭和15〕年）などが、日本で作られている。それだけ「アリラン」というタイトルのついた流行歌が、その当時活躍した日本の代表的な音楽家によっていくつも作られ、大きな話題となったのである。これはいわゆる戦前の、あるいは第一の「韓流ブーム」ということができよう。

　“アリラン”の歌は日本人の間でも好まれていたようである。それについて、宮塚利雄は、

　　「“アリラン”のメロディーは日本人にも親しみやすい歌であった。その

144

ためか朝鮮へ旅行した時に料亭で妓生の歌う"アリラン"に魅惑された人、演芸館で聞き覚えた人、学校で仲の良かった朝鮮人の友達から聞いた人、あるいはオモニと呼んだお手伝いのおばさんが、仕事をしながらいつも口ずさんでいたのを聞いていつのまにか覚えた人、敗戦とともに世の中が

朝鮮民謡アリラン（晴れた夜空に）
（崔吉城編・監修『絵葉書から見る近代朝鮮』より）

変わり、職場の慰安会で無理やり朝鮮語の"アリラン"を歌わされたり聞かされた人、北朝鮮から引揚げの途中に"アリラン"を歌って危機を逃れた人など、人によって理由や動機は異なるが、"アリラン"の歌は日本人によっても伝えられた」

と述べている。

(2) 日本で活躍した韓国人歌手

　大衆音楽・芸能の分野では、戦前ではコロムビアやビクターなどの日本のレコード会社が韓国でも独占的に事業を展開していたので、韓国人作詞家、作曲家は専属として活躍した。韓国人歌手の場合、日本名を名乗り、歌手として日本の芸能界で活躍した人もいる。例えば、女性歌手では、李エリスは日本名・李愛李秀として「あだなさけ」（原曲「静かな長安」）を、姜石燕（カンソギョン）は「いとしき煙」「恋の南大門」を、李蘭影（イナニョン）は岡蘭子という日本名で「別れの舟歌」（原曲「木浦の涙」）を歌っている。男性歌手では、蔡奎燁（チェギュヨプ）が長谷川一郎という日本名で「アリランの唄」（淡谷のり子とデュエット）や「放浪の唄」（原曲「放浪歌」）はじめ、多くの韓国曲、日本曲を日本語で歌っている。また、舞踊では崔承喜（チェスンヒ）、ショー・ビジネスでは裵亀子（ペキジャ）などが活躍し、大きな人気を得ている。これらは主として

第 5 章　日本における韓国「トロット」　　145

流れ行く歌謡界の女王・李蘭影　☆☆☆

日本人の市場を求めたものであるが、時として韓国人がそれらを受容したということは十分に考えられる。

(3)「連絡船の歌」

戦後しばらくは、日本と韓国の間は断絶していたが、韓国の大衆音楽がまったく日本に入ってこなかったわけではない。1951（昭和26）年に菅原都々子が歌った「連絡船の歌」は、もともと1937（昭和12）年「連絡船は出て行く」（朴英鎬(パクヨンホ)作詞、金海松(キムヘソン)作曲）というタイトルで作られた韓国の歌だ。この連絡船は日本と韓国をつなぐ関釜連絡船を題材としている。この歌は最初、日本では大高ひさお作詞、金山松夫作曲と発表されていたので、韓国人の作曲家が作った歌だとは知らなかった人も多いだろう。ただし、後に作曲家名が、金海松と韓国名に訂正されている。

戦後、韓国人作曲家が作った日本語の歌もある。1955（昭和30）年にエト邦枝が歌った「カスバの女」（大高ひさを作詞、久我山明作曲）である。この歌の作曲家は久我山明という日本名になっているが、韓国人作曲家・孫牧人(ソンモギン)のことで、当時日本で暮らしていた。この歌は、後に緑川アコ、沢たまき、扇ひろ子、藤圭子、ちあきなおみ、八代亜紀などの歌手によってカバーされ、長く歌い継がれている。その後も司潤吉という名前で「ハワイの夜」（鶴田浩二歌）、「ゆうすげの花」（石原裕次郎歌）、「男の真夜中」（増井山歌）などを作曲している。1958（昭和33）年に韓国に帰り、韓国著作権協会、韓国作曲家協会の設立に携わり、初代会長を務めた。1999（平成11）年に死亡したが、毎年のように日本を訪問していたといわれている。

また、韓国人音楽家・吉屋潤(キルオッキュン)（日本では、よしや・じゅん）は、戦後日本でジャ

ズ音楽を学び、サキソフォーン演奏者となって活躍した。韓国では韓国著作権協会会長を務め、日本では 1995（平成 7）年に日本レコード大賞作曲家協会特別功労賞を得ている。吉屋潤は「トロット」や「エンカ」系の音楽家ではないが、日本と韓国の両国の大衆音楽に影響を与えたといえよう。

1979（昭和 54）年には、美空ひばりが韓国人作曲家・朴椿石の作曲した「風酒場」（吉田旺作詞）を歌っている。

戦後、李美子やパティ・キムなど、有名な韓国人歌手が日本デビューを果たしたことがある。日韓条約が締結された翌年の 1966（昭和 41）年、「トンベクアガシ」が禁止歌謡に指定されたが、李美子は「トンベクアガシ」を「恋の赤い灯」というタイトルにして、日本でデビューした。この歌の歌詞は当時、日本を代表する作詞家・佐伯孝夫によるものであった。しかし、日本では「イ・ミジャ」ではなく、「り・よしこ」と日本語読みで紹介された。そんなこともあり、韓国での反発が強く、日本で落ち着いて歌手活動ができなかったため、成功しなかった。早すぎた日本デビューだったのである。

(4) 李成愛の日本デビュー

ところが、韓国人歌手・李成愛が 1976（昭和 51）年に日本でデビューし、韓国歌謡ブームを起こした。李成愛は 1952（昭和 27）年に釜山で生まれ、檀国大学を卒業している。学生時代には KBS 歌謡祭などに出演して、新人賞を受賞している。卒業後はクラブ歌手として活躍し、主としてアメリカのポップソングを歌っていた。「待つ心」などオリジナル曲がないわけではなかったが、韓国ではそれほど有名な歌手ではなかった。彼女は、日本では韓国名・李成愛で、歌いなれたポップソングではなく、韓国「トロット」歌謡の「カスマプゲ（胸痛く）」（原曲は南珍歌）などを日本語で歌い、戦後初めて成功した。

李成愛の日本での成功は、大衆的なレベルで、戦後の日韓文化交流の再開を象徴する出来事であった。いわゆるもう一つの「韓流」といえよう。

日韓条約締結後 10 年ほど経って、日本での韓国大衆文化の移入と受容がなされた。ようやく機が熟したといえるのではないか。また、日本側の事情としても、「エンカ」の復権が志向されていた時期でもあった。さまざまなジャン

ルの音楽が登場し、とりわけポップ系の音楽が台頭したことで、いわゆる「エンカ」系音楽の人気が振るわなくなっていった。

　そこで、新たな「エンカ」が求められていたといえる。そういう中で、日本の「エンカ」に似ているが、これまでほとんど聞いたことのない韓国「トロット」に脚光があたったといえよう。

　李成愛の日本デビューについては、その経過を森彰英がよくまとめている。

　　「昭和51年秋、三木氏（三木プロダクション代表取締役）は音楽コーディネーターの岡野弁氏（ミュージックラボ）らとソウルに行って、日本人の旅行者がよく泊まるパシフィックホテルに宿をとった。美川憲一が朴　椿
石作曲による『カスマプゲ』を吹き込むので、そのキャンペーンとして、ソウルから年賀状を出す下準備をしておく目的だった。

　　たまたま、パシフィックホテルのナイトクラブの歌舞団長をしている申
東運氏が李成愛を彼らに紹介した。ポップスを中心に聴いたが、素晴らしいというよりも気持ちのよい低音が響いてくる。試しに『カスマプゲ』をうたってもらうと、『わるいけど美川君より上手だ、やっぱりこの歌は韓国人のものだ』と、三木氏は思ったそうである。

　　ポップスやニューミュージックは感覚的に遠いと考えているが、演歌ならば身に迫って聴ける。韓国の独特なメロディには、日本と似ているようで、どこかちがうところもある。日本に紹介してみることも意義ある仕事ではないか。そう考えて、三木氏は李成愛にレコード吹込みを勧めた。最初、演歌的なものを中心にするという話を聞いて、彼女は嫌がったという。演歌は知っているが、あまりうたったことがないからである。だが、韓国の演歌のスタンダードナンバーは、ほとんどメロディを知っていて、うたえる下地は持っていたのである」。

　李成愛の歌が日本でどうして流行ったかについて、森は、

　　「おそらく、このLPを初めて耳にした人は最初に日本語でうたわれる演

歌のスタンダードナンバーにふと歩みをとめたことだろう。わたしもそうだった。心に沁みこんでくるようでいて、どこか乾いている。よく聴いてみると日本人の発声でないことがわかって興味を持つ。

　三木氏に言わせれば、彼女の歌は、過度の思い入れをしていないのである。演歌は感情をたっぷり移入しなければならないと思っている歌手が多く、臭いド演歌になってしまうところを、さらりと回避しているため、かえって聴き手の心の琴線にふれるものがあるのだ」

ともいう。

李成愛の日本での活動は短かった。1976（昭和51）年末にデビューしたが、1978（昭和53）年の夏、結婚のために引退したので、日本での活動は1年半余りである。その間、LP発売、テレビ出演、コンサートなどで活躍した。

李成愛が日本で成功した背景の一つに、戦後（解放後）30年、日韓条約締結後10年という時期がある。もう一つ付け加えるならば、森は興味深いことを指摘している。

「同じころ、日本人の韓国への旅行はほぼピークに達していた。年間、約60万人、圧倒的に男性が多い。いわゆる妓生観光という形態をとっていた。旅行社が決めた3泊4日ないし4泊5日のスケジュールにのっとって、昼間は観光地へ、夜は料亭で妓生パーティを開いて、よく飲み食べたあと、その席で出会った妓生とホテルに同宿する。セックスの相手が確実に見つかって、しかも行き届いたサービスが受けられるというので、この種のツアーは大変評判がよかったのである。

　日本人の男たちは帰国すると、韓国人プロスティテュート女性の気持ちの優しさと献身さを褒めた。日本語をどうにか操る彼女たちは、現在の日本女性のほとんどが失ってしまったホスピタリティがあるというのである。出会いが忘れられず、機会を利用しては、こっそりと訪韓する男たちは少なくなかった。

　こんなことを言っては、李成愛に失礼かもしれないが、私は、彼女の歌

第5章　日本における韓国「トロット」　149

のファンになった人たちの内側には、短期間の旅行で味わった韓国女性とのふれあいを追体験しようとする、または話に聞いたが、まだ体験していない韓国でのアバンチュールに思いを寄せる心理が、いくぶんかは働いたのではないだろうか。

しかし、若く潑剌として、知的であり、しかも日本語を上手に話すこの歌手は、日本の男たちにかつて思い描いた韓国ではなく新しい韓国像を結ばせた」。

現在、日本人海外旅行者数は年間およそ1,900万人、そのうち韓国へはおよそ300万人であるが、当時は60万人で圧倒的に男性が多かった。そして〈この種のツアーは大変評判がよかったのである〉と書かれているが、それはあくまで旅行に行ったか、あるいは行こうとしていた日本人成人男性にとってであって、それに対して「妓生観光反対」という運動も起こっていた。

いずれにしても、李成愛の歌の聴衆は日本の演歌の聴衆とダブっていて、日本人の中で成人男性が含まれていたことは、十分に考えられることである。

（5）平岡正明の李成愛に対する評価

平岡正明もまた、興味深いコメントをしている。

「1977年の日本デビューいらい1年半、李成愛が見せてくれたものは女の正気である。芸能界はいかがわしいところがあり、色恋沙汰も結婚も、宣伝の一環として演出されるところがあって、ファンの側もそれと知っていて騒いでみせるという八百長くさいところがあるものなのだが、李成愛の場合には、彼女が結婚して引退すると言ったからには、もうだれにもとめられるものではないといった正気があったのだ。

彼女が正気だから、そのファンたちも正気のファンだった。この正面から歌うものを正面から聴いてやろうという気にさせた。一言でいえば、歌謡曲シーンの一角に、精神的に硬質な群を彼女はつくりだしたのである。そのような日本人ファンを作り出したのは、李美子でもなく、パティ・金

でもなく、李成愛が最初である。

　日本の戦後歌謡曲史に印した李成愛の足跡は大きい。（中略）李成愛は演歌がカラオケ化していた時代に、演歌の芯を教えた。

　日本の演歌が失っていた夜の深さであり、闇の青く清浄な芯に歩みいるときの気迫であり、人と人との間には余地があるべきだという空気感であり、東洋に流れる悠久の時間の連続性の中の今この一瞬であり、眼前にひろがる天地の大きさであり、それらが、爆発的にではなく、ヒタヒタと、心臓に下りてくるというかたちで、韓国では演歌歌手ではなかったこの新人によってもたらされたのだ」

「李成愛は韓国から送られてくるインパクトの先頭に立っていた。それは日本の歌の深部につきあたった。なぜなら、演歌は1930年代の日朝のからみ（日本の侵略という不孝のもとに）のなかから近親憎悪的に生まれてきた間民族的な大衆音楽にちがいないからだ。

　歌謡曲は雑種音楽である。ジャズやタンゴやハワイヤンやラテン音楽やらの要素を無制限に受け入れ育ってきた音楽であるが、近親憎悪感情をもたらすのは半島のメロディしかないはずだ。日本だけではなく、韓国の側にも、日本の歌謡曲への近親憎悪的感情はあるはずだ。似ているとか、どちらが先だ、という以前に玄界灘でへだてられた二つの大衆音楽は、たがいにたがいが気になってしょうがない、という生まれつきなのだ。ある時知らんぷりをし、ある時は密輸入し、ある時は度はずれに熱狂し——現在は韓国の歌手ならなんでもほめてしまうという傾向さえある。ソウル・オリンピックに向けてますますそうなるだろう。良くない傾向だぜ——そのように現象する潮の満ち干はあるが、二つの大衆音楽の関係はそういうようにできている」。

　この平岡の表現は、とりわけ歌手・李成愛に対する思い入れが激しいが、日本と韓国の歌謡曲の置かれた状況をよくあらわしているといえるだろう。

第5章　日本における韓国「トロット」　151

(6) 日本での李成愛の成功

「熱唱」李成愛、演歌の源流を探る　☆☆☆

　次にシステムの問題として、日本での活動にしっかりとしたプロダクションのバックアップ体制がとられ、セールスプロモーションがすすめられた。李成愛という個人に関わることでは、彼女が敢えて本名の韓国名を使ったこと。また、日本語を学び、日本独特のキャンペーン方式にも逆らわず行ったこと。そして、彼女の声の質と歌い方が、これまでの日本の「エンカ」にはない新鮮さがあったことなどが挙げられる。

　おそらく李成愛が、韓国では「トロット」歌手ではなく、ポップス系の歌手であったこと。また、クラブ歌手として舞台経験があり、それなりに上手だが、強烈な個性はなく、自分のオリジナル曲がほとんどなかったことも、かえって日本での成功に結びついたのかもしれない。

　日本で最初に発売したレコード（韓国の歌）は「カスマプゲ」「黄色いシャツ」「木浦の涙」など、彼女のオリジナル曲ではないが、後に日本で自分のオリジナル曲である「納沙布岬」を出している。

　李成愛の日本での活動は短かったけれども、彼女の成功は、日本に多くのものを残した。まず韓国人歌手の日本での活動が始まったこと。そして韓国「トロット」が、日本での市民権を得たことである。

(7) 日本の「エンカ」ルーツ論争

　さらに李成愛の日本デビューは、日本の「エンカ」のルーツ論争をもたらした。李成愛が最初に出した「熱唱/李成愛」というアルバムの宣伝コピー「演歌の源流を探る」が、「演歌の源流＝韓国」論という主張になって、さまざま

な議論が行われることになる。

　李成愛の日本デビューの仕掛け人・岡野弁も三木治も、最初からこの「演歌の源流を探る」というフレーズは、論争の問題ではなく、販売促進の問題としていた。

「演歌の源流論」は、李成愛のLPがヒットするに伴って、次第に話題になっていった。これはファーストアルバムのタイトルを「演歌の源流を探る」としてきた製作スタッフのアイデア勝ちと見てよいのかもしれない。三木は言う。

　　「日本でも韓国でも源流について論議が起こったことは確かです。だが、
　　私たちは、演歌の源流が韓国にあるとは断定していない。どこかでつなが
　　りがあることは否定できないし、過去に交流があったのも事実です。した
　　がってみなさんと一緒に考えてみようという意味で、あえて"探る"とい
　　う言葉を使ったのです」。

　このように、当初の意図は販売促進のキャッチコピーで、話題づくりであった。しかし、李成愛の成功とともに、戦後ほとんど聞かれることのなかった韓国の大衆音楽に対して、一般の人々の関心が集まった。そして、次第に「エンカ」と「トロット」をめぐる本質論にまで発展していった。

　岡野弁は後に『演歌源流・考』を書いている。この本では「個別の歌の詞、曲の良し悪しは別にして、音楽文化の流れの中で彼我どのような形で影響しあったのか、反応しあったのか？」と書いて、「エンカ」に関するさまざまな議論を紹介している。これは初めから韓国演歌源流論の立場にたったものではないが、必ずしもうまく整理されていない。

　その「演歌の源流＝韓国」論については、疑問や反対論も多い。

　在日韓国人や韓国・朝鮮研究者から、韓国に対する日本の植民地支配という過去の事実を無視しているという批判もあった。

　それについて、朴燦鎬は

　　「近年『日本の演歌のルーツ』だとして韓国の流行歌が注目を浴びたこと

があった。『演歌の源流を探る』というレコード会社の宣伝文句に端を発
したものだが、韓国の音楽関係者はその説に当惑の色をかくさない。もと
もと韓国の流行歌は、1930年前後に日本のレコード資本が進出すること
によって発生したものだからである。そういった俗説とか、古賀政男の『伽
倻琴の残響に影響された』という言葉をうのみにするよりも、まず、記録
に残された韓国と日本の関係を直視し、原点から見つめなおすことが大切
だと思う」

と述べている。
　李成愛の結婚による引退後、日本では桂銀淑、金蓮子、張銀淑、チェ・ウ
ニなどの女性韓国人歌手が活躍している。彼女たちは日本でも韓国でも歌手と
して活動し、日本では韓国人「エンカ」歌手として、日本人の作詞作曲による
日本語の「エンカ」を歌い、韓国では「トロット」歌手として、韓国語の「ト
ロット」を歌っている。
　そのような李成愛や金蓮子などを親しんだ世代を中心に、韓国「トロット」
は一定のファンを獲得している。2000年代になって、日本では韓流ブームが
起こり、若い世代を中心としてＫポップの流行が見られるが、それとは対照
的な現象である。

（8）在日韓国人の存在

　日本において、韓国「トロット」あるいは韓国音楽を考える場合、在日韓国
人の存在は極めて重要な要素である。
　戦前、多くの韓国人が居住していた日本で、一部の人を除き、ほとんどの人
は生活が貧しく、余暇や娯楽のための支出は難しかった。また、在日韓国人の
ための娯楽商品も少なかった。したがって、韓国人留学生や都市在住の一部の
韓国人の場合、日本の都市文化・芸能に触れる機会はあったものの、大部分の
人は演劇・映画観賞に出かけたり、レコードなどを購入して聴取する機会があ
まりなかった。それでも、異郷に暮らす韓国人たちは自分たちでアリランを歌
って慰めたという。

わずかに、在日韓国人が自民族の文化や芸能に接する機会としては、いくつかのエピソードが伝えられている。その一つは、日本の武蔵野音楽学校に留学した金天愛が、1942（昭和17）年東京の日比谷公会堂で開催された全日本新人音楽会に出場し、白のチョゴリを着て〈鳳仙花〉を熱唱した。朴燦鎬は

> 「民族衣装をまとって朝鮮の歌をうたったことは、母校の恩師の不興を買った。だが、この日会場に駆けつけた朝鮮人学生たちは、金天愛の『鳳仙花』に感激し、楽屋につめかけて握手とサインを求めた。そして彼女のチョゴリの袖は、彼らの手垢で黒ずんでしまってという」

と述べている。

もう一つのエピソードとして、アリラン部落でのことがある。戦前の日本各地の工場、炭鉱、土木工事現場に韓国から連れてこられ、過酷な労働を強いられた韓国人が集団で暮らしていた。そのような地域には、アリラン峠とかアリラン部落と呼ばれるところがあった。

そこでも、韓国人は故郷を偲び、日々のつらい労働を癒やすために、アリランを歌ったという。韓国で歌われていた歌詞もあるが、日本に暮らす韓国人自らが作ったアリランもあった。

林えいだいは『地図にないアリラン峠』で次のように書いている。

> 「筑豊の炭鉱地帯には、いくつもの地獄谷と呼ばれるところがある。そうした地獄谷には、きまってアリラン部落がある。大正時代に集中的に渡航して、炭鉱にすみついたものか、あるいは解放後に炭鉱から追い出されて、帰国もできずにいた朝鮮人が集まり、スラム化したものである。
> 　私が住む福岡県田川郡香春町のすぐ隣の田川市にも地獄谷と呼ばれるところがあり、アリラン部落とその近くにアリラン峠がある。もちろん、約28カ所のアリラン峠は、筑豊の地図には載っていない」。

『写真万葉録　筑豊9　アリラン峠』には、次のような歌が載せられている。

「おれたちのふるさとは慶尚南道なのに　どうして石炭を掘りにきたのか

　日本は良いところだと誰が言ったのか　日本に来てみれば腹がへってたまらないよ

　石炭を掘るときはひもじくて死にそうだよ　それを言えば棍棒がとんでくる」。

　また、生産力増強のために、大日本産業報国会や協和会などの団体が韓国の慰問隊を派遣したこともあった。

　日本の戦争政策の一環として在日韓国人を統制するとともに、日本社会への同化を推し進める目的で協和会が組織された。1942（昭和17）年度には九州地方福岡、佐賀、長崎三県、1943（昭和18）年度には北海道地方に協和会主催で慰問隊が派遣されたことが報告されている。1943（昭和18）年度の慰問隊の編成は、督励講師1名、奇術3名、曲芸2名、歌謡2名となっている。

　そのような慰問隊では、映画「アリラン」の上映をはじめ、「春香伝」等の歌劇、韓国舞踊、韓国歌謡などが上演されている。聞きなれた民族の音楽は、見知らぬ日本社会の中で苦しんでいた在日韓国人にとって、生活の慰安になったものと思われる。

　戦後も日本に残留することになった在日韓国人の間でも、「アリラン」などの韓国歌謡は愛唱された。日本の放送局RKBが制作したドキュメンタリー「鳳仙花」でインタビューを受けた在日韓国人作家・李恢成は、酒に酔いながらも「連絡船は出て行く」を韓国語で歌っている。李恢成は1935（昭和10）年にサハリンで生まれ、1945（昭和20）年日本の敗戦で家族と一緒に日本に引揚げてきた。韓国に帰還することが出来ず、日本に在留することとなった。韓国語盤の「連絡船は出て行く」は1937（昭和12）年に発売されていることから、李恢成本人がその歌を歌ったわけではなく、親が故郷を思って歌っていたものを、聞き覚えたのだろう。

　1965（昭和40）年日韓国交回復直後には、白年雪、李銀波など当時韓国で

活躍していた歌手たちが日本を訪問し、「ソウルオールスターパレード」という名目で全国各地の在日同胞に対して公演している。

　その後韓国人歌手が時折、日本を訪問し、主として在日韓国人を対象としたコンサートやディナーショーを行う機会も出てきた。このように在日韓国人社会を中心に韓国大衆音楽が享受されたのは、次の理由からである。

　李成愛の日本デビュー以降は、日本でも韓国大衆音楽が知られるようになったこと。また、戦前に日本に渡った韓国人やその子どもたち、いわゆるオールドカマーの場合では、韓国との往来がすすみ、韓国の大衆音楽の事情について知る機会がでてきたこと。そして、いわゆるニューカマーといわれる韓国人移住者が増えていたこと。

　日本社会の中でマイノリティの地位に置かれていた在日韓国人は民族的アイデンティティを確保するために、自らの言語や文化を維持しようとしてきた。その際には民謡やチャンゴ演奏など民族的、伝統的音楽に重きを置いてきた。また、かつて韓国が軍事政権であった時期、軍事政権を批判し、民主化闘争を支援した在日韓国人や日本人の間では、民衆歌謡とも呼ばれた金敏基の「朝露」などのフォークソングが愛好されたこともある。その意味では「トロット」などの大衆音楽は個人的趣向が大きく働き、周辺的位置に置かれてきた。趙容弼の「釜山港へ帰れ」の場合は、「帰ってきて釜山港へ、私の兄弟よ」と韓国の家族や親族から呼びかけられた在日韓国人の心を大きく震わせた。時あたかも、母国訪問事業が始まった時期でもあった。「釜山港へ帰れ」は日本では、まず在日韓国人の間に受け入れられ、そして日本人の中に広まっていった。

2　〈静かな長安〉と〈あだなさけ〉

　次に、歌詞のことについて考えてみる。

「エンカ」に似た韓国「トロット」は日本で聴かれるようになったとはいえ、ほとんどの日本人は韓国の歌を、日本語で作詞された歌詞で聴いていた。しかし、その歌詞は韓国語と日本語では決して同じではない。

　ここでは、韓国で作られ日本でも歌われた「静かな長安（韓国語原曲）：あ

第 5 章　日本における韓国「トロット」　　157

だなさけ（日本語題名）」「木浦の涙」「風に託した手紙（韓国語題名）：納沙布岬（日本語題名）」「トラワヨ　プサンハンエ［帰ってきて釜山港へ］（韓国語題名）：釜山港へ帰れ（日本語題名）」など四曲を例にとってみてみよう。

1932（昭和7）年10月、日本で「あだなさけ」として発売された歌は、原曲は「静かな長安」という韓国の歌で、もともと1932（昭和7）年7月に韓国でレコード発売されたものだ。

朴燦鎬（パクチャンホ）によると、「この『静かな長安』を日本でレコーディングした時、西条八十が聴いて、朝鮮詩情を濃く現したのに感激したという。彼は即座に日本語の歌詞をつけ、『あだなさけ』と題した。日本盤発売に伴い、李愛利秀は“李エリス”（イエリス）という名で日本歌謡界に登場した」と書かれている。この「あだなさけ」（原曲「静かな長安」）は、前にも述べたように、古賀の作曲した「酒は涙か溜息か」とよく似たものである。

「静かな長安」の歌詞は以下のようなものである。

> 仁旺山（インワンサン）の中腹で　ほととぎすが鳴き　漢江の清流に櫓をこぎながら歌う声が聞こえる
> 南山の松林は　私が遊んだところ　春塘台（チュンダンデ）の青い芝生は　君の跡だ
> 君を失った若者は切ないと思わないで　あの鳥が鳴いていけば　月が浮かんでくる
> 静かな月光に眠る長安　懐かしいあなたの胸に　抱かれますように

ちなみに仁旺山とは、ソウルの城郭（都城）の西側にある標高338メートルの山で、北には北岳山（プガクサン）、南には南山（ナムサン）、東には駱山（ナクサン）があって、ソウルをとりかこんでいる。春塘台とはソウルの王宮・昌慶宮にある石舞台で、さまざまな催しが行われた場所である。「静かな長安」について、金地平（キムチピョン）によると、全壽鱗（チョンスリン）は次のように回想していたという。

> 「この『静かな長安』は『荒城の跡』と双子のような歌で愛着がある。『静かな長安』は滅んでしまった大韓帝国の首都を歌ったもので、『荒城の跡』

は滅んでしまった高麗の首都を歌ったものです。二つの歌はともに滅んでしまった国の首都を描写していて、月が浮かんだ寂々とした夜であるのは同じです。この国の最後の皇帝純宗が他界された後、祖国の懐に静かに眠ってくださいというこ

「あだなさけ」李エリス　☆☆

とが『長安の夢』(『静かな長安』の原題)ですよ。私の作品に滅んだ国の悲しさが敷かれているのは鄭士仁(チョンサイン)先生の影響が大きいと考えます。鄭士仁先生は旧韓末軍楽隊の出身で、唱歌独立運動メンバーで懲役になった方で、この方が私の通った松都高普(ソンドコボ)で音楽を教えてくださったんです」

日本では「あだなさけ」(西条八十作詞)で

〈歌詞〉
　柳に糸が　あったとて　過ぎゆく春は　つなげまい
　蝶々が花を好いたとて　散りゆく花を　何としょう
　柳は柳　蝶は蝶　浮世は夢の　仇情
　私に情が　あったとて　去りゆく君を　なんとしょう

この場合、原曲の「静かな長安」とはタイトルも歌詞も異なっている。「あだなさけ」には「静かな長安」で描かれた韓国の歴史と都市のイメージはまったくない。

3　木浦の涙

全羅南道(チョルラナムド)の最南端(湖南線の終着駅)に位置する木浦(モッポ)は、植民地時代、朝鮮

第5章　日本における韓国「トロット」　159

半島の中でも六大都市に数えられるほどの大きな港湾都市であった。日本に運ばれる全羅南道の農産物の集積地であり、また海外へ出かけたり、帰ってくる人々が集まるところでもあった。

1934（昭和9）年、朝鮮日報社による全国六大都市「郷土讃歌」歌詞公募に応じた文一石という無名の若い詩人の詩が当選した。それが「木浦の涙」である。当時日本の音楽学校に留学中であった新進の作曲家・孫牧人（1913〔大正2〕年〜1999〔平成11〕年、晋州生まれ）が曲をつけ、李蘭影（1916〔大正5〕年〜1965〔昭和40〕年、木浦生まれ）が歌い、1935（昭和10）年に発売された。この歌は発売されてから、すぐに大ヒットし、李蘭影は一躍「歌謡の女王」となった。

日本では「別れの舟唄」（岡蘭子歌）として、日本語歌詞で発売された。戦後日本では、1955（昭和30）年に菅原都々子が「木浦の涙」を歌い、1976（昭和51）年には李成愛がカバーしている。

この曲はニ短調ヨナヌキ5音階、4分の2拍子の典型的な「トロット」である。コードはDm、A7、Gmの三つだけで、比較的単純である。

表面的には、当時の出かけていったニム（愛しいお方）を思う新妻の寂しく思う情景を、港町木浦の風景と重ね合わせて歌っているが、植民地支配に苦しむ韓国人の恨をも暗喩として表している。それは二節の歌詞にも示されている。

現在は「三百年恨みを抱いた　露積峰の下」と歌われているが、三百年の恨みというのは、豊臣秀吉の朝鮮出兵（文禄・慶長の役、韓国では壬辰倭乱、丁酉倭乱という）のことを指し、その時韓国側で海軍の指揮を取っていた李舜臣将軍が、露積峰を舞台として作戦で勝利したことがあった。

ただし、日本による植民地支配のもとでは、実際にそのような歌詞で発売することは許されるはずがなかった。そこで、発売当初は「삼백연（三佰淵）원안풍（願安風）은 노적봉 밑에（三佰淵〔木浦にある地名〕）に吹く願安風は露積峰の下」として、あくまでも個人的な事情を歌ったものとなっている。

李蘭影は、実際に「삼백연（三佰淵）원안풍（願安風）」ではなく、あくまで「三百年恨みを抱いた」と歌っていたといわれている。発音としては微妙な差であるが、込められた意味の違いは大きい。ゆえに当時も、今も、韓国の人々

160

の大きな共感を得ていると考えられ、多くの歌手によって歌われている。

　今では、この歌が木浦の町を代表する歌となっており、木浦には李蘭影記念館が作られ、記念音楽祭が開催されている。また儒達山には歌碑が立てられ、陸続きになった三鶴島には李蘭影公園が作られている。

4　〈風に託す手紙〉と〈納沙布岬〉

　「納沙布岬」は、1976年に日本デビューした李成愛の2枚目のアルバム（1977〔昭和52〕年）に収録されたものである。日本語歌詞はたかたかし、韓国語歌詞は、音楽評論家でショープロデューサーであり、李成愛の日本進出に当たった韓国側のコーディネーター・申東運によって作られた。作曲は韓国人作曲家・黄文平である。興味深いことに、この歌は日本と韓国でほぼ同時に発売されたのである。

　黄文平（1920〔大正9〕年〜2004〔平成16〕年）は1920（大正9）年10月に黄海南道海州市で生まれ、1942（昭和17）年に日本の大阪音楽学校を卒業した。彼はミュージカルや映画、TVドラマ、歌謡曲の作曲家、音楽評論家として、さらに晩年は大衆音楽界の元老として活躍した。

　この歌の韓国語タイトルは「パラメ　プチヌン　ピョンジ（風に託す手紙）」で、サハリンに残された韓国人をテーマとした歌だ。第二次世界大戦の末期に徴用などでサハリン（旧樺太）に移された韓国・朝鮮人が、戦後日本へも韓国へも引き揚げることができず、サハリン在住の韓国人問題が明らかになり始めた時期に作られた。

　それが日本語タイトルでは「納沙布岬」となっている。納沙布岬は知床半島の岬で、近くには歯舞群島、色丹島など日本の北方領土があるが、サハリンには近くない。

　そうすると、日本語のタイトルはサハリンに近い「宗谷岬」か「野寒布（ノシャップ）岬」でなければいけないはずなのに、なぜか「納沙布岬」となっている。黄文平氏もこの歌を「納沙布岬」と呼んでいたという。

「ノサップ［노삿프］」と「ノシャップ［노샷프］」は一字違いで、発音は微妙

第5章　日本における韓国「トロット」　　161

な違いだが、位置は異なっており、「ノサップ［노삿프］」という場合には、タイトルと歌詞の一貫性や関連性が問題となる。李成愛の日本語盤「納沙布岬」では、李成愛の韓国語盤「風に託す手紙」のような韓国民族の歴史的な背景はまったく無視されている。しかし、「ノサップ岬」としたことで、「サハリン」ではなく、「択捉島」や「国後島」を含めた日本の北方領土を思う歌といえなくもない。

「風に託す手紙」歌詞　日本語大意
　海の上ににじむ　かもめがなく声は　気の毒なあのお方のむせび泣く事情なのか
　優しくささやいたあのお方の声が耳元から聞こえていて、そして消えていくよ
　風よ　海を越え　あのお方に伝えておくれ　待っている私の心を待っている私の心を
　島は見えているが　消息は伝えられない　その頃のその姿がそのまま残っているか
　虚しく眺める　涙のサハリン　帰ってくるその日まで　お元気で
　風よ　海を越え　あのお方に伝えておくれ　待っている私の心を待っている私の心を
　海の上ににじむ　かもめがなく声は　気の毒なあのお方のむせび泣く事情なのか
　風よ　海を越え　あのお方に伝えておくれ　待っている私の心を待っている私の心を
　虚しく眺める　涙のサハリン　帰ってくるその日まで　お元気で
　風よ　海を越え　あのお方に伝えておくれ　待っている私の心を待っている私の心を

「納沙布岬」歌詞
　かもめよ啼くな　啼けばさみしさに　帰らぬ人をまた想いだす

162

はるかな白夜よ　恋しい人　あなたのやさしさ　聞えてくる

　　風よ　あなたは　ご無事でいるやら　わたしの冬は　終りが来ない

　　島はみえても　手紙はとどかぬ　ひとり咲いてる　白い浜桔梗

　　海峡はるかに　鳥はわたる　わたしのあなたは　いつ帰るの

　　風よ　お前にこころがあるなら　伝えておくれ　わたしの願い

　　海上に広がる　かもめの啼き声は　恋しい人の　涙の伝言かしら

　　風よ　わたしの待っている　この心を　伝えておくれ

　　海峡はるかに　鳥はわたる　わたしのあなたは　いつ帰るの

　　風よ　お前に　こころがあるなら　伝えておくれ　わたしの願い

「風に託す手紙」は李美子によっても歌われており、李成愛の韓国語盤のような「島は見えているが　消息は知らせられない　その頃のその姿がそのまま残っているか　虚しく眺める　涙のサハリン　帰ってくるその日まで　お元気で」というはっきりとした具体的な表現はなくなっている。

　その日本語大意は

　　かもめよなくな　お前がなけば　いっそう寂しい

　　見ることのできないその人を　私はどうすればいいの

　　はるか遠い海を越えて　懐かしさを書いて送ろうか

　　親しかったその声が　耳元に聞こえる

　　海よ　浮かぶ雲よ　待っている　悲しい歳月

　　私の心の中の冬はいつになったら春が来るのか

　　あの島は見えるが消息は伝える道がない

　　寂しく咲いているはまなすの花ひと房

　　海をわたっていくかもめの翼の上に

　　懐かしい気持ちをあなたのそばにのせて送ろう

　　海よ浮かぶ雲よ　心があるならば

　　待っている私の心を伝えておくれ

第5章　日本における韓国「トロット」　　**163**

滝沢秀樹はこの日本語になった「納沙布岬」について、サハリンに残された同胞へ呼びかけた「風に託す手紙」という歌を日本で、「納沙布岬」などと改題して男女の愛にしてしまう神経はどんなものかと苦言を呈している。

5 〈帰ってきて、釜山港に　トラワヨ　プサンハンエ〉

現在のKポップ歌手を別にすれば、李成愛の引退後、1980年代に日本で趙容弼ほど多くの人に知られた韓国の歌手はいないだろう。日本ではNHKの紅白歌合戦にも出演し、何度か公演もしているので、年配の人なら彼の曲を一度は聞いたことがあるだろう。特に「帰ってきて、釜山港に　トラワヨ　プサンハンエ」は韓国人歌手も歌い、日本人では渥美二郎をはじめ、多くの日本人歌手がカバーし、日本語歌詞（日本語タイトル「釜山港に帰れ」）で歌っている。

　　「帰ってきて、釜山港へ　トラワヨ　プサンハンエ」韓国語歌詞
　　　　花咲く　つばき島に　春が来たのに　兄弟が出ていった釜山港に　カモメだけが悲しくなく　五六島を回っていく連絡船ごとに　声を限りに叫んでみても　答えのない私の兄弟よ　帰ってきて　釜山港に　懐かしい私の兄弟よ

ⓒ 1976 Hwan Seon Woo
Rights assigned to Watanabe Music Publishing Co., Ltd.

韓国語の歌詞では、「帰ってきて　釜山港に　懐かしい私の兄弟よ」からもわかるように、釜山港から出て行った兄弟、家族に対して、帰ってきてと願う歌になっている。歴史的背景を考えれば、それは日本に行った自分の家族に対する呼びかけの歌として捉えられる。日本では、この歌が最初は在日韓国人の間で広まったともいわれている。だから、釜山は特別な意味をもつ。そのことは、普通日本人にはなかなか理解しにくいことだ。

　　「釜山港へ帰れ」日本語歌詞（三佳令二　詞）

椿咲く春なのに　あなたは帰らない　たたずむ釜山港に　涙の雨が降る
あついその胸に　顔うずめて　もいちど幸せ　噛みしめたいのよ　トラワ
ヨ　プサンハンエ　会いたい　あなた

ⓒ 1976 Hwan Seon Woo
Rights assigned to Watanabe Music Publishing Co., Ltd.

　しかし、日本語歌詞では、「会いたい　あなた」となっており、恋人か愛人
かいずれにせよ、別れて行った相手に帰ってきてと呼びかける歌詞となってい
る。それはいわゆるご当地ソングで、釜山はその一つの場所に過ぎない。
　そこで、この歌は日本に暮らす家族に対する呼びかけの歌というだけではな
い。日本人がかつて日本統治時代を懐かしむ歌とも、また釜山妻が日本にいる
日本人の男性に呼びかけている歌とも、さまざまな解釈がなされ、共感だけで
はなく、批判もされてきた。それだけ話題の尽きない歌であるといえよう。
「トラワヨ　プサンハンエ」の日本語歌詞（三佳令二）に対して、韓国側から
クレームがあったことについて、音楽評論家の伊藤強は次のように言っている。

　　「思うに韓国の歌と日本の歌は、その民族が違うように、全く別のもので
　　ある。言葉、習慣、感性といった本源的なものから政治的条件まで、両国
　　は全く違うのだ。その中で人々が同じように歌を受け止めるわけもないし、
　　従って、同じような表現方法もありえないだろう。我々は、そのような立
　　場に立って、趙容弼の歌を聴くべきだろう」

　このように同じ曲でも、もとの韓国語の歌詞と日本語の歌詞は異なっている。
もっと元の曲に忠実に歌わなければならないのではないか、という意見が出て
くるだろう。特に韓国の元の歌の場合、韓国人の置かれた歴史的背景を踏まえ、
単に個人の問題ではなく民族の問題として捉えているので、その込められた意
味を伝えなければならないという主張はもっともなところである。
　では、どのように歌えばいいのだろうか。まず、元の韓国語で歌うことが考
えられる。しかし、それではほとんどの日本人には理解できないし、思いが伝

第5章　日本における韓国「トロット」　　165

「釜山港へ帰れ」趙容弼　☆☆☆

わらない。さらに韓国語は日本語よりも発音が複雑で、韓国語を学んだことがない多くの日本人ではなかなか歌えない。日本の韓国大衆音楽のカラオケでは、ハングルに日本語仮名で発音が表記されているが、その仮名表記が必ずしも一致しない場合もある。

　以前、在日韓国人の民族的アイデンティティが強調された時、本名を使うこと、しかも原音で発音することという主張がなされた。日本人の名前も韓国人の名前もほとんどが漢字を使っていることから、勉強すれば、何とか文字では書けるようになる。しかし発音するとなると、日本語にはない韓国語独特の音があり、それぞれの漢字の発音が異なる場合があるので、韓国語に習熟しなければ、なかなか発音できない。

　となると、翻訳して歌えばいいかとなるが、これもなかなか難しい。

　翻訳した歌詞で歌うと、日本語では字余りが出てしまい、同じメロディでは歌えない。これは日本語と韓国語の言語的な構造の違いから生じるもので、韓国語を日本語に直訳すると、どうしても文字数が増えてしまう。それについては簡略化し、より良い翻訳がなされれば、ある程度は解決できるかもしれない。ただ、その場合でも日本人にわかりやすいことが必要となる。

　しかし、歌詞に出てくる固有名詞、たとえば、仁旺山、春塘台、五六島、弥勒山、洗兵館などの地名や場所などは、韓国の地理や歴史、文化などを知らなくては理解できないものである。

　つまり、韓国の音楽の歌詞は、韓国の言語や地理、歴史、文化などに基づいて作られているので、外国人である日本人が簡単に歌ったり、聞いたりして理解できるものではない。

もっとも、この翻訳の問題については、日本語と韓国語の間にだけあるのではなく、ほとんどの外国語と日本語の間にある問題だ。韓国語の歌と日本語の歌はメロディが同じでも、歌詞はまったく同じものではないことは、認めざるを得ない。その中で、できるだけ元のニュアンスに近づける努力は大切であろう。

コラム：「トラワヨ　プサンハンへ」の元歌

「トラワヨ　プサンハン（釜山港）エ」には「トラワヨ　チュンムハン（忠武港）エ」という元歌があり、1970（昭和 45）年に金ヘイルによって歌われたことが明らかになっている。歌詞が忠武（慶尚南道の港町で、現在は統営）になっており、忠武の名所を織り交ぜたご当地ソングで、最後は「薄情なあなた」と、普通にある男女の別れ歌となっている。

「帰ってきて、忠武港へ」歌詞

　花咲く弥勒山は春が来たが　あなたが出て行った忠武港は　カモメだけが悲しくなく　洗兵館の丸い柱に寄りかかって立ち　声を限りに叫んでみても　便りもないその人よ　帰ってきて　忠武港に　薄情なあなたよ

　趙容弼の「トラワヨ、プサンハンエ」は、場所を忠武港から釜山港に移し、歌詞の中の相手を「私のいい人」から「私の兄弟」へと変えた。そのことで、歌に「戦前、釜山港から日本に行った家族を想う韓国人」という歴史的、民族的な広がりをもたせた。また歌唱法でも、伝統歌謡の唱法を用いることで、一層人気を得たといえる。

　この曲は、1972（昭和 47）年、1976（昭和 51）年、1980（昭和 55）年と、三度にわたり、作り変えられている。

　金ヘイルが突然の事故で亡くなった後、1972（昭和 47）年には、黄善友によって詞が書き換えられた。題名も「帰って来て釜山港へ」となり、趙によって歌われたが、現在知られている歌詞とは違う。場所の設定を忠武から釜山に移しただけで、最後はまだ「懐かしいあなた」となっている。

　1976（昭和 51）年になって、現在歌われている歌と同じ歌詞になったのである。

第6章

韓国における日本「エンカ」

　韓国における日本の大衆音楽、とりわけ「エンカ」について述べる。戦前、韓国は日本の植民地支配の下に置かれ、日本人も多く暮らしていた。そのため、しばしば日本の大衆音楽が韓国語に訳され、韓国人歌手によって歌われていた。戦後しばらくして、韓国は植民地支配から解放され、日帝残滓の清算という名のもとに、日本的なものを排除した。その中には、戦前に歌われた日本の「エンカ」が含まれていた。1960年代には李美子の「トンベクアガシ」が人気を得たが、「倭色歌謡」として批判され、禁止歌謡に指定された。最近では、「倭色歌謡」という表現は使われなくなっているが、いずれにしても「トロット」が話題となる時には、「エンカ」が隠れたテーマとなっている。近年、日本の大衆文化は段階的に解放されているが、「エンカ」についてはまだである。日本における「トロット」と韓国における「エンカ」は非対称的な関係にある。

1　韓国における日本「エンカ」の現状

（1）韓国における「エンカ」と捉え方

　戦前の韓国では、日本のレコード会社のもとで、日本の歌や韓国の大衆音楽が制作・販売されていた。韓国には日本人も多く暮らしていたので、その人たちの間で日本の大衆音楽が楽しまれていた。また、韓国人の作詞・作曲した歌だけでなく、日本人が作詞・作曲した代表的な歌が韓国語に翻案され、韓国人歌手によって歌われていた。そういうわけで韓国人の中には、もともと「エン

第6章　韓国における日本「エンカ」　　169

カ」あるいは日本の音楽とは知らずに聞いていた場合もあっただろう。

　戦後の韓国では「エンカ」が大衆音楽のジャンル名としてまだなかったので、当然ほとんどの人が「エンカ」といっても知らなかった。そればかりか、戦後は公的に輸入禁止措置が取られていたため、「エンカ」を含めた日本の大衆音楽に接する機会がほとんどなかった。さらに「エンカ」については、現在も開放措置が取られていないのである。したがって、最近になって日本文化の開放がなされるまで、韓国人の場合、日本の大衆音楽といえば、ほとんど戦前の音楽に限定されている状況である。

（2）韓国における「エンカ」の受容

「エンカ」という用語は、第4章で紹介したように「トロット」を説明する『韓国民族文化大辞典』などで用いられているし、大衆音楽を研究する上で研究者によっても用いられている。

　作曲家・黄文平（ファンムンピョン）は『夜話　歌謡六十年史』（1983〔昭和58〕年）で「日本の歌　演歌　最初は官妓たちが模倣して歌い30年代初め　韓国人歌手　登場」として次のように述べている。

　　「1921年4月中旬、当時日本の宮内省所属東洋音楽者・田辺尚雄氏がソウルに来た。彼がソウルに来た目的は李王職雅楽部の存廃問題に関わり韓国固有音楽の実態を研究調査するためであった。

　　　当時田辺の紀行文に次のような文が書かれていた。

　『4月11日宋秉畯（ソンビョンスン）伯爵の招待で官妓たちの優雅な舞楽を鑑賞することができた。特に『四鼓舞』という高尚な朝鮮舞楽で、五人の官妓たちが突然妙な音声で日本民謡『磯節』を歌い驚かざるを得なかった。なぜこのようなことをするのかと尋ねると、前にソウルで共進会が開かれた時、主催側幹部が音楽に関してはまったく理解がなく、その上雅楽に対しては関心もないまま漠然と朝鮮音楽と日本音楽を混合させれば韓日親善に大きく寄与すると判断して、このようなプログラムを作ったといった。その上音楽の常識がない官妓たちと実業家たちはたいそう良いことだと称賛され、妓生

たちは日本人のお客が来ると、このような式で舞楽を演奏することが習慣のようにしてきたと説明した。私としてはこのような音楽の暴力は立派な朝鮮雅楽を貶めることだと述べながら、東洋の宝として韓国だけが保存している雅楽の伝統を保存しなければならない』

と述べ、同席した朴泳孝侯爵も賛成したと明らかにしている。特に平壌に行ったとき、ある宴会席上で平壌妓生たちが朝鮮の品格ある唱を歌ってから日本の金色夜叉などいわゆる低俗な書生節などを歌ったことに当惑せざるを得なかったと記録している。

この紀行文には当時平壌妓生学校学生たちが日本音楽を勉強する写真を一緒に載せているが、日本固有の民族楽器三味線を取り外す場面であった」。

そして、

「1925年11月発売された当時の韓国パンソリ民謡は妓生金月山が『長恨夢』を、都月色が『萎れた芳草』という歌をそれぞれ吹き込んで市販した。

……『萎れた芳草』の原作は1923年東京大地震以後日本で厭世的な風潮が充満して大きく流行した船頭小唄である。

わが歌謡史で『この風塵……』という歌を『希望歌』といってわが歌謡の古典のように知られている。このような日本歌謡（演歌）が日本で流行すればすぐに韓国歌手たちがレコードで出版した例は1930年代を越えて数的に多様になっている。

1931年、日本の演歌の総本山といわれている古賀政男の初期作品『酒は涙か溜息か』を当時人気歌手の第一人であった蔡奎燁が歌った。

1936年、阿部武雄の『国境の町』をテナー歌手金泳吉が吹き込み、『無情の夢』は金福姫が歌って人気絶頂だった。……田村茂の『マドロスの歌』は金龍煥が歌い、東京帝国音楽学校出身李圭南が『若いマドロス』『チャイナタンゴ』で有名で、中日戦争中に有名だった歌『支那の夜』を宋今娟が歌った。当時日本の一級作家たちが韓国歌手たちのために作った歌は、

いちいち列挙することができないほど多かった」。

　ここでは、大衆音楽の成立前後の韓国で、日本の大衆音楽を受容しようとする興味深い逸話が述べられている。特に「日本歌謡（演歌）」という表現からもわかるように問題は、この時期の日本の大衆音楽をすべて「演歌」としていることである。そして、その中心には「日本の演歌の総本山といわれている古賀政男」の音楽があったのである。

（3）韓国大衆音楽における影の存在としての「エンカ」

　1945（昭和20）年以後、輸入が規制されていた日本の大衆音楽は、実際には在日・在韓アメリカ軍キャンプの音楽活動を通して流通していた。また、戦後一時期、孫牧人、吉屋潤など、韓国の大衆音楽の作曲家が日本で活躍していた。その人たちが韓国に帰って活動をしていたので、日本の大衆音楽は専門家の間では知られていた。また、日本のラジオ放送は韓国南部地方では聴くことができたし、日本語の歌謡曲は海賊版が制作され、リヤカーに載せて半ば公然と売られていたこともある。

　そのような状況は、現代日本人の多くが韓国の「トロット」というジャンル名を知らないけれども、「カスマプゲ」「釜山港に帰れ」など韓国大衆音楽（ジャンルとしては「トロット」といえる）が評判となり、中には「韓国エンカ」と呼ぶ人もあらわれるほど、日本で知られていることとは大きな違いがある。「エンカ」という用語は、李成愛の日本デビューをきっかけに、ジャンル名としての「エンカ」が韓国に伝えられ、ごく一部の専門家によって「エンカ」というジャンル名が認知されたものと思われる。

　そのような「エンカ」は、戦後の韓国において「トロット」あるいは「ポンチャク」との対比だけで扱われている。しかも実際に取り上げられた「エンカ」は、戦前に伝えられた古い「オールドエンカ」、とりわけ古賀政男によって作曲された歌が話題の中心となったのである。そして、「エンカ」は時に「倭色歌謡」といわれるか、あるいは「トロット」や「ポンチャク」について議論される時の影の存在としてつきまとっていた。

172

（4）「日帝残滓の清算」と「エンカ」

　韓国が建国された直後に政府は文化政策で、まず民族の復興という観点で、日本の植民地時代に日本からもたらされたものを払拭するという意味で「日帝残滓の清算」が行われた。また、共産主義への対抗という意味で「反共」が大きな課題となり、共産圏諸国の文化に対する強権的な統制も行われていた。このことは、その後の軍事政権時代においても、基本的には変わらなかった。むしろ、さまざまな法制度によって、大衆音楽に対する規制は強化されたといえる。1965 年の日韓国交正常化以降では、日本と韓国の経済的交流が進行し、日本に対する姿勢は幾分変化したが、依然として、文化的には規制が行われていた。

　解放直後の日本の大衆音楽の対応について、ムン・オクペは『韓国禁止曲社会史』で、次のように述べている。

> 「解放となるや、社会の流れは日帝の清算であり、それは歌にも適用された。警察は遊興街で日本の音盤の使用を禁止させ、1951 年には日本の音盤の使用を痛嘆し禁止を発表すると同時に公報処長警告談話を発表することにした。1958 年には倭色音盤の影響を検討する委員会が構成され、警察により、日本音盤は 1961 年まで弾束された。そして、1958 年公報室では放送の基本方針とその限界を規定し『放送の一般的基準に関する内規』を制定、実施したが、この内規は『放送法』が制定されていない当時、放送法に代わる基本方針だった」。

　また、1956（昭和 31）年には「倭色歌曲の残滓による害毒を除去して、国民音楽を新興しよう」という掛け声で、文教部と国民皆唱運動推進会の共催で「倭色風歌曲排撃、啓蒙講演会」が開催された。ここでは、「倭色歌曲」ないし「倭色風歌曲」とも呼ばれ、日本音楽全般が批判の対象となっている。

（5）反日反共の文化政策

　1960 年代になり、軍事クーデターで軍事政権が発足しても、これまでの反

日反共という文化政策は一層強力に推し進められた。そして法制度が整備され、1962年6月14日「放送倫理委員会（放倫）」が設置された。この委員会は、当初は民間団体であったが、1963年に「放送法」が制定されると、放送全般に対する法律に規定された公的な性格を持つものとなった。

音楽放送に関する放送倫理規定として、

1. 国家の尊厳と民族の矜持を傷つける恐れがある歌詞と曲（唱法を含む）は放送しない
2. 健全な国民情緒の涵養と明朗な社会的雰囲気の助成を妨げるおそれがある音楽は放送しない。特に、頹廃的、虚無的、厭世的または自暴自棄的な音楽は禁じる
3. 音楽の選曲は視聴者の生活時間を勘案して慎重をきす
4. 外国歌謡を我が国の歌手が歌うときは、その歌詞を原語でだけ歌わないようにする
5. 歌詞または曲が剽窃された歌詞は放送しない。模倣性が著しいものも剽窃とみなす

とした。

具体的な禁止項目としては、運用上「作者越北」「倭色」「唱法低俗」「歌詞低俗」「低俗」「頹廃」「放送不適」「虚無、悲歎、哀傷、不信感助長」「品位がない」「不健全」「稚拙」「その他」に分類されている。

ここで「作者越北」というのは、朝鮮半島が南北で対立する状況下で、北朝鮮を選択し、自らの意志で韓国から北朝鮮へ移った人のことをいう。韓国政府にとっては認めることができなかったので、その人たちが作った歌は政治的に北朝鮮を支持する歌でなくても、韓国では禁止されたのである。

「倭色」というのは、「日本風」という意味で、特に戦前に韓国で流行った歌謡曲を指している。「日帝残滓の清算」という観点から禁止された。

「低俗」「頹廃」などは、伝統的規範に違反するというようなものであるが、基準があいまいである。特に社会批判、政治批判を厳しく制限し、若者の文化、

風俗や生活習慣に対して厳しい規制を加えた。大衆音楽に関しては、アメリカやイギリスからもたらされたフォークソングや、ロックミュージックが統制の対象となった。

ムン・オクペによると、最初に放送禁止になった曲は、趙鳴岩作詞の「岐路の黄昏」といわれる（1965年3月1日、作者越北という理由）。1965年から1989年まで、放送倫理委員会が禁止曲を指定したが、倭色は275曲（重複を含めて、全体で1,024曲）と最も多い。二番目は剽窃で163曲、三番目は歌詞低俗で136曲、四番目は作者越北で95曲となっている。

また音楽に対しては、もう一つ音盤の制作と販売に対する規制がある。

1961年の軍事クーデター以後、1966年に「韓国芸術文化倫理委員会（芸倫）」が設置され、映画、舞台芸術、美術、音楽などに対する審議を行った。1975年には「公演法」が制定され、それに基づいて「公演倫理委員会（公倫）」が設置、それまでの「韓国芸術文化倫理委員会」は廃止された。音楽については「公演倫理委員会」が事前事後審査をし、違反があればレコードの制作・販売を禁止した。なお、具体的な審査項目は「放送倫理委員会」とほとんど同じである。

ムン・オクペによれば、「韓国芸術文化倫理委員会」と「公演倫理委員会」による禁止措置は、1968年から1983年まで実施されており、全体で452曲であった。内訳は作者越北78曲、低俗・頽廃77曲、倭色75曲、剽窃61曲などとなっている。

このように音楽放送と音楽制作の二つの側面から規制が行われているが、その中で「倭色」が重要な項目として取り上げられている。

(6)「トンベクアガシ（椿娘）」の放送禁止

1960年代「トロット」の規制と、それをめぐる大きな論争となったのが、李美子が歌った「トンベクアガシ」（韓山島作詞、白英湖作曲）であった。この曲は音盤販売して2年たった1966年に、曲が倭色風だという理由で放倫からまず放送を禁止された。1970年には芸倫から同一の理由で禁止曲とされ、音盤販売が禁止処分まで受けている。

張ユジョンによると、1965年9月、最初は韓国ソウルの五つの放送局の音

第6章　韓国における日本「エンカ」　　175

「映画主題歌 冬柏(トンベク)アガシ」
白映湖 作曲、李美子の名前はない ☆☆☆

楽担当実務者によって、低俗で不健全な歌謡を放送しないよう決議したことから始まった。そこで「倭色歌謡」が問題になり、それに関連した作詞家、作曲家、歌手の名前が挙げられた。その中に「トンベクアガシ」の作曲家・白英湖と歌手・李美子が含まれていた。

ここで「倭色歌謡」規制を主張する側で、音楽評論家のソ・ギョンソルが、規制に反対する立場から、「トンベクアガシ」の作曲者である白英湖と週刊誌上で論争を行っている。

ソ・ギョンソルは、倭色歌謡が氾濫する理由を、中高年層の日本に対する強い郷愁と、若者層の新しいものへの好奇心を挙げている。日本歌謡の特徴である都節と田舎節の音階が、「木浦の涙」から「トンベクアガシ」に至るまで表れているといった。また「トロット」の唱法が日本特有の絞り出すような声を使っていて、リズムも下駄をはいてノソノソと歩むような調子だといった。そして、彼は「トロットによって我々の主体意識を捨て、日本化する憂慮があるので、わが固有の美風を損なうポップソングや倭色すべてを排除しなければならないが、まず倭色を排斥しなければならない」と主張したという。

これについて、中高年層の日本に対する郷愁というのは、「日帝残滓の清算」を主張していた当時の社会的風潮とは正反対のもので、興味深い。また、若者層の新しいものへの好奇心という主張は、1930年代とは違い、当時の「トロット」はそれほど新しいものではなくなっていたので、「トンベクアガシ」などの「トロット」に対するものであれば、必ずしも当たってはいない。また、「トロット」に対する音階、唱法、リズムなど、日本音楽についての理解は主観的で、観念的なもののため、必ずしも正確で妥当なものではない。①メロディの

どの部分が日本の曲のどの部分と同じで、②唱法がどの曲と同じで、③歌詞の
どの部分が同じであるかを問うた白英湖の質問に対し、うまく嚙み合っていな
いようである。

「トンベクアガシ」に対する音楽関係者の評価は、大衆の心情にあった曲で、
東洋的な郷愁を抱かせてくれるという肯定的なものと、わが大衆音楽を 20 年
ほど後退させた曲で、倭色が濃い曲などという否定的なものとに分かれていた。

結局、「トンベクアガシ」は 1965 年 12 月 15 日（放倫禁止番号 98）に禁止
曲となった。1968 年 2 月には、当時の韓国芸術文化倫理委員会（公演倫理委
員会）において、倭色歌謡という理由で「トンベクアガシ」のアルバム制作が
禁止された。倭色が具体的にどのようなものか、十分な検討がなされないまま、
倭色歌謡に対して過剰に反応したのである。

当時は日韓条約の交渉が続けられ、韓国ではそれに反発する運動が頻発して
いたので、政府による規制が行われたのではないかという説があった。それに
対して、張は当時の資料を分析し、むしろ当時の歌謡界の風土にあったのでは
ないかと結論付けた。その風土というのは、「日帝残滓の清算」から引き継が
れた民族主義的な風潮であり、「トンベクアガシ」の禁止措置は日韓条約に反
対する世論を鎮静化する役割の一つとなったといえる。

しかし、禁止措置以後も当時の朴正熙大統領の指示で青瓦台の中では、「ト
ンベクアガシ」が堂々と歌われている。

いずれにしても、この段階で「エンカ」など日本の大衆音楽を客観的に検討
する態度は希薄で、観念的、恣意的なものだったといわざるを得ない。

2 1980年代の「ポンチャク論争」

(1) 移植論と自生論

1970 年代後半、日本の「演歌の源流＝韓国」論争に触発され、韓国では
1984 年末から 1985 年初めまで、月刊誌『音楽東亜』と『韓国日報』で「ポ
ンチャク論争」が繰り広げられている。これには西洋純粋音楽界の作曲家、伝
統音楽研究者、音楽評論家、大衆音楽界の作曲家、作詞家、社会学者まで参加

している。その論争の焦点は、「ポンチャク（トロット）」が日本から入ったもの（移植論）なのか、それとも韓国独自のもの（自生論）なのかであった。西洋純粋音楽界や伝統音楽界の人からは、日本から入ったものという主張がなされた一方、大衆音楽界に人からは、韓国固有のものという主張がなされた。特に音階の問題が中心になったが、倭色性を強調する側では、ヨナ抜き短音階を日本伝統の音階である都節との関連性を指摘した。その主張に関しては、後に関庚燦<ruby>関庚燦<rt>ミンギョンチャン</rt></ruby>が日本の近代音楽史を踏まえて、日本の伝統音楽の「ミヤコブシ」と近代音楽の「短調トロット」はまったく違った文法の音楽であるといって、批判している。

　他方で、自生論の側の主張も、韓国伝統音楽との連続性を主張するものだが、近代音楽における短調ヨナ抜き5音階との関連を十分に説明したとは言いがたい。この自生論は、1980年代の「ポンチャク論争」で初めて現れたものである。論証としては不十分であったが、韓国トロット成立の契機が日本からの移植であったとしても、それだけで韓国で受け入れられたことを完全に明らかにしたとはいえない。そこに韓国的なものが、どのように加えられたかという重要な問題を提起している。

　日本の音楽理解という点では、全体として「エンカ」についての知識や検証が不十分なまま、主観的に短調ヨナ抜き音階という音階論と、倭色性だけに議論が集中して、あまり生産的な議論とはならなかった。それを総括した李成愛<ruby>李成愛<rt>イソンエ</rt></ruby>は、基本的に移植論の立場に立ちながらも、倭色性だけでなく、洋色性も問題としなければならないと主張した。

　これらの禁止処分された曲は1987年、盧泰愚<ruby>盧泰愚<rt>ノテウ</rt></ruby>大統領候補による「6・29宣言」以後、民主化の大きな流れの中で、多くの曲の禁止歌謡措置が解除された。

（2）朴チョンムンの問題意識

　1990年代には、音楽専門雑誌に「大衆歌手李美子<ruby>李美子<rt>イミジャ</rt></ruby>を考える」が発表されて話題となった。この論文の筆者は、ヒョソン女子大作曲科の音楽理論教授・朴チョンムンである。

　彼は、大衆音楽に関心を持ち、それを自らの研究対象にしようとして、次の

ように述べている。

　「最近になって、西洋由来の音楽理論に対する疑問が生じた。今日の韓国
　音楽文化の中には文化圏的背景を異にする多様な音楽が混じりあって共存
　しているために、伝統的西洋音楽に由来し、それにだけ適用できる西欧音
　楽理論だけでは、現代韓国の音楽文化的現象をうまく説明するのがむつか
　しい。……私の意識の中で巨大な恐竜のように新たに入ってきた大衆音楽
　に対する問題意識のためだ」。

　「それでは、音楽学者である私の意識の中で大衆音楽がどのように問題と
　して登場するようになったのかを少しでも説明しなければならないようだ。
　私は元来西洋古典芸術音楽に心酔した人間として、大衆音楽の芸術的劣等
　性を信じ、それをいつも遠ざけて生きてきた人間だった。ところで、数年
　前から私の音楽的意識の変化が起き始めた。今まで一方の片隅で強く押し
　のけ、おろそかにしていた大衆音楽が時々気にかかり始めた。何の疑いも
　なく信じていた大衆音楽の芸術的劣等性ということもしばしば疑わしくな
　り、何よりも大衆音楽が持つ莫大な社会的影響力が決して当たり前のこと
　ではなく、そこにはなにかがあるという考えが私を執拗に摑んで大きく
　なっていった。その結果、……音楽学的な研究の必要性と価値が十分にあ
　る研究対象として浮上した」。

　そこで、李美子のイメージや声など音楽について検討しながら、音楽形式と
しての「トロット」歌謡について言及している。

　「トロット歌謡は本質的に日本音楽だ。しかし音体系の日本的性格にもか
　かわらず、トロット歌謡は日帝時代以後に歌唱様式と歌詞と旋律と和声の
　多くの面で相当な韓国化を成しただけではなく、何よりも大衆的情緒に深
　く根を下ろすのに成功した。草創期には日本のエンカを歌詞だけ韓国語に
　変えてそのまま歌う段階を経たが、すぐに韓国作曲家たちによってトロッ

第6章　韓国における日本「エンカ」　　179

ト歌謡作曲が始まり、旋律的に、また歌詞面で民族の恨と情緒をうまく表
現したとみることができる優れた歌謡が多く生まれ出てきた。何よりも韓
国の歌手がトロット歌謡を歌うとき、我々の民謡とパンソリのような伝統
声楽の歌唱方式を自然に導入した。このような歌は優に伝統歌謡と名付け
るに値する」。

　「トロット歌謡は本質的に日本音楽だ」という時、基本的には短調ヨナ抜き音
階を指していると思われるが、それはそれまでの「ポンチャク（トロット）論争」
でも、移植論として主張されてきたものであった。ただし、これまでの移植論
では、それを倭色歌謡として排斥しなければならないという民族主義的なイデ
オロギーに基づいた議論が行われた。それに対して、朴は「トロット歌謡は日
帝時代以後に歌唱様式と歌詞と旋律と和声の多くの面で相当な韓国化を成し
た」として、「トロット」をそれまでの議論とは異なり、「倭色」から離れて韓
国のものとして検討しようとしている。これは「トロット」歌謡に対する新た
な認識だといえよう。

　このように、西洋古典芸術音楽専門家が大衆音楽に関心を持ち、それを自ら
の研究対象としようとした試みは、きわめて異色であり、興味深いものであっ
た。しかし、音楽学者からは批判を受け、「李美子問題」といわれ話題となった。
この問題は純粋音楽学という専門分野だけで検討できる課題ではない。比較音
楽学の観点から「エンカ」を取り上げた、日本の音楽学者・小泉文夫のような
研究態度が必要とされる。

　また 2000 年代には、文学、人類学、社会学などの学際研究や大衆音楽史に
ついての丹念な実証研究、民族主義イデオロギーを相対化する人類学的観点か
ら、韓国「トロット」を研究する若い研究者も出現している。彼らの基本的な
立場は、前に述べた朴チョンムンと共通したものとなっている。

（3）アメリカ音楽の影響を強める「ニュートロット」

　1990 年代以降の「ニュートロット」については、韓国の K ポップとともに、
日本音楽よりもアメリカ音楽の影響を強めている。日本の「ニューエンカ」と

その様相をかなり異にしていることは明らかで、李英美も

　　「1990 年代に入っても、日帝時代大衆歌謡の研究の脈絡をはずれて、ト
　　ロットの倭色性を声高に主張することに対しては、警戒する必要があると
　　考える。なぜなら、トロットの倭色性は、前に指摘したように、わが国近
　　代芸術史全般を貫徹する移植性の一つの現象にすぎない。言い換えれば、
　　短調トロットが倭色性だとすれば、解放後の様式は洋色である」

と、指摘している。
　結局「ニュートロット」の出現により、移植派の根拠が薄らいだといえよう。
韓国の経済成長と政治的民主化に伴い、国際的地位の上昇などによる対日意識、
対日感情の変化もある。また、受容者の問題を含めて、実証的な調査研究が進
む。日本の影響を受けながらも、韓国固有の大衆音楽の一ジャンルとして「ト
ロット」を位置づけようする動きも出てきている。
　すでに述べたように、韓国では 1945 年から 2000 年ごろまで、原則として
日本大衆文化の輸入が禁止されていた。それは放送法、公演法、映画振興法な
どの条文にある「国家の尊厳と民族の矜持」や「健全な国民情緒の涵養」の条
項を援用し、輸入を禁止してきた。また日本の大衆文化を「低俗文化」と認定
し、国民感情、民族感情に配慮するという態度のもと、強力な行政的な指導に
よって、日本の大衆文化の輸入を禁止してきた。このような政府の文化政策は、
ある意味で韓国国内における表現の自由を制約する側面も持っていたが、日本
の大衆文化の輸入規制については、韓国のメディアもこれに同調する立場を
とってきた。
　1987 年の民主化宣言以後、「倭色歌謡」による放送禁止の措置が解かれ、
また越北者（朝鮮戦争前後に南から北へ移住した人たち）の音楽も解禁された。
そして、残っていた事前審議制度が 1996 年に撤廃され、自由に音楽が制作さ
れることになった。

第 6 章　韓国における日本「エンカ」　　181

3　1988年ソウルオリンピック以降の状況

（1）日本大衆文化解禁の主張

　1988 年ソウルオリンピック開催を契機に、国内的には民主主義、外交的には北方外交を展開して共産主義国家・社会主義国家とも国交を開いた。また、経済的には韓国企業の海外進出を進め、国際的な文化交流にも乗り出した。特に、金泳三大統領は世界化を標榜し、積極的な世界戦略を打ち立てた。

　そういう中で、1990 年代になると、政府の側からも、日本の大衆文化だけを、いつまでも排除するのは好ましくないとする主張が現れている。盧泰愚政権では、1990 年に李御寧文化相が、日本大衆文化の輸入解禁を主張した。次の金泳三政権では、1992 年に李正秀文化相が「ロシアや東欧、中国の文化まで受け入れている状況で、日本文化だけ門戸を閉ざしているのは好ましくない」と主張した。そして、1994 年には孔魯明駐日韓国大使が、「良質な日本大衆文化については段階的に選別して公式に受け入れ、日韓両国の文化交流と相互理解を本格的に推進すべき時期に来ている」と述べている。

　しかし、日本に対しては文化開放が躊躇された。日本の植民地支配に対する韓国国民の反発（反日感情）という問題もあるが、戦後直後から韓国国内でいわれてきた「日帝残滓の清算」が、今なお達成されていないことに対する苛立ちがある。さらに解放すれば、また日本の文化商品の輸入によって韓国文化産業が大きな被害を受けるのではないかという恐れがあった。

（2）日本大衆文化の開放

　韓国での歌謡曲を含む日本大衆文化の開放は、1998 年、金大中大統領の時から始まり、段階的に行われた。日本の大衆歌謡については、1999 年 9 月の第二次開放で、まず 2,000 席以下の日本歌謡の公演が認められた。2000 年 6 月の第三次開放で全面的な歌謡公演と、日本語歌詞以外の音楽 CD が認められ、2004 年 1 月の第四次開放で、音楽 CD が全面的に開放された。

　韓国政府は、1 月の日本大衆文化第四次開放で、韓国の地上波テレビで日本

語の歌を放送することを許可したが、放送局側が国民情緒に配慮して、録画放送だけ行ってきた。また、日本で「エンカ」歌手として活動した韓国歌手・金蓮子が、韓国の歌謡界でも「トロット」歌手として活躍する場面が見られるようになっている。

韓国では、これまでも1970年代には石田あゆみの「ブルーライトヨコハマ」が、1980年代には五輪真弓の「恋人よ」が、ひそかに好まれていた。ジャンルとしては「ポップス」であり、「エンカ」ではなかった。さらに日本大衆文化の開放によって、ポップス系音楽のCHAGE and ASKA、嵐、安室奈美恵などがコンサートを開いているし、近藤真彦、尾崎豊、徳永英明、福山雅治などの歌がカバーされている。このように日本のポップス系音楽は、日本の大衆文化の開放政策によって、ある程度受け入れられているのに対し、「エンカ」はどうだろう。

「エンカ」は、海賊版を除けば韓国にはほとんど紹介されることはなかった。1998年、神野美伽が韓国人作曲によるアルバム「海峡をこえて……名歌彩々」（日本語バージョン）、1999年に「海峡をこえて……名歌彩々」（韓国語バージョン）を発売しているが、それ以外はほとんどない。日本の他の音楽ジャンルでの韓国公演、CD発売などに比べると、日本「エンカ」の韓国進出は極めて稀なものであった。

（3）非対称的な「エンカ」と「トロット」

実際、戦後の日韓断絶の中では、日本の「エンカ」や大衆音楽状況について十分に検討しないまま、民族主義的イデオロギーを前提とした抽象的な議論をしていたことも、「トロット」論争の隠れたテーマである。

そこでは、何といっても青年時代を韓国で過ごし、その後、日本の代表的なエンカ作曲家となった古賀政男のイメージが強く残っていて、古賀メロディ＝「エンカ」という固定観念ができあがっているようだ。

これまで日本の大衆音楽が禁止されてきたことによって、全体として韓国では、日本の大衆音楽についての事実認識が十分ではないように思われる。その中でも、特に戦後「エンカ」についてはほどんどないといってよい。それは日

第6章　韓国における日本「エンカ」　　183

本の植民地支配の克服という課題が「エンカ」に向けられたという側面もある
が、戦後韓国からほとんどの日本人が引き揚げ、いなくなり、「エンカ」の支
持基盤がなくなったということも背景にあるだろう。

　その一方、日本でも韓国の大衆音楽についての事実認識が十分であるとはい
えないが、これまで何度か韓国大衆音楽ブームが起きており、ある程度の認識
がなされているといえるだろう。それには、在日韓国人の存在が何らかの役割
を果たしていたということもできる。

　1998年以後、韓国政府による日本文化開放政策が段階的に実施され、日本
文化と韓国文化の興隆は双方向的なものになってきている。しかし、日本が植
民地支配した戦前の日本優位という状況下での非対称性とは別の意味で、戦後
の大衆音楽の中で「エンカ」と「トロット」だけは、日本と韓国の間が双方向
的ではなく、いまだ非対称的だといえよう。

第7章

現代の「エンカ」と「トロット」

　1970年代後半以降の、新しい「エンカ」と「トロット」について述べる。日本ではアメリカンポップスの影響を受け、それまでの定型化した音階やリズムから離れて、自由な楽曲が作られている。また、外国人歌手として韓国人の金蓮子、中国人のテレサ・テンなどが活躍した。その後、日本人歌手では水森かおり、氷川きよしなどの「ニューエンカ」歌手が登場した。

　韓国でも、1970年代から新しい「トロット」が登場する。特に趙容弼は「ゴーゴートロット」という8ビートで「釜山港へ帰れ」を歌い、ヒットした。1980年代には「ニュートロット」の女王として、周炫美が登場している。日本の「ニューエンカ」と異なる部分としては、次々と「トロット」を歌い続ける「トロットメドレー」や「ポンチャクメドレー」が登場したことである。2000年代になると「新世代トロット」が出現している。これはKポップに近く、日本には存在していない。そして、現代では、日本でも韓国でも中高年代を中心に懐メロブームが起こっているが、その中で「エンカ」や「トロット」が注目を浴びている。

1　日本「ニューエンカ」と韓国「ニュートロット」の出現

(1)「ポップス」と「エンカ」の融合

　現代では、日本の「エンカ」の主流は「ニューエンカ」に、韓国の「トロット」の主流は「ニュートロット」あるいは「新世代トロット」に変わってきている。

第7章　現代の「エンカ」と「トロット」　185

「ニューエンカ」ないし「ニュートロット」は、「ミドルエンカ」ないし「ミドルトロット」が定着した直後の1970年半ばから始まっているといえるだろう。「ミドルエンカ」から「ニューエンカ」への移行過程において、注目する点としては、日本社会の「脱近代化＝現代化」というような大きな社会変化が背景にある。音楽ジャンルの多様化、そして「エンカ」の退潮といわれる中で、「ポップス」と「エンカ」の融合など、「エンカ」復興の試みがいろいろとなされてきたことがある。

その過渡期にあって、歌手という観点から考える。まず、1974（昭和49）年に「襟裳岬」を歌った森進一である。この歌はフォーク系作詞家である岡本おさみが作詞をし、フォーク系のシンガーソングライターである吉田拓郎が作曲、「エンカ」歌手である森進一が歌ったものだ。したがって、この曲自身はフォーク調といえるが、「エンカ」歌手・森進一が歌ったという理由で「ニューエンカ」と位置づけることもできる。「襟裳岬」の事例は先駆的ともいえるが、1980年以降、「エンカ」歌手がポップス系やフォーク系、あるいはジャズソングなどを歌うことも、珍しくなくなった。

次に、李成愛、桂銀淑、テレサ・テン、金蓮子など、外国人「エンカ」歌手の登場を挙げることもできる。

第三に、堀内孝雄などのように、かつて「エンカ」歌手といわれなかった歌手が「エンカ」を歌い始めたことがある。桂銀淑、テレサ・テン、堀内孝雄らの歌う曲は「ニューアダルトミュージック」とも呼ばれている。

また、1990年代には、城之内早苗、長山洋子、前田有紀、石原詢子、原沙織など「エンドル」と呼ばれ、ポップスではなく、「アイドルエンカ歌手」も出現した。

そして、1995（平成7）年には水森かおりがデビューし、2000年代になって「東尋坊」「鳥取砂丘」がヒットし、「ご当地ソング」の女王といわれている。また2000（平成12）年には、氷川きよしがデビューしている。彼が歌う「箱根八里の半次郎」「大井追っかけ音次郎」などはアップテンポだが、いわゆる股旅物といわれる歌が多い。その意味では、これまでの「エンカ」をリニューアルしているともいえるし、民謡を活かした「エンカ」ともいえる。これらが

186

典型的な「ニューエンカ」いうことができる。

　日本レコード協会の集計によると、デビュー歌手数は、2000（平成 12）年前後は 100 ～ 200 名程度になっているが、2004（平成 16）年からは 300 ～ 500 名程度と上昇している。そして、2018（平成 30）年では 421 名（そのうち 88 名が再デビュー）となっている。このうち、すべてがエンカ歌手ではないし、TV などに出演して名が知られ、CD を制作・発売できる人は極めて限られている。それでも福田こうへい、北山たけし、山内惠介、三山ひろし、市川由紀乃、丘みどりなど、次々と若いエンカ歌手が登場している。

　現在では、ポップスと「エンカ」の境界が曖昧になってきているが、いずれも J ポップとはいわれないものが「エンカ」と呼ばれている。ただし、2004（平成 16）年に CD デビューした「関ジャニ∞」は「浪花いろは節」を「エンカ」歌謡曲のレコード会社から発売し、その年のオリコンチャート「エンカ」部門で 1 位となった。一般的にジャニーズの関ジャニ∞を「エンカ」グループとみなす人は少ないと思われるが、オリコンで「エンカ」として分類されることもあった。もし、日本に「新世代エンカ」というジャンルがあるとすれば、歌とダンスが結合した関ジャニ∞が挙げられるだろうし、後で説明する「ギャル演歌」もそれに該当するケースだと思われる。ただし、「ギャル演歌」は歌い手が若い年齢層であるという点で共通するが、歌詞の内容からすると、韓国バラードと類似するところがある。また、「昭和の演歌・歌謡曲の名曲のカバーと斬新なアプローチで構築された」という「新感覚歌謡男子」というキャッチフレーズで売り出した斬波というグループも、韓国の「新世代トロット」と似ているかもしれない。

　曲調についても、「ミドルエンカ」から次第に変化している。高護は 1980 年代の演歌の特徴を AOR（Adult -oriented Rock）歌謡といっている。この場合、「エンカ」の楽曲そのものがロック的になって、リズムの変化がもたらされているといえる。

(2) 趙容弼の登場

　韓国の場合には、まず 1976 年に「帰ってきて、釜山港へ」で登場した趙容

弼について、触れなければならない。

　カントリー・ウエスタンやロックグループでギタリストとして活躍していた趙容弼は、ソロとして1976（昭和51）年に「トラワヨ、プサンハンエ」を発表した。これは「トロット」であったが、それまでの「トロット」とは違うものであった。特徴はリズムである。この曲はこれまでの「トロット」とは違い、8ビートの「ゴーゴー（ゴーゴートロット）」あるいは「ポップストロット」といわれる。「トラワヨ、プサンハンエ」の元歌で、金ヘイルの歌う「トラワヨ、チュンムハンエ（帰って来て、忠武港へ）」と聞き比べると、よくわかる。二つの曲はほとんど同じメロディだが、演奏が異なる。「トラワヨ、チュンムハンエ」は昔ながらの「トロット」という感じがあるが、「トラワヨ、プサンハンエ」は、8ビートのリズムで、力動感があり、新しい感じがする。

　それについて、申鉉準（シンヒョンジュン）は

　　　「1977年に入り、1976年にはなかった『大ヒット』レコードが復活した。趙容弼の〈釜山港へ帰れ〉と崔憲（チェホン）の〈桐の葉〉である。1977年4月のある日刊紙の記事によれば、趙容弼のレコードは10万枚、崔憲のレコードは5万枚売れたと報道されている（『韓国日報』1979年4月17日）。キム・フンの〈私を置いてアリラン〉に続き、これらの曲は「トロット・ゴーゴー」「ロック・ポンチャク（ロック＋ポンチャク）」と呼ばれる新しいスタイルの音楽だった」

と述べている。

　これを編曲したのは、1960年代後半から1970年代前半にグループサウンズで、ギタリストとして活躍した安治行（アンチヘン）である。インタビューに答えて、その経緯を

　　　「それはサッカー選手イ・フェテクさんに趙容弼のレコード収録を頼まれたので、出すことになったものです。趙甲出（チョーガブチュル）さんも橋渡しをしてくれました。キングのパク社長は最初あまり気乗りしてはいなかったのですが、

「〈釜山港へ帰れ〉はすでに発表されていた曲でしたが、改詞をして、編曲を変えて収録しました。編曲は私がして、演奏は録音室のセッション・マンたちが行いました。実質的にあのレコードはPRしなかったのですが、ずっと後になってヒットしました」

「雨降る永東橋」周炫美　☆☆☆

と述べている。このようなリズムにおける「ロック」と「トロット」の融合が、「トロット」の新しい方向を指示しているといえよう。

1970年代末には沈守峰（シムスボン）が登場し、彼女の歌った曲のリズムは「スウィング（フォーク・ロック系とも異なるもの）」で「トロット」ではなかったが、「トロット」に分類されるようになった。しかし、その「トロット」は以前の「トロット」とは違い、シンガーソングライターという新しいスタイルであった。1980年代には周炫美（チュヒョンミ）が登場し、本格的な「ニュートロット」が出現する。周炫美は、まず「サンサンパーティ」（「トロットメドレー」：これまでのさまざまな「トロット」をメドレーで同じテンポで歌い続けたもの）で人気を集めた。

周炫美の登場に対して、ソン・ミンジョンは『トロットの政治学』で、次のように述べている。

「調子のよいトロットが韓国人の情緒に根を下ろすのに決定的な人物として、周炫美の登場があった。トロットの女王、李美子（イミジャ）の別名が〈エレジーの女王〉となっていることからもわかるように、以前のトロットは悲しさの情緒を強調した。しかし周炫美の登場と一緒にトロットは軽い感じの愉快で都市的で、軽快な音楽に変化した」。

第7章　現代の「エンカ」と「トロット」　　189

また、ソ・ビョンギは『韓国大衆音楽史概論』で「トロットの復活と周炫美」というタイトルを掲げて、周炫美の音楽的価値を次のように記述している。

　「周炫美は大学を卒業して薬剤師として暮らしていた。けれども幼いころから『李美子歌謡大会』で入賞するなどもって生まれた才能をそのままにして置くことはできなかった。薬剤師をしながら吹き込んだ〈サンサンパーティ〉メドレーが非公式ではあるが、300万枚を売り上げた。そして1984年〈雨降る永東橋〉によって、李美子によってかろうじて命脈を保ってきた韓国トロット界に新風を吹き込み、'次世代トロットの女王'の地位をつかんだ。……続いて〈新沙洞　その人〉さえヒットさせ、周炫美にはライバルがいなかった。周炫美がこのような歌をヒットさせた1980年代でも、トロット界には革新的だといえた。李美子に代表される'恨のトロット'とは本質が異なった。既存のトロット界での周炫美の登場は'興のトロット'である張允貞の〈オモナ〉に劣らず、メガトン級大波としてやってきた」。

　今では、周炫美は自分の持ち歌だけではなく、KBS「歌謡舞台」などで、いわゆる懐メロとして、昔のトロットなどを歌っている。しかも、それだけではなく「トロット」というジャンルを超えて、他のジャンルの音楽とクロスオーバーした活動も行っている。

　1990年代には「トロットメドレー」あるいは「ポンチャクディスコメドレー」として、李博士が登場した。彼は最初バスガイドとして、車内の乗客を飽きさせないために「トロット」を連続してアップテンポで歌い続けた。それが「ポンチャクディスコメドレー」といわれるようになった。韓国の自動車長距離運転文化から生まれたものだ。彼の場合、「トロット」とは決していわず、「ポンチャク」といっている。李博士は日本でも活動した時期があり、日本では「テクノ」という、YMOと同じ新しい傾向のジャンルとして位置づけられ、受容されている。そして、日本から帰国した李博士は、韓国でも再評価されること

になった。

（3）新世代トロットの登場

　2000年代には、周炫美よりもさらに若い「新世代トロット」が登場する。女性歌手として、張允貞、男性歌手としては朴ヒョンビンなどが代表的だ。張允貞の代表的な曲は「オモナ（おやまあ）」で、ラップなどにリメイクされて歌われることもある。朴ヒョンビンの代表的な曲は「パラパッパ」「コンドレマンドレ」「シャバンシャバン」などである。デビューの経過から「新世代トロット」といわれるが、軽快なテンポでノリがよい。新しい感覚の歌で、中高年の既成世代だけでなく、若い世代にも人気がある。これまで「トロット」の主なテーマの一つだった真剣な男女の愛と別れが「トロット」からは消え、バラードがそれを担うことになった。

　これらの「新世代トロット」は、それまでの「オールドトロット」や「ミドルトロット」とはもちろん、周炫美などの「ニュートロット」とも異なり、Kポップと結び付いた音楽性をもっているといえよう。このような「新世代トロット」のような「エンカ」は、日本にはないように思われる。

　張允貞について、ソ・ビョンギは『韓国大衆音楽史概論』で「ネオトロット　張允貞・朴ヒョンビン・洪ジニョン」というタイトルで、次のように述べている。

　「張允貞はもともとトロット歌手ではなかった。幼いころから歌をうたうのが好きで、1988年満8歳の時に『川辺歌謡祭』にダンス曲で出演し、大賞を受賞したことがあった。けれども、張允貞はデビューしても、歌手として勢いに乗ることができず、『夫婦クリニック』『TVは愛をのせて』『神秘のTVサプライズ』の再現俳優として活動し、結構長い間無名の時代を送った。しかし尹ミョンソンが作曲した『オモナ』を歌うようになって、一気にシンドローム級の人気を得た。『オモナ』は既存のトロットとは異なり、あまりに軽い感じが出ているという理由で、桂銀淑、周炫美、金ヘヨンなどから拒絶された歌だった。最初はトロット歌手となる考えが

なかった張允貞も最初は『オモナ』を歌うことをためらったが、大きな人気を得て、トロット歌手の道を歩むようになった」。

そして、「オモナ」はTVなどのマスメディアではなく、インターネット愛好者であるネチズンを通して広まったという。

新世代トロット歌手として、チャン・ソラ、曺ジョンミン、ソン・ヨンギョン、カン・ソリなどがデビューしている。

ここで確認しておかなければならないことは、2000年代になって「ニュートロット」から「新世代トロット」に代わってしまったということではない。周炫美を中心とした、それまでの「ニュートロット」歌手たちの活躍は続いているし、「安東駅で」を歌ってヒットしたチンソンなど、新しい「トロット」歌手も登場している。

また「ニュートロット」と「新世代トロット」との対立もみられる。ソ・ビョンギは、

「何人かの先輩トロット歌手は新世代トロットをトロットとみることは、時流に便乗した形だけのトロットではないかという反応を見せたこともある。『新世代トロットがトロットか、コミックソングかわからない』という歌手もいた。しかし、トロットに関する新旧世代の視角差が存在することは、時代的状況が異なったためだとみえる」

と、述べている。

韓国の「ニュートロット」には、「ポップストロット」も存在する。日本の「ニューエンカ」の代表者ともいえる氷川きよしが、「エンカ」にさまざまなリズムを組み込み、「リズムエンカ」あるいは「ポップスエンカ」を歌っているが、他方で伝統的な民謡を活かした「エンカ」も存在する。さらに、韓国の「新世代トロット」には、ヒップホップ系のリズムに乗せたリメイクバージョンのものも存在する。Kポップ歌手のスーパージュニアTや、少女時代もダンストロットを歌っている。

これは、Kポップをはじめとする韓国大衆音楽が、日本以上にアメリカ大衆音楽の影響を強く受けており、「トロット」もその例外でないからである。その点では、日本の大衆音楽、とりわけ現代の「エンカ」がそれほどアメリカ大衆音楽の影響を受けていないこととは対照的である。

（4）韓国特有の「ポンキー」、あるいは「ポンキウン」

　これまで楽曲の面で共通する部分も多かった日本の「エンカ」と韓国の「トロット」が、「ニューエンカ」「ニュートロット」あるいは「新世代トロット」へとなる過程で、その相違がますます大きくなっていったようだ。

　その決定的な要因の一つが、前述した周炫美の「サンサンパーティ」や李博士の「ポンチャクメドレー」の存在である。これは、車の運転中にエンドレスでカセットテープを聞き続けたり、観光バス旅行の車内でカセットテープを流し続け、歌い続ける習慣とも関連する。いわゆるモータリゼーションの発達に伴って出現したものといえるが、同じようにモータリゼーションが発達した日本では、車とカセットテープは結び付いたが、これほどノリの良いものはなかった。

　ところで、近年韓国では「ポンキー」、あるいは「ポンキウン」などの言葉が使われるようになっている。

「ポンキー」とは、辞書にはまだない言葉で、インターネット検索では、

　　「ポンチャクの感じが出るという意味を持つ大衆歌謡関連の俗語で、明確な定義はないが、普通、韓国的で通俗的なメロディと、高音から出る鼻声、トロット特有のバイブレーションなどで構成される唱法をポンキーの属性として語られる場合が多い」

　　　　　　　　　　　　　　（나무위키 뽕〔韓国ナムウイキ　ポン〕2019.11.4）

と書かれている。

　雑誌『新東亜』（2006〔平成18〕年、492号）では「蔑視受ける国民歌謡'ポンチャク'の魅力」というタイトルで、

「韓国の '代表' 大衆音楽トロット、倭色として蔑視されるが、もっとも多くの人々が喜んで聞き、うたう歌である。10代のダンス音楽でさえ、ポンキウンが抜け落ちるとヒットするのが難しいが、年を取るにつれ、好きになり、一緒にうたえば、いっそう興が出る 'ポンチャク' の情緒、トロットの吸引力」

という前書きの後、本文の「韓国の代表的大衆音楽ポンチャクロック」という小見出しで、

「過去の4・13総選挙の時、脚光を浴びたテクノ女戦士・李ジョンヒョンの歌『変えろ』。この歌を注意深く聴いてみると、興味深い事実を発見することができる。この曲のリズムは〈クンチャククンチャク〉する、いわゆるポンチャクリズムである。テクノ女戦士の歌は表面だけテクノだったということだ。これはなにも李ジョンヒョンにだけ当てはまることではない。現在わが国の歌謡界をみると、ダンスミュージック、バラードなど区分を問わずいわゆるポンキウンが込められた曲が多くを占めていて、そうでなければヒットしないということが一種の公式でない公式となっている」

と述べている。そして「ポンキウンが込められてこそヒットする」という小見出しで、

「1996年、歌謡界には意味ある一つのヒット曲がでた。ヨントクスクラブの '情'。10代ダンスグループがトロット要素を加味した歌をうたい、瞬く間に人気の頂点に上ったことだ。トロットを経験した世代でなくても、この歌に込められているポンキウンに多くの世代が酔った」

とも述べている。

このような「ポンキー」、あるいは「ポンキウン」という特徴は、日本のエンカの場合ではないとはいえないが、韓国ほどはっきりと語られることはない。

2　定型化され様式から離れた「ニューエンカ」「ニュートロット」

(1) リズム

「ミドルエンカ」や「ミドルトロット」の段階までは、定型化された様式が存在したが、「ニューエンカ」や「ニュートロット」では、その様式がなくなった。さらに、さまざまな音階やリズムが用いられて、ますますアップテンポになっている。そういう点では「ニューエンカ」と「ニュートロット」に共通した要素がみられたが、韓国で「新世代トロット」が登場したことにより、「エンカ」と「トロット」は大きく変わっていった。

　日本の「ニューエンカ」の代表者である氷川きよしは、「リズムエンカ」あるいは「ポップスエンカ」を歌っているが、ヒップポップにまでは至っていない。そして、彼は現代の「エンカ」歌手の中では人気はあるが、それでも若い人の間にどこまで広がっているかは疑問だ。

(2) 歌詞

　歌詞についてはどうだろうか。第1章でも述べたように、近代音楽の始まりである唱歌の段階から「エンカ」や「トロット」に至るまで、一般的に抒情性、情緒性というテーマでは共通するものの、具体的な表現に関しては、それぞれの国で異なっていた。「エンカ」や「トロット」の歌詞が表す情緒としては、早くから享楽的なものと感傷的なものがあった。特に後者の感傷的な情緒が、これまでの「エンカ」や「トロット」を示すものとして強調されてきた。ところが「ニューエンカ」や「ニュートロット」はこれまでと違って、享楽的な情緒が主となっている。これは「東京行進曲」や「鍾路行進曲」などが流行った1920・1930年代への先祖帰りともいえる。しかし、享楽的なものであれ、感傷的なものであれ、これまでの「エンカ」や「トロット」で前提にされていた共同体や家族との紐帯は、「ニューエンカ」や「ニュートロット」では弱めら

第7章　現代の「エンカ」と「トロット」　　195

れている。韓国の「新世代トロット」では、その紐帯が解体され、個人化されてしまっている。

　特に「新世代トロット」については、「オモナ（おやまあ）」「チャンチャラ」「コンドレマンドレ（ぐでんぐでん）」「パラパッパ」のように、歌詞の言葉の意味が薄れ、言葉が音声化するようなものも出てきた。

　それに関して、李英美（イヨンミ）は次のように述べている。

> 「純情がなくなったことは、ただ新世代だけではない。すでに1990年代の人間は、大概みなそうだった。純情がなくなったということは、新派的なトロットがこれ以上生き残る情緒的基盤がなくなったということを意味する。トロット作品で、あるいはトロット的リズム感が強いイージーリスニング作品で、このような歌詞まで登場するということは今やトロットの終末がきたことを知らせている」。

　確かに、恨（ハン）のトロット（李英美のいう「新派的なトロット」）は終焉したといえるが、周炫美（チュヒョンミ）の「ニュートロット」や張允貞（チャンユンジョン）の「新世代トロット」は、新たな「トロット」の復活といえるだろう。

　このように「ニューエンカ」や「ニュートロット」あるいは「新世代トロット」は、これまでの「エンカ（ここではオールドエンカ、ないしミドルエンカと分類したエンカ）」や「トロット（ここではオールドトロット、ないしミドルトロットと分類したトロット）」とは大いに異なる。

3　懐メロとしての「エンカ」と「トロット」

（1）日本

1）歌謡曲ベストテン入する「エンカ」

　かつての日本「エンカ」や韓国「トロット」が、中高年層に懐メロとして愛好されてもいることに注意する必要がある。

　鈴木明『歌謡曲ベスト1000の研究』によると、1980（昭和55）年の時点で、

日本の歌謡曲ベストテンは、

1. 青い山脈
2. くちなしの花
3. 星影のワルツ
4. 北の宿から
5. 影を慕いて
6. 津軽海峡冬景色
7. 荒城の月
8. 北国の春
9. 瀬戸の花嫁
10. 赤とんぼ

となっている。ここでは、「荒城の月」や「赤とんぼ」のような唱歌や童謡も入っているが、「影を慕いて」のような「オールドエンカ」や「北の宿から」のような「ミドルエンカ」が含まれている。

ちなみに 1989（平成元）年の NHK 調査によると、日本の歌謡曲ベストテンは、

1. 青い山脈
2. 影を慕いて
3. リンゴ追分
4. 上を向いて歩こう
5. 悲しい酒
6. 柔
7. 瀬戸の花嫁
8. 岸壁の母
9. リンゴの唄
10. 津軽海峡冬景色

第 7 章　現代の「エンカ」と「トロット」　197

となっている。第１位はどちらも「青い山脈」であるが、その他はかなり違っている。

これは調査時点と方法の違いによるものだが、1990（平成２）年はちょうど昭和が終わり、美空ひばりが亡くなった時期でもある。そのため、美空ひばりの歌がベストテンに３曲も入っているが、それでも「青い山脈」「影を慕いて」「津軽海峡冬景色」「瀬戸の花嫁」はどちらにも含まれているので、それだけ長い人気を得ているのだろう。

韓国のケースとして、韓国人の好きな歌謡100（1998〔平成10〕年 MBCFM 歌謡応接室）では、

1. 愛のために（金鍾煥〈キムジョンファン〉）
2. その冬の喫茶店（趙容弼〈チョーヨンピル〉）
3. 見えない愛（申承勲〈ミンスンフン〉）
4. 朝露（楊姫銀〈ヤンヒウン〉）
5. 私がもし（安致煥〈アンチファン〉）
6. 美しい拘束（金鍾書〈キムジョンソ〉）
7. 出会い（盧士燕〈ノサヨン〉）
8. 私は幸福な人（李文世〈イムンセ〉）
9. 冬哀傷（李仙姫〈イソニ〉）
10. 愛、君への愛（ホワイト）

となっている。バラード、フォーク、ポップス、Ｋポップなどが入っているが、第１位の「愛のために」、第２位の「その冬の喫茶店」は「トロット」といえる。

これまでも、西洋古典音楽の中にあるものがクラシックといわれ、ジャズやポップソングに中のあるものがスタンダードナンバーとして、繰り返し再演されてきた。そういう中で「エンカ」も「日本人の心」を代表する歌として、大人になっても歌い継がれてきた。つまりジャンルを問わず、歌い継がれる音楽

があるということである。それはオリジナル原版の場合もあれば、新しい歌手
によるカバー曲の場合もある。

2) TV歌番組、歌謡ショーと「エンカ」

　現代日本では、中高年世代向けには懐メロとして TV 歌番組，歌謡ショーな
どが作られている。特に NHK 紅白歌合戦は、新しいヒット曲がなくても毎年
多くの「エンカ」歌手が出場している。2013（平成 25）年に開催された NHK
紅白歌合戦では、演歌歌手として香西かおり、伍代夏子、藤あや子、坂本冬美、
石川さゆり、細川たかし、福田こうへい、森進一、氷川きよし、五木ひろし、
北島三郎が出場している。全出演歌手 49 名中、11 名が演歌歌手だった。

　公共放送としての NHK では、1946（昭和 21）年から視聴者参加番組とし
て「NHK のど自慢素人音楽会」（後に「NHK のど自慢」と改称）が始まり、全
国津々浦々で公開放送が行われた。その「のど自慢」に出場して、チャンピオ
ンになり、プロ歌手としてデビューした人もいる。最近では、黒人エンカ歌手
ジェロもその一人だ。

「エンカ」・歌謡曲を中心とした歌番組としては、以前から「歌のグランド
ショー」「花のステージ」「歌謡ホール」「NHK 歌謡ステージ」などが放送され
ている。1993（平成 5）年からは「NHK 歌謡コンサート」を、1998（平成 10）
年からは「BS 日本のうた」という番組も始めている。

　民間放送では、レギュラーでの歌謡番組は少なくなっているが、TV 東京で
は「洋子の演歌一直線」（1994〔平成 6〕年から）と「木曜 8 時のコンサート」
（2011〔平成 23〕年から）などが放送されたし、レコード大賞や音楽賞に関わ
る特別番組も、年に数回は放送されている。加えて、地方 TV 局の番組やラジ
オ番組などでは、現在も「エンカ」が流されることもある。

　また 1960 年代には、有線放送で音楽などを提供するサービスが始まってい
る。最初は接客を中心とする飲食店や喫茶店、あるいは酒場など遊興街に「エ
ンカ」や「ポップソング」を提供していたが、次第に専門店やホテル、病院な
どの施設でも利用が始まった。音楽もクラシックから、イージーリスニングな
ど、場所に合わせて、幅広いジャンルを提供するようになり、最近では個人住

第 7 章　現代の「エンカ」と「トロット」　199

宅にまで広がっている。

　この有線放送は、音楽業界、TV 放送局などとタイアップして、レコードや
CD 売り上げのランキング、あるいは有線放送大賞などを選考している。ちな
みに、有線放送大賞は 1968（昭和 43）年に始まり、第 1 回の有線放送大賞グ
ランプリは森進一が受賞している。その後も「エンカ」歌手がグランプリを受
賞することが多かった。この有線放送も「エンカ」を広めるのに、大いに貢献
したといえるだろう。

3）カラオケの普及と「エンカ」

　さらに、カラオケの普及が「エンカ」をより身近な存在にした。カラオケは
日本で発明されたもので、1970 年代の初めに 8 トラックテープが作られたこ
とに始まる。最初は音声だけだったものが、映像も加えられるようになってい
る。媒体としてはカセット、レザーディスク、ビデオディスク、DVD などが
用いられてきたが、最近では通信カラオケがメインとなり、インターネットを
通して流通している。カラオケの設置場所も、喫茶店、酒場、飲食店などに置
かれたり、カラオケボックスなどの専門店が現れたり、個人の住宅にも設置さ
れるようになって、どんどん広がっている。その結果、カラオケ愛好者が増え、
各地にカラオケ愛好会、カラオケ教室ができている。そして、全国的にはカラ
オケ産業団体やカラオケ愛好者団体なども作られている。そのようなカラオケ
愛好者は、ほぼ全世代に広がっているが、中高年層は「エンカ」を好んで歌う
人が多い。

　カラオケ「エンカ」愛好者の中には、プロでなくとも、半ば職業的に歌唱指
導をする人まで存在し、「エンカ」をめぐるネットワークが構成されている。

　都築響一は『演歌よ、今夜も有難う――知られざるインディーズ演歌の世界』
で十数名のインディーズエンカ歌手を取り上げて紹介している。

　　「いつもテレビに出たり、雑誌の表紙になったりする演歌歌手は、日本に
　　100 人もいないだろう。テレビにもラジオにもほとんど取り上げられない
　　まま、自分の CD やカセットテープを持って全国を売り歩く、巨大メディ

アから見たら無名のエンカ歌手は、1000人どころではないだろう」。

インディーズエンカ歌手といっても、さまざまなタイプがある。メジャーなエンカ歌手ほど広く知られてはいないけれど、ある地域に限定すれば大変人気を得ている場合もある。また、大泉逸郎や秋元順子のように、ある時急に、インディーズエンカ歌手からメジャーデビューする場合もある。

4）ギャル演歌の登場

最近は「ギャル演歌」といわれる音楽も登場している。「朝日新聞」の記事（2012年7月18日）によれば、社会学者・鈴木謙介によって提起された用語で「①恋愛に関する苦い経験を歌う、②語りは一人称で、後悔などの内省的な感情が主題、③そうした経験を乗り越え、自立・成長する決意を語るもの」と定義され、西野カナや加藤ミリヤなどが代表格だという。また「その音楽性は本格的なR＆Bから歌謡曲風バラードまで様々だが、演歌同様、紋切り型の歌詞が特徴」とも書かれているが、これまでの文脈の中ではなかなか捉えにくい。ただ「エンカ」を忌避する傾向が強い中で、近年の若者がJポップを志向しているのは、興味深い指摘だといえよう。

5）オリコンチャートベスト100に見る「エンカ」

音楽ソフトなどの売上げを集計した「オリコンチャート」は、音楽傾向を知るために欠かせない。そのオリコンチャートベスト100を見てみると、

　　・2000（平成12）年
　　　11位「孫」（大泉逸郎）106万枚
　　・2001年（平成13）
　　　42位「箱根八里の半次郎」（氷川きよし）42万枚
　　・2002（平成14）年
　　　23位「きよしのズンドコ節」35万枚
　　・2003（平成15）年

第7章　現代の「エンカ」と「トロット」　　201

26 位「白雲の城」（氷川きよし）27 万枚

77 位「鳥取砂丘」（水森かおり）12 万枚

・2004（平成 16）年

44 位「番場の忠太郎」（氷川きよし）19 万枚

56 位「釧路湿原」（水森かおり）15 万枚

・2005（平成 17）年

31 位「マツケンサンバⅡ」（松平健）27 万枚

39 位「初恋列車」（氷川きよし）22 万枚

・2006（平成 18）年

76 位「一剣」（氷川きよし）12 万枚

84 位「熊野古道」（水森かおり）12 万枚

・2007（平成 19）年

47 位「ひとり薩摩路」（水森かおり）14 万枚

74 位「きよしのソーラン節」（氷川きよし）11 万枚

・2008（平成 20）年

13 位「吾亦紅」（すぎもとまさと）34 万枚

22 位「海雪」（ジェロ）26 万枚

・2009（平成 21）年

4 位「愛のままで」（秋元順子）48 万枚

25 位「浪曲一代」（氷川きよし）20 万枚

・2010（平成 22）年

14 位「また君に恋してる」（坂本冬美）31 万枚

24 位「三味線旅がらす」（氷川きよし）23 万枚

・2011（平成 23）年

42 位「あの娘と野菊と渡し船」（氷川きよし）18 万枚

72 位「庄内平野」（水森かおり）10 万枚

・2012（平成 24）年

53 位「櫻」（氷川きよし）14 万枚

60 位「ひとり長良川」（水森かおり）12 万枚

・2013（平成 25）年

　　71 位「南部蝉しぐれ」（福田こうへい）9 万枚

　　83 位「しぐれの港」（氷川きよし）8 万枚

となっている。

　2000（平成 12）年の「孫」はミリオンセラーなので別格だが、2001（平成 13）年の氷川きよしのデビュー曲「箱根八里の半次郎」、2004（平成 16）年〜2005（平成 17）年の「マツケンサンバ」、2007（平成 19）年〜2008（平成 20）年の「吾亦紅」、2008（平成 20）年〜2009（平成 21）年の「愛のままで」などは 40 〜 50 万枚を売り、外国人エンカ歌手・ジェロの「海雪」、坂本冬美のポップ歌謡「また君に恋してる」も 30 万枚近く売り上げ、話題曲となっている。氷川きよしと水森かおりは、ほぼ毎年ベスト 100 にランクされているが、川中美幸、天童よしみ、五木ひろし、北島三郎などのベテラン「エンカ」歌手もベスト 100 に入っていて、売上枚数は 10 万枚前後である。

　また「エンカ」歌手は、自分のファンクラブ、あるいは後援会をもって活動し、後援会便りやインターネットの HP やブログなどでの発信も行っている。

　このように「エンカ」愛好者は、TV 視聴や CD 購入、コンサート参加という受け身の存在であるだけでなく、カラオケで自ら歌い、ファンクラブに加入し、さまざまな行事に参加するなど、能動的な存在になっているといえる。

(2) 韓国

　現代韓国の場合、日本の「NHK のど自慢」のような「全国歌自慢」という番組が、1980（昭和 55）年から韓国の公共放送である KBS で放送されており、いわゆる「トロット」が歌われることが多い。「トロット」の TV 番組では、1985（昭和 60）年から「歌謡舞台」などの番組が放送されている。その HP には「1985 年から続いている、穏やかな郷愁と、追憶が込められた伝統歌謡の名歌」と書かれている。

　民間放送局の MBC では「トロット」を中心とした「歌謡コンサート」や「私は歌手だ」などの番組が作られ、「歌謡コンサート」は 1998（平成 10）年か

第 7 章　現代の「エンカ」と「トロット」　　203

ら 2005（平成 17）年まで放送されている。

　年末には SBS 歌謡大祭典、KBS 歌謡祭、MBC 歌謡大祭典など、日本の紅白歌合戦とレコード大賞などを合わせたような特別番組もある。「トロット」に限ると、2007（平成 19）年から KBS トロット大祝祭が開催されている。

　また、2012（平成 24）年から KBS で「不朽の名曲──伝説を歌う」という番組が作られ、古い曲が若手実力派歌手によってリメイクされて歌われている。その中には「トロット」も含まれている。2019（令和元）年には TV 朝鮮のオーディション番組「明日はミストロット」が放映され、大きな人気を得ている。日本でも「エンカ」番組はいくつかあるが、オーディション番組まではないので、韓国における近年のトロット人気は、日本のエンカ人気以上のものであるようだ。

　その他、KBS や MBC 以外のケーブル TV 主催の地域歌謡競演大会、歌謡コンサート、公開歌謡ショーなどがある。南仁樹、李蘭影など「トロット」歌手を記念する歌謡祭なども開催されている。そこでは、KBS や MBC などの放送で出演する機会がほとんどなくても、郷土歌手が活躍している。そういった歌手を中心に郷土歌謡祭というイベントも開催している。

　1990 年代に韓国では、日本で発明されたカラオケが「ノレバン（歌の部屋：カラオケボックスのこと）」「ノレヨンスプジャン（歌の練習場：カラオケボックスのこと）」などの名称で営業された。最初は釜山から始まり、今では韓国各地に広がって、韓国人も多く愛好する施設となっている。そして、カラオケを用いた歌謡教室、歌教室なども、日本と同じようなシステムがある。ソウルなどの大都市では、中高年齢層の歌謡クラブやダンスクラブなどが存在する。

　韓国の高速道路のサービスエリアでは、大きな音量で「トロット」の曲が流れ、売店には「トロット」のテープや CD などが売られている。バスやトラック、タクシーの運転手も「トロット」が好きで、運転中によく聴いている。長距離運転の眠気防止のためともいわれている。以前、私が乗ったソウル市内のバスの車内で「トロット」が流れているのを聞いたことがある。

　また、選挙運動などで候補者のテーマソングとしても用いられている。

　2006（平成 18）年の地方選挙で、選挙ロゴソング（PR のためのテーマソング）

204

として、チャン・ユンジョンの「チャンチャラ」が、2007（平成19）年度では朴ヒョンビンの「パラパッパ」が最も多く使われたという。そして、2007（平成19）年に実施された大統領選挙では、ハンナラ党の李ミョンバク候補が朴ヒョンビンの「オッパミド」を、民主労働党の権ヨンギル候補が朴ヒョンビンの「コンドレマンドレ」の歌詞を変えて使用した。

　これらの光景は、日本ではほとんど見られることのない、韓国独特の光景である。

　このように「トロット」が生活に近く、身の回りにある状況は日本以上である。この傾向が、将来もずっと続くかどうかはわからないが、現在までのところ、「エンカ」や「トロット」が身近な存在として生き残っている。

4　現代の「エンカ」と「トロット」を取り巻く状況

　現代の「エンカ」には、問題もある。

　まず、市場規模の縮小がある。「エンカ」の受容層が一部の中高年齢層に偏っているのである。1960年代や1970年代では、「エンカ」のレコード売上がミリオンセラーを記録するものもあったが、1980・1990年代と「エンカ」の購買層はだんだんと減っている。

　近年の「エンカ」CDの購買層について、小西良太郎は以下のように述べている。

　　「今、エンカ業界で『ヒット曲』といったら、シングルCDを何万枚売ればいいかわかりますか？　最低でも3万枚。大ヒットで実数10万枚くらいが現実です。……（中略）……私はだいたい、よく演歌・歌謡曲のCDを買うコアなファン層は全国で最大15万人くらいと見てます」。

　カラオケは、「エンカ」人気を高めたといえるが、逆に問題も生じている。

　　「演歌が『聴く音楽』から『自ら歌う音楽』に変わっていき、それに従っ

て作り手の方も、なるべくカラオケでも歌いやすいようにと、やさしい曲つくりをしています。

　その結果、聴き応えのある曲がどんどん少なくなってしまった」。

そして、

　「演歌が、パターン化された楽曲ばかりになり、それとともに愛好者はますます中高年に偏って、若者が完全に離れていった、と。……確かに演歌はある程度、変化に背を向け、中高年にターゲットを絞り込んだために市場規模が縮小していった。

　だが、変わらなかったからこそ、エンカというジャンルが残った側面も否定できない。もしもこれで、若者に迎合して無闇に新しいものを導入していったら、演歌はとっくにJ-POPの中に吸収されていったかもしれない」

という見解もある。

　現在、レコード・CD制作販売などメジャー大衆音楽市場の中で、日本ではJポップ、韓国ではKポップが大きな比重を占めるようになり、「エンカ」や「トロット」の比重が小さくなっている。若者が「トロット」よりもKポップを選好するためであるが、それでもMBCの特集番組「永遠のトロット」では、ノレバン（カラオケ）に集まる若者の「トロット」愛好会が紹介されていた。若者の中にも「トロット」を好むものはいる。また、韓国の「新世代トロット」の場合には、Kポップのように若者にも選好されている。

　他方で、高齢化社会が出現し、シルバー市場の拡大によって、確実に「エンカ」や「トロット」がサブ・カルチャーとして、中高年層に受容されている。また、TVの懐メロ歌謡番組やカラオケを中心としたマイナーな大衆音楽市場としても存続しているといえる。つまり、古い「エンカ」や「トロット」は、単に流行が過ぎてしまえば無くなってしまう流行歌ではない。繰り返し歌い継がれ、聞き継がれるスタンダード「エンカ」やスタンダード「トロット」という種類が出てきたのである。

第8章

「エンカ」と「トロット」の比較検討

> 「エンカ」と「トロット」というジャンル名は、1960〜1970年代に作られた。名称は異なっているが、その歴史的展開は共通するところが多い。これは、世界の大衆音楽の影響を受けていることを物語っている。したがって、「エンカ」や「トロット」がその国の民族性をもった独自のものであるとしても、その越境性と土着性という観点で捉え直す必要がある。
>
> 「エンカ」と「トロット」は楽曲の面では共通するところが多いが、韓国では「倭色歌謡」として問題になったことがある。歌詞のテーマに関して、日本は多様であるのに対して、韓国は限定的である。「出会いと別れ」という共通するテーマでも、その国の文化、言語、歴史などに深く関わっているので、受け取り方が大きく異なる。近年、韓国では日本大衆文化の開放政策がとられているが、「エンカ」についてはまだ開放されていない。日本では「トロット」がある程度認められていることを考えると、その関係は非対称的といえるだろう。

1 「エンカ」と「トロット」の類似性

(1)「エンカ」「トロット」の民族化・土着化

日本の「エンカ」と韓国の「トロット」は、用語こそ異なれど、類似した要素を持つ大衆音楽のジャンル名である。

まず、戦後の同じような時期に大衆音楽の一ジャンル名として提起され、それが大衆音楽の成立時期にまで遡って適用された。時代ごとに新しい音楽様式

を受け入れ、1970年代半ばには、当時のポップ音楽の影響を受け、「ニューエンカ」「ニュートロット」へと展開している（ただし、2000年代になって成立した韓国の「新世代トロット」は除く）。つまり、欧米の新しい大衆音楽が移入されたことによって、日本と韓国の従来の大衆音楽が危機に直面し、それぞれの存在意義（アイデンティティ）を強調して、「エンカ」ないし「トロット」という概念が作られた。日本の場合、それまでのアメリカ大衆音楽を中心に、外来の音楽の影響を受け、それを民族化、土着化するものであった。また伝統音楽の継承を強調したので、その意味で「エンカは日本人の心」という言説も生まれた。それに対して、韓国の場合は複雑で「倭色歌謡」といわれる一方、「伝統歌謡」というような相反する言説も生まれている。

(2)「エンカ」は1920・1930年代のすべての大衆音楽に当てはまるのか

　戦後に定着した「エンカ」や「トロット」の概念を、1920・1930年代にまで遡って適用する時に一つ問題となるのは、当時の大衆音楽すべてに当てはまるかどうかである。日本の「エンカ」の場合、古賀政男が作曲した歌の中で、藤山一郎がクルーン唱法で歌った歌は「エンカ」といえるのか。また、戦前の服部良一や戦後の吉田正を「エンカ」作曲家といえるのかという疑問も生じる。それは「エンカ」をどのような基準で規定するのかにもよる。楽曲分析で「エンカ」といえるものが存在するとはいえ、服部良一や吉田正を「エンカ」作曲家と認めない人もいるだろう。では、Ｊポップと呼ばれるかというと、そういうことはなく、「歌謡曲」という名称が最も妥当だと思われる。

　前にも述べたように、園部三郎は当時の流行歌を「演歌調」と「洋楽調」に分けて分析している。無理に服部良一などを「エンカ」とせず「洋楽調」とし、流行歌には大きな類型が二つあるとすると、わかりやすく分類できる。

(3)「トロット」の四分類と「エンカ」の三分類

　では、韓国の「トロット」の場合はどうか。解放前の大衆音楽を大きく「新民謡」系と「トロット」系に分けることができるが、張ユジョンは「新民謡」「トロット」「ジャズソング」「漫謡」と四つに分類している。この中で、「新民

謡」「ジャズソング」「漫謡」の三つは当時のレコードラベルの表記によるもの
だ。解放前になかった「トロット」については「日帝強占期当時に流行した日
本の大衆音楽の影響を受けて作られたもの」と述べている。その意味では、ア
メリカの大衆音楽の影響を直接受けたものが「ジャズソング」で、アメリカの
大衆音楽の影響を日本を通し、間接的に受けたものが「トロット」ともいえる。

　実際にアメリカ大衆音楽の影響を受けた作曲家として、孫牧人や金海松がい
る。彼らは韓国でジャズ演奏家としても活躍しており、金海松は実際「ジャズ
ソング」というジャンル名のついた曲を作曲している。一方、孫牧人の代表作
といえる「木浦の涙」のレコードラベルには、当時「地方新民謡」というジャ
ンル名がついていて、現在では「トロット」に分類されている。したがって、ジャ
ズソングの位置づけは限定的であったといえよう。ちなみに、日本では「フォッ
クス・トロット」が「ジャズソング」ともいわれていた。

　次に「エンカ」と「トロット」は、時代によって異なって捉えられてきた。
1960・1970 年代を基準として、それ以前のものを「オールドエンカ」と「オー
ルドトロット」とする。そして 1960・1970 年代以降の変化を、それぞれ「ニュー
エンカ」や「ニュートロット」とし、2000 年代以降を「新世代トロット」
と分類して検討した。「オールドエンカ」と「オールドトロット」はどちらも
およそ 1930 年代に登場したが、これは日本が韓国を植民地支配していたこと
を考慮する必要がある。いずれにしても、この段階で大衆社会化状況が出現し、
アメリカ大衆音楽の影響を受けたといえるだろう。

　1960・1970 年代以降の展開について、日本の場合は「ミドルエンカ」が定
着した直後から、リズムや音階などで変化が始まっている。さまざまな要素が
絡み合っているため、はっきりとしたターニングポイントを見つけにくいが、
1970 年代の森進一「襟裳岬」や外国人歌手の登場に始まり、1980 年代には
AOR（Audio-Oriented Rock）が出現、2000 年代には「ニューエンカ」歌手
の氷川きよしが登場している。韓国の場合は、1970 年代後半の趙容弼による
「ゴーゴートロット」、1980 年代後半の周炫美による「興のトロット」を契
機に「ニュートロット」が定着し、2000 年代の張充貞の登場によって「新世
代トロット」が出現した。この「ニューエンカ」や「ニュートロット」の出現

第 8 章　「エンカ」と「トロット」の比較検討　　209

は、アメリカやイギリスを主とした世界の大衆文化の影響を受けたということである。

　ここで強調したいことは、日本では「エンカ」の展開を三段階、韓国では「トロット」の展開を四段階に分けたことである。これまで日本と韓国の大衆音楽は、比較的共通した展開を見せていたが、「新世代トロット」の出現によって、大きな変化が現れている。韓国の音楽シーンの中で、1990年代初めに、男性アイドル系ヒップホップグループの「ソテジワアイドゥル」が出現したことにより、韓国音楽のアメリカ化、グローバル化が日本以上に早く進展した。そして、それが「トロット」にも影響を与えたのである。

　第三に「エンカ」と「トロット」には、必ずしも明確な定義があるわけではなく、個人によって異なって捉えられてきた部分がある。したがって、どこまでが「エンカ」かという外縁が、あいまいなまま残っている。

2　三領域の分析

「エンカ」と「トロット」を「ミドルエンカ」と「ミドルトロット」を中心に、以下の三領域について、これまでの議論をまとめてみる。
（1）楽曲分析：音階、リズムないし拍子、テンポ、メロディ
（2）歌詞分析：主題、歌詞語句、情緒、韻律
（3）唱法分析：発声法、歌唱法

（1）楽曲分析

　楽曲分析の音階では、「エンカ」も「トロット」も、主として長調ヨナ抜き5音階、および短調ヨナ抜き5音階が使用されている。ただし、このヨナ抜き5音階は必ずしも「エンカ」や「トロット」だけに用いられたものではない。とりわけ長調ヨナ抜き5音階は、唱歌の段階から使用されていたものだ。しかも、この音階は日本固有ではなく、最初は「Auld Lang Syne」などスコットランド音階という外来のものが愛好されたことに始まる。この音階は、日本でいう長調ヨナ抜き5音階である。

短調ヨナ抜き5音階については、前にも述べたように、1887（明治20）年の「ノルマントン号沈没の歌」が日本で初めてハ短調ヨナ抜き5音階で作られた。その後、1900（明治33）年前後から「荒城の月」などの唱歌、軍歌、童謡などで用いられており、決して「エンカ」や「トロット」だけではなかった。そこで注意しなければならないのは、完全に5音階だけではなかったことである。第4音または第7音を欠いた6音階も使われた。大衆音楽でも、日本の「酒は涙か溜息か」や韓国の「静かな長安」では6音階が用いられている。

　日本の伝統音楽の音階の一つである「都節」と似たものになっているとはいえ、「都節」をそのまま復活させているわけではない。何より小泉文夫がいう音階の構造が異なっているのだ。この点については、音楽学専門家の議論に委ねたい。

　ただ、この短調ヨナ抜き5音階は、学校唱歌のように強制されることはなく、日本でも韓国でも愛好されたのは確かである。

　その他、ヨナ抜き5音階以外で作られたものもある。近年の「ニューエンカ」や「ニュートロット」に至る過程では、必ずしもヨナ抜き音階が一般的でなくなり、ポップス調が加味された。またリズムも音階も、それまでの「エンカ」や「トロット」の様式から自由になっている。

　リズムでは、どちらも4分の2拍子、ないし4分の4拍子が多いが、4分の3拍子もある。

　植村幸生は、韓国の伝統音楽を特徴づける最大のポイントは、リズムであるといって、

　　　「アリランがすでにそうであるように、三拍子で表記されるように拍節の
　　　リズムが、韓国の伝統音楽ではひんぱんに見いだされる。そのため、朝鮮
　　　民族は『三拍子民族』だなどといわれたこともあった。しかしもう少し細
　　　かく見ていくと、狭い意味での三拍子よりも、むしろ六拍子、十二拍子と
　　　いうべきケースが多いので、ここではそれらを『大きな一拍を三つに分割
　　　する』という意味で『三分割リズム』とよぶことにしよう」

と述べている。

　前にも述べたように、日本の伝統音楽には4分の3拍子のリズムはなかった。最初に4分の3拍子の歌が導入されたのは、西洋からもたらされた讃美歌であり、ワルツだった。それらの歌を通して、日本人は4分の3拍子の歌を学んだ。4分の3拍子の唱歌としては「港」という歌が作られ、大きな人気を集めた。

　4分の3拍子を用いた代表的な曲として、韓国では、初期に「江南月」「江南燕」「故郷草」「荒城の跡」「他郷暮らし」など、戦後も「公主の悲恋」「私の一つの愛」「山有花」「山荘の女性」「ヨオクの歌」「無情な夜船」「愛の聖歌」「愛してみたら」などがある。また、日本でも古賀政男が作曲した「影を慕いて」「男の純情」「人生の並木道」「青春日記」「人生劇場」「新妻鏡」「芸者ワルツ」「悲しい酒」などがある。古賀政男に3拍子の曲が多いのは、小さい頃、3拍子の「美しき天然」を愛好していた記憶と、十代を韓国で過ごしたことが考えられるかもしれない。

「エンカ」と「トロット」のリズムは「ブンチャチャ　ブンチャ」あるいは「ポンチャチャ　ポンチャ」が一般的である。しかし、韓国では、1945年以降「トロット」だけでなく「チャチャチャ」「ポルカ」「ワルツ」などのリズム名をもつ大衆音楽が、「トロット」という名称にまとめられた。このことからしても、さまざまなリズムが存在するのは当然だといえよう。

　またテンポについて、日本の「オールドエンカ」は当時の「フォックス・トロット」の影響を受けていて、「ミドルエンカ」に比べると速くなっている。「ニューエンカ」になると、さらにテンポが速くなっている。韓国では「トロット」といっても、「フォックス・トロット」「トロット」「スロー」などに分けられている。「オールドトロット」の場合、「フォックス・トロット」の影響を受けているものが多いので、比較的テンポは速いが、「ミドルトロット」になるとゆっくりし、「ニュートロット」になると再び速くなっている。

　結局、楽曲として日本の「エンカ」と韓国の「トロット」は、基本的に西洋音楽の理論を基礎にして、西洋の大衆音楽とそれぞれの国の伝統音楽とを接合

して作られた。とりわけ、西洋大衆音楽の影響を強く受けていたことを示している。韓国の「新世代トロット」を除くと、時代の経過によって、それぞれ並行して変化し、それほど大きな差が見られなかった。

（2）歌詞分析

楽曲が西洋音楽の共通の理論に基づく楽譜で書かれているのとは異なり、それぞれの国の、つまり異なった言葉で書かれていることに注意する必要がある。文章そのものは、表面的に翻訳できるが、歴史的、文化的背景やその意味するもの、また細かなニュアンスまでを外国人に正確に伝えるのは困難なことが多い。

『日帝強占期大衆歌謡研究』での考察によると、日韓大衆音楽に共通して現れる特徴的な言葉は、「泣く」「君」「愛」「夢」「心」「涙」「夜」「胸」の八個である。

このような共通点が現れたのには、まず韓国と日本の言語構造が類似している点、また近現代の歴史、および政治的背景を共有した点、社会全般の雰囲気が似ている点などが挙げられる。しかし、相違点としては「コヒャン（故郷）」が韓国にあるのに対して、日本にはないことだ。とはいっても、日本の戦前において、「股旅もの」の背後にあったテーマは故郷であるし、西条八十作詞・古賀政男作曲による代表的なヒット曲「誰か故郷を想わざる」があるので、まったく日本になかったとはいえないだろう。

1）「出会いと別れ」

戦時歌謡を別とすれば、日本の「オールドエンカ」の主題は、いわゆる女歌である「出会いと別れ」と、いわゆる男歌である「股旅物」、そして大都市の享楽的な生活であった。とすれば、韓国の「オールドトロット」の主題も、戦時歌謡を別とすれば、いわゆる女歌である「出会いと別れ」、いわゆる男歌である「放浪する旅人」、そして大都市の享楽的な生活であった。

日本と韓国の大衆音楽の中でも、「出会いと別れ」は共通しているが、この主題は世界のどの国においても、永遠のテーマとなっている。花柳界や酒場の

第8章 「エンカ」と「トロット」の比較検討　213

女給など、現実社会の中で周辺的位置に置かれた女性が、身分ちがいのゆえに果たされない愛を嘆き、悲しむ場合が典型的だとされている。

日本の場合、昭和の初めに佐藤千夜子が歌った「夢の女の歌」「愛して頂戴」など、一連の女性心情を歌った歌があるにはある。しかし、はっきりとした別れの場面があるわけでもなければ、それほど異性に対して深い慕情があるわけでもない。「女給の唄」という題名の歌では、自らの辛い生活を嘆いてはいるが、そこには異性に対する別れの悲しさはない。淡谷のり子が歌った「別れのブルース」も、確かに別れの切なさを歌ってはいるが、それほど深い男性への慕情は感じられない。また、男性の女性に対する慕情をプラトニックに歌った「影を慕いて」や、男性の想いか、女性の想いかをはっきりと区別できない「君恋し」などもある。

韓国では、ニム（いとしいお方）を慕う女性の心が描かれた「江南の月［落花流水］」（妓生を主人公とした映画「落花流水」の主題歌）がある。また、「木浦の涙」では涙を流し、別れを惜しむのは、新妻であった。日本の植民地支配に置かれた韓国の社会状況が前提にあるため、その思いはより深いものがある。「出会いと別れ」に象徴されるテーマは、「情」あるいは「人情」という観念を背景としている。「情」あるいは「人情」は、人間の自然な感情、人に対する思いやりという意味があり、日本でも韓国でも同じである。これは大衆音楽の歌詞において、最も核心的なものの一つである。

その「情」について、日本と比べると、韓国のほうが多く、深いようである。例えば、男らしい歌手の代表格である羅勲児には、何度も「愛してる」と呼びかける歌がある。韓国人の表現は直接的で、直線的であるため、「トロット」に限らず、「ポップ」や「バラード」でも、はっきり見られる。このことは、両者の国民性、あるいは民族性の相違しても大変注目される。

2)「股旅もの」と義理

次に、日本の大衆音楽には「股旅もの」という主題の歌がある。戦前の東海林太郎の「赤城の子守唄」から現代の氷川きよしの「箱根八里の半次郎」まで、いつの時代も人気を得ている。

いわゆる「男歌」として、故郷を離れた（共同体から切り離された）男性の心情を歌っている。江戸時代の義理と人情に生きるやくざ、つまりアウトローを主人公とし、表には決して故郷のこと、家族のことを語らない。日本人の中には、身分社会であった江戸時代の清水次郎長、国定忠治など、立場の弱い人々を助ける義侠の人として、称賛する傾向がある。この「股旅もの」あるいは「任侠もの」は、明治時代に流行った浪花節の主要な主題の一つでもあった。歌詞の中に、しばしば「義理」という単語が出てくるので、ここで「義理」の観念について考えてみる。

ルース・ベネディクトは『菊と刀』で、次のように述べている。

> 「『忠』と『孝』とはともに日本が中国と共有している徳目であって、日本はこの二つの概念にいろいろの変化を加えてはいるが、他の東洋諸国の道徳的命令とある程度同族的類似をもっている。ところが『義理』は、日本が支那の儒教から得たものでもなければ、東洋の仏教から得たものでもない。それは日本独自の範疇であって、『義理』を考慮に入れなければ、日本人の行動方針を理解することは不可能である。日本人はすべて、行為の動機や、名声や、その本国において人びとの遭遇するいろいろなジレンマについて語る時には、必ず常に『義理』を口にする」。

ここで、ベネディクトは「義理」を日本独自の範疇としている。中国の原典を参照している諸橋轍次の『大漢和辞典』では、「1. 正しいすじみち、2. わけ、意味、意義、3. 他人に対する自分の対面、4. 血縁者と同じ関係にある間柄」と解説していることからも、「義理」という漢語はもともと儒教思想の基づいた観念として、中国でも存在していたことがわかる。

また李熙昇の『国語大辞典』（韓国語版）では、「義理」を「1. 人として行わなければならない正しい道、2. 信義を守らなければならない交際上の道理、3. 男だけで血族のような関係を結ぶこと」と解説しており、韓国でも「義理」という語彙は存在する。

日本では『広辞苑』によると、「義理」を「1. 物事の正しい筋道、道理、2.

わけ、意味、3.（儒教で説く）人のふみ行うべき正しい道、4. 特に江戸時代以後、人が他に対し、交際上のいろいろな関係から、いやでも努めなければならない行為やものごと。対面、面目、情誼、5. 血族でないものが血族と同じ関係を結ぶこと」と解説している。

日本独特の意味としては、『広辞苑』の解説の4番目にある「交際上の努め」が挙げられる。これはベネディクトが指摘した「義理」である。このように「人が他に対し、交際上のいろいろな関係から、いやでも努めなければならない行為やものごと」という意味での「義理」と「義理と人情の葛藤」は、日本の「エンカ」の中で、男歌の主要なテーマの一つである。

ところで、日本の近代文学において、石川啄木の歌集『一握の砂』や室生犀星の抒情小曲集では、故郷に対する複雑で相反する感情が見られる。したがって、故郷に対する両義的意味を持つ場合があった。

このことは「股旅もの」や「任侠もの」の歌謡曲の歌詞と直接的なつながりはないが、何らかの意味で反映されているのではないだろうか。

3）「放浪する旅人」

韓国の「放浪する旅人」は男歌ともいえるが、やむを得ず故郷を出なければならなくなって、他郷に暮らしても、いつも故郷を想い、歌詞の中でもはっきりと望郷の念を著している。「放浪する旅人」は物理的には故郷へ帰れないとしても、精神的には故郷との一体化を図っている。

李英美は、次のように述べている。

「失郷と放浪は私的題材に閉じ込められた大衆歌謡の慣行的題材である男女間の愛と別れとは異なり、ただこの日帝時代にだけ集中的に現れる独特な題材として、日帝時代の苦しい現実を明らかにする可能性をもっとも多く持っている。〈荒城の跡〉や〈番地のない酒幕〉〈旅人の悲しさ〉〈涙で濡れた豆満江〉など、今まで歌われた歌は皆そのような切々さをもっている」。

確かに戦前、韓国に現れた「失郷と放浪」は、日本の植民地支配下にあって、韓国人農民が農村での生活に困窮し、やむを得ず故郷を離れた。しかも行き先が定まらず、将来の不安を抱えたままの状況を表現しているといえる。日本の場合、国内において、階級的、地域的に農民が周辺的位置に置かれていた。そういう中で移民や植民をする場合、植民地政策の保護のもとで支配的地位にあり、将来の生活においてもある程度の見通しを持つことができたといえるのではないか。

4）「怨」と「恨」

李御寧（イ・オリョン）は、「怨」と「恨」について、次のようにいっている。

　　「日本のエンカは甘ったるい悲しみで、韓国のものは苦い悲しみであるという差がある。また日本の歌と韓国の歌に流れている感情には、『怨』と『恨』という差がある。日本の『怨』は復讐して晴らすものだとしたら、韓国の『恨』は復讐して晴れるものではなく、自分のうちに積もった雪を解かすように、『恨』を解くことが重要だ」。

　韓国人作曲家・孫牧人は、日本と韓国の歌謡について、自伝『他郷暮らし』の中で、こういっている。

　　「日本の歌謡はいまも昔も、その題材のほとんどが身近な出来事から取られている。我が国の歌がこれまで国家と民族をしばしば主題としてきたのとはだいぶ事情が違う。韓国の歌手は民族的な恨みを吐き出すように体全体で歌うし、日本の歌手はただ個人的な事情で歌うだけである。だから歌を細くしなやかに、口先だけで歌っているようにもみえる。韓国人歌手の歌を初めて聞いた日本人はショックを受けるはずだ。しかしあまりにも過激に歌ってしまっては人気も長続きしない。感情を表現するためしばしばオーバーアクションになる韓国人歌手の姿が目に付くが、国際舞台への進出を考えるなら、改めていくべきことの一つだろう」。

第 8 章　「エンカ」と「トロット」の比較検討　　217

韓国人音楽家・吉屋潤（キルオッキュン）は、日本の大衆音楽と韓国の大衆音楽の違いについて、次のように言っている。

　　「音楽は国境を越えているという文句は、ある面では正しいでしょう。だが、韓国と日本の音楽は違います。数年前に演歌のルーツは韓国にあるという論議がなされましたね。だが、私に言わせれば、あれは商売人がつくった宣伝文句だ。演歌は日本のものであって、韓国に演歌があるはずがない。韓国人には、心の深部まで食い入っていくあんなカミソリみたいなセンチメンタリズムはありませんよ。もっと物にこだわらず、馬鹿にみえるほど悠長なところがある。だから何度もどこかの国に隷属し、いじめ抜かれなければならなかったのかもしれない」。

　また吉屋潤は、韓国でも韓国語で歌われた『国境の町』という歌について、次のようにも言っている。

　　「『国境の町』の日本人の気持ちは勝者の気持ちなんです。そこに領土を広げていた、ですから日本の当時の演歌の方が、優しいし、きめがこまやかだし、温かい。韓国の場合は、どん底まで行きつめていると述べ、その違いを明らかにしている。このように、歌詞については、日本と韓国では、社会的、文化的、歴史的背景が異なり、その差異は大きいという」。

5）歌詞に込められた意味の違い

　日本の「エンカ」に関して、前者の「カミソリみたいなセンチメンタリズム」が、具体的に「エンカ」のどのような部分を指すのかは分からないが、後者では「国境の町」という具体的な曲について「優しさときめこまやかさ」を語っている。また、韓国の大衆音楽に関しては、前者では「物にこだわらず、悠長なところ」があり、後者では「どん底まで行きつめている」と語っている。

　これらの指摘は、必ずしも歌詞の表面に現れたものではなく、歌詞に込めら

218

れた意味が、日本の「エンカ」と韓国の「トロット」では異なっていることに
ある。李御寧も、孫牧人も、吉屋潤も、日本のことを良く知る韓国人であり、
その指摘は貴重なものである。

「国境の町」は、1934年に大木惇夫作詞・阿部武雄作曲で作られた歌で、東
海林太郎が歌っている。一番の歌詞は以下の通りである。

　　　「橇の鈴さえ　淋しくひびく　雪の曠野よ　町の灯よ
　　　　ひとつ山超しゃ　他国の星が　凍り付くよな　国ざかい」

　ここに描かれているのは、厳しい現実であり、必ずしも明るいものではない。
かつて満州などに自発的に移住していった日本人の中には、厳しい現実に打ち
勝って、将来の夢や希望を、この歌で抱いた人もいたのだろう。それに対して
韓国人の場合には、この歌の中に「韓国の場合は、どん底まで行きつめている」
と述べられたように、追われるように移住して、つらく苦しい生活を余儀なく
された場合が多かったのだろう。同じ歌詞でも、聴く人によってその印象が大
いに異なることを指摘した。このような韓国人音楽家・吉屋潤の想像力には鋭
いものがある。

　結局、韓国の短調トロットの歌詞の多くは、「故郷と他郷」という空間で「男
女あるいは親子兄弟の別れ」が描かれ、男女の間では女性の断念が、故郷を離
れたものの断念が描かれている。その時代背景としては、いうまでもなく韓国
に対する日本の植民地支配があり、それだけ韓国人の情感には深く重いものが
あったといえよう。

　悲しい歌を歌うことによって、いったんその悲しみと同一化し、それを昇華
して、癒しを得る。これは韓国語でいう「ハンプリ（恨みを解き放つ）」である。
情感が深ければ深いほど、重ければ重いほど、大きな癒しを得ることになる。

6）「他郷と故郷」から「都市・都会と田舎・ふるさと」

　日本と韓国の大衆音楽の歌詞で、三番目に挙げた大都市の享楽的な生活につ
いて、日本では東京を主題とした「東京行進曲」「東京音頭」「東京娘」「東京

第8章　「エンカ」と「トロット」の比較検討　　219

ラプソディ」、大阪を主題とした「道頓堀行進曲」などがある。また、韓国ではソウルを主題とした「鍾路行進曲」「モダンソウル」「ソウル街頭風景」「ソウル名物」などがあり、表面的には陽気で愉快な内容である。この時代が大都市を中心とした消費社会になっていたことを表しているのではないか。

　戦後の「エンカ」と「トロット」に現れた歌詞の主題の一つは、やはり「出会いと別れ」である。これは戦前の「オールドエンカ」や「オールドトロット」とも共通している。李美子の「トンベクアガシ」「女の一生」「島の先生」や、南珍の「カスマプゲ」「愛しているよ」「あなたと一緒に」「憎くてももう一度」、羅勲児の「愛は泪の種」「あなたが恋しい」「浜辺の女」「いつまでも」など、数えられないほどの歌がある。

　もう一つの主題は、「他郷と故郷」から「都市・都会と田舎・ふるさと」に変わった。かつては他郷というと、外国（植民地を含む）が多かったのに対し、戦後はソウルが浮かび上がってくる。韓国人にとって「他郷」が無くなったわけではなく、戦後アメリカ移住が本格的に始まり、アメリカが「他郷」となった。このことは大衆音楽のテーマにはならず、かつての「故郷と他郷」は「故郷とソウル」に変わっている。つまり、故郷を対象とした歌と、日本では東京、韓国ではソウルを対象とした歌が多く出ている。したがって、「オールドトロット」で現れていた「放浪する旅人」は無くなったが、日本の「オールドトロット」の「股旅もの」は完全に無くならなかった。1960年代の橋幸夫「潮来笠」、2000年代の氷川きよし「箱根八里の半次郎」など、時を置いて復活しているのである。

　これは戦前の歌の「故郷」と違って、都市（東京、あるいはソウル）と田舎という対比で、経済成長に伴う人口の都市移動を背景としたものである。ここでは都市への憧れと故郷に対する愛着という二重の意識が働いている。

　韓国では、解放前後には「故郷の雪」「故郷草」「帰国船」「故郷万里」、1950年代には「故郷をさがしてきて」「故郷はわが愛」「故郷の影法師」「わが故郷に馬車で行く」「遠い故郷」「望郷のタンゴ」「郷愁」、1960年代には「川の村に暮らしたい」「故郷のおばさん」「故郷無情」「故郷がいい」、1970年代には「故郷駅」「故郷の川」「故郷にふく風」などがある。

そして、首都ソウルという名詞がついた歌は、解放直後には「ソウル夜曲」「ソウルをさがして来たんだ」「ソウルブギ」、1950 年代には「断腸のミアリ峠」「忠武路」、1960 年代には「ソウルから東京まで」「帰っていく三角地」「ソウル駅夜 11 時」「明洞ブルース」「ソウルの慕情」「ソウルの賛歌」「ソウルよ、アンニョン」「雨降る明洞通り」「霧にぬれる奨忠檀公園」、1970 年代には「麻浦終点」、1980 年代には「ソウルソウルソウル」「故郷の夢」「雨降る永東橋」「新沙洞、その人」、1990 年代には「ソウルブルース」「ソウルタンゴ」、2000年以降「ソウルアガシ」「故郷へ行く道」などがある。

7)「怨歌」と「人生もの」「根性もの」

　日本の「ミドルエンカ」には、「オールドエンカ」には見られない「怨歌」も出現している。特に藤圭子が有名だが、彼女のデビューに当たって、「怨歌の星」「怨歌の女王」というキャッチフレーズも使われている。

　日本のエンカには「人生もの」、あるいは「根性もの」の歌がある。「王将」「花と竜」「柔」などだが、「三百六十五歩のマーチ」を含めてもいい。人生の「応援歌」ともいえるものだ。このような歌も、韓国には見当たらない。「ニューエンカ」や「ニュートロット」の歌詞になると、享楽的で明るいものが多くなっている。

　このように、日本の「エンカ」には「艶歌」「怨歌」「(応)援歌」「宴(会)歌」など多様な主題があるのに対して、韓国の「トロット」は限定的で、それほど多くの主題はない。

　結局、日本の「エンカ」と韓国の「トロット」の歌詞に関しては、それまでの唱歌のような啓蒙性から離れ、伝統歌謡の中にある叙事性とも離れ、日常性や個人的情緒を表現している。そこでは「出会いと別れ」「望郷」、そして「都市生活への憧れ」などが主題となっている点は共通しているが、それぞれの民族的、歴史的、文化的、言語的固有性が存在している。さらに、「ニューエンカ」や「ニュートロット」の明るさの背景には、社会の中での女性の地位が受動的なものから能動的なものに変化したことを物語っているともいえるだろう。

第 8 章 「エンカ」と「トロット」の比較検討　　221

コラム：地名を入れた歌の題名（曲名）

ソウル以外の地名を入れた歌の題目では、釜山を除くと、それほど多くない。釜山を舞台とした歌には「別れの釜山停留場」「頑張れ、クムスン」「泣きながら別れる釜山港」「海雲台エレジー」「釜山カモメ」「元気で釜山港」、そして「帰れ、釜山港へ」などがある。

釜山は韓国第二の都市で、朝鮮戦争当時、臨時首都が置かれ、多くの避難民が居住した都市でもある。日本でいえば、大阪に当たる都市である。

この種の歌としては、戦前では「木浦の涙」、戦後では「大田ブルース」などが有名である。

済州島を主題にした歌は「西帰浦の愛」「西帰浦70里」「三多島消息」「西帰浦を知っていますか」「カムスグァン」などがある。また、北朝鮮を主題とした歌には「夢に見た大同江」「恨み多い大同江」「平壌妓生」「懐かしい金剛山」などがあるが、後の地域は仁川、南原、七甲山など、大都市や観光地などに一つか二つある程度で、全体としてはさほど多くない。

日本でも、東京や大阪など都会を主題とした歌謡と、望郷の思いを込めたふるさと歌謡が出現している。

東京を主題とした歌謡としては「東京の花売り娘」（1946年）、「夢淡き東京」（1947年）、「東京ブギウギ」（1948年）、「銀座カンカン娘」（1949年）、「東京キッド」（1950年）、「東京エレジー」（1951年）、「東京アンナ」（1955年）、「東京のバスガール」（1957年）、「おさらば東京」（1957年）、「東京だよオッカサン」（1957年）、「有楽町で逢いましょう」（1958年）、「銀座の蝶」（1958年）、「銀座の恋の物語」（1961年）、「東京五輪音頭」（1964年）、「ああ上野駅」（1964年）、「東京の灯よいつまでも」（1964年）、「ウナセラディ東京」（1964年）、「新宿そだち」（1967年）など数は多い。

この中で、東京と故郷との関係を歌うのではなく、東京そのものの成熟した都会生活を歌った吉田正作曲の歌は都会派歌謡と呼ばれている。この都会派歌謡は、かつては必ずしも「エンカ」と呼ばれることはなかったが、現在では「ムード歌謡」あるいは「ムードエンカ」というように「エンカ」

の中に含まれることもある。

　また、ふるさと歌謡としては「別れの一本杉」を作曲した船村徹や、「お月さんこんばんわ」を作曲した遠藤実などの作曲家が登場している。

　その他、日本では「ご当地ソング」といわれる、東京以外の地域を主題とした歌がある。1966年、美川憲一の歌った「柳ヶ瀬ブルース」の発売を契機に、あるレコード会社によって作られ、それが広まったと言われている。

　代表的なものだけでも、北海道では札幌「恋の町札幌」、小樽「小樽のひとよ」、函館「函館の女」、釧路「釧路湿原」「襟裳岬」「納沙布岬」などがある。また、東北地方では「北国の春」「みちのくひとり旅」、青森「津軽海峡冬景色」、盛岡「盛岡ブルース」、山形「庄内平野」、仙台「追いかけて仙台」、関東地方では、横浜「よこはま・たそがれ」、北陸地方では、新潟「新潟ブルース」、東海地方では「白い街」、岐阜「柳ヶ瀬ブルース」、高山「奥飛騨慕情」、近畿地方では神戸「そして、神戸」、中国地方では瀬戸内海「瀬戸の花嫁」、鳥取「鳥取砂丘」、四国地方では高知「南国土佐を後にして」、九州地方では北九州「無法松の一生」、福岡「博多の女」、熊本「火の国の女」、長崎「長崎は今日も雨だった」、鹿児島「ひとり薩摩路」などがあり、全国各地の大都市から、地方の中小都市にいたるまでご当地ソングが存在する。

　韓国の場合、ソウル、一部に釜山、済州島、北朝鮮を別にし、ヒット曲の中では「木浦の涙」や「大田ブルース」「釜山港へ帰れ」「安東駅で」などを除けば、具体的な都市名はほとんど現れない。つまり日本でいう「ご当地ソング」はあまり見られないようである。それだけソウルのもつ比重が大きいことを示しているのではないか。

　それにしても、韓国ではほとんど見られない日本のご当地ソングの存在は何を意味するのか。一般的に地域の持つ音楽市場価値が、韓国は日本より低いといえるだろう。

コラム：地名を入れた歌の題名（曲名）　　223

8)「ドエンカ」

　ここまで、日本の「エンカ」と韓国「トロット」を比較、対照しながら検討してきたが、最後に日本だけにしかない「ドエンカ」について述べる。
「ドエンカ」というのは、一般的には「エンカらしいエンカ」という意味で用いられている。『角川新国語辞典』によれば、「ど」について、「1. 特別の。並外れた。『どえらい』、2. 意味を強めていう語。『ど真ん中』、3. ののしり卑しめる意を表す語。『どあほう』」と説明している。したがって、「ドエンカ」には「もっともエンカにふさわしい」という意味と同時に、軽蔑的な意味が込められている。
「ドエンカ」については、クリスティン・R・ヤノが「エンカ」のサブカテゴリーとして挙げている。

　ヤノは「ドエンカ」の特徴として、歌詞では義理人情、道徳、苦難というテーマに焦点をあて、歌唱法は語り口調と浪花節の影響を受けた音楽的発声法などを挙げている。「ドエンカ」については、人によってさまざまな捉え方があり、必ずしも明確な定義はないが、伝統音楽との影響は共通していると思われる。歌唱においては、初期の都はるみのコブシを強調するような歌い方が「ドエンカ」の典型といえる。また歌詞においては「股旅もの」の義理人情や「なみだ船」「柔」「王将」「いっぽんどっこの唄」などの「根性もの」が典型的だと思える。このような特徴は韓国の「トロット」にはないようだ。

(3) 唱法分析
1）コブシ

「エンカ」の歌唱法について、コブシなど声を振るわせる技巧を用いることが特徴だといわれている。小泉文夫は、

> 「日本の歌はわらべうたにはほとんどありませんが、子守唄から上の民謡、芸術音楽、すべてにわたってメリスマ、こぶしに満ちています。ですから、演歌のなかからこういうメリスマ、こぶしというものを除いてしまうと、演歌の特徴もなくなってしまうほどです」

とも述べている。

　この歌唱法は「エンカ」独自のものではなく、日本の伝統音楽でも使われている。その中で、最も古い形式は日本の声明（仏教音楽）である。藍川由美によれば、声明の発声法には、ある音を細かく上下動させながら歌う「ユリ」、下降形の最終音として、音を捨て去るように音程をずり下げながら消えるように歌う「ステル」、ある音から次の音に極くなめらかに移行しつつ歌う「ソリ」、ある音から半音または１音ずつ低い音に下りる場合には、後ろの音を強く押し出すようにアクセントを付けて奏する「マワス」、ある音から１オクターブ高い音に裏声を用いて滑らかに移行する「スカシ」、極く短時間に１音だけ上げてすぐ戻る場合、真ん中の音を口中で強く当り押すように発する技法である「口内アタリ」などがある。古賀政男が作曲した歌の場合、初期のヒット曲には見られないが、1935（昭和10）年以降の作品には、このような節回しの指示があるという。このように、「エンカ」で代表的に用いられるコブシは、声明をはじめ、民謡、浪曲などの日本の伝統音楽で、既に見られるものである。

　しかし、このような発声法が確立したのは、「ミドルエンカ」の段階のことである。初期において、日本の大衆歌謡を代表する歌手・藤山一郎は、音楽学校出身であった。西洋クラシック音楽の発声法を踏まえ、アメリカのポップソングのクルーナ唱法を獲得し、日本の流行歌の唱法を確立した。実際の歌唱法は歌手個人によって微妙に異なるが、藤山一郎をはじめ、初期の多くの大衆音楽の歌手は、男女を問わずコブシなどを用いた「エンカ」的唱法で歌わなかった。ただ芸者出身の女性歌手の場合は、民謡などの唱法を用いている。このことは韓国でも似たような状況であった。男性歌手の場合、音楽大学出身か、藤山一郎の歌唱法に倣った歌い方が主流で、女性の妓生出身の歌手は、伝統唱法が主流であったといえよう。

　戦後、民謡歌手の三橋美智也や浪曲歌手の三波春夫などが出現した。そして1960年代になって、ようやくコブシを用いた典型的な「エンカ」歌手と呼ばれる北島三郎、森進一、都はるみなどの歌手が登場した。

第8章　「エンカ」と「トロット」の比較検討　　225

2）韓国「トロット」の歌唱法

　李ジョンピョは「日帝強占期大衆歌謡女性歌手の歌唱法比較研究」で、戦前に活躍した14名の韓国人女性歌手について分析を試みている。それによると、近代音楽教育を受けた尹心悳の場合、典型的なベルカント唱法を駆使しながらも、幼い頃には民謡に接していて、伝統的なシギムセという唱法も自然に駆使することがあったという。また、妓生出身の朴芙蓉、王壽福、李銀波などは、民謡的唱法を用いていた。ただし、彼女たちの歌は、主として「新民謡」というジャンルに属していたが、「トロット」との境界は曖昧なところがあった。

　全体として、音色はきれいで、澄んだ鴬型。発音は子どもが甘えて出すような声。フレーズ表現は、自然の音律を考慮して作曲された旋律を、話すように安定したフレーズで解釈して歌うこと。バイブレーションは、西洋音楽型、民謡型などが用いられているという。

　チョン・ボムヒは「歌手李美子のトロット唱法研究」で、李美子の唱法について分析している。李美子はあまり誇張せず、自然に微妙なビブラート、音の強弱、装飾音などの唱法を用いて歌っている。そして、このようなビブラート、音の強弱、装飾音などの唱法は、民謡においても見られると述べている。

　金イクトゥは「大衆歌謡における民謡の創造的伝承問題」で、趙容弼の発声法、歌唱法を分析している。ロック音楽家として出発し、ゴーゴートロット「トラワヨ釜山港に」でヒットしたものの、大麻草事件で謹慎した趙容弼がその間、伝統音楽を学び、訓練して、「ミウォ・ミウォ・ミウォ」で再起を果たした。後に当時を振り返って、

　　　「……大麻草事件がなく、『トラワヨ釜山港に』で満足して過ごしたなら、
　　　私は歌謡界からいなくなっていたかもしれない」

　　　「ここで注目されることはある地域の伝統音楽と語法だけを修練したので
　　　はなく、全国の多くの地域の多様な音楽伝統と語法を修練したという点だ。
　　　江原道民謡、全羅道民謡、パンソリなどを学んだ。……彼がこのような唱
　　　法を深く修練・体得したということは、彼が大衆歌謡でなした音楽的成就

と成功にきわめて重要で、決定的な契機をもたらしたのだった」

と分析している。

韓国の民謡の歌唱法について、植村幸生は、

「全羅道の民謡を歌うときには、音程幅の広いヴィブラートにあたるような強く揺れる声、半音上の音からすぐに下降する声などが要求される。前者をトヌンモク（ふるわせるのど：揺声）、後者をコンヌンモク（折るのど：退声）といい、特に後者は全羅道の音楽を『悲しい』音楽と感じさせる要素とされている。こうした流動的な音の姿は、全羅道に限らず、韓国の伝統音楽全般に見られる特徴である。西洋音楽の用語でいえば、『装飾音』と呼ばれるのだろうが、まっすぐな音がまずあって、それにあとから装飾しているわけではない。これが音のもともとの性質なのである」

と述べている。

「エンカ」や「トロット」の典型的な唱法は、声明（日本）と汎唄（韓国）などの宗教音楽、民謡、浪曲（日本の場合）、パンソリ（韓国の場合）など、伝統的歌謡の歌唱法に由来する。日本と韓国の伝統音楽の歌唱法とは、必ずしも一致しないが、中国文化圏に起源をもっていることから、類似する点が見られたとしても不思議ではない。

これまで検討してきたように、「エンカ」や「トロット」の楽曲は、初期は西洋大衆音楽の影響を、少し遅れて受けてきたように思える。つまり、西洋大衆音楽の流行と日本および韓国の大衆音楽の流行には、タイムラグがあった。さらにいえば、日本と韓国との間にもタイムラグがあったのである。

3　「エンカ」と「トロット」の土着性と越境性

（1）越境文化による変化

日本であれ、韓国であれ、大衆音楽には常に土着的なものと越境的なものが

第8章　「エンカ」と「トロット」の比較検討　　227

存在している。土着的なものとは、もともとはそれぞれの国の伝統音楽や伝統文芸であるが、独自に変化したり、越境的なものの影響を受けても変化している。越境的なものは、主としてアメリカのポピュラー音楽である。

　外国のポピュラー音楽が日本や韓国に入ってきて、流行する。しばらくすると、その中で慣れ親しんだ楽曲に改変が加えられ、「エンカ」や「トロット」の楽曲になっていく。次に、新しい外国のポピュラー音楽が日本や韓国にやってくると、同じような過程を経て、以前とは違う「エンカ」や「トロット」が作られていく。そこで、それまでの古くなったポピュラー音楽は、新しいポピュラー音楽に場所を譲り、自分はなくなっていく。あるいは土着化して、「エンカ」や「トロット」になっていくという過程を経ていく。したがって、以前はポップスとみなされていた楽曲が、後に日本では「エンカ」、韓国では「トロット」と見なされることもしばしば起こってくる。

　また「トロット」も時代によって改変されているが、韓国では、1960（昭和35）年にポップスとして大流行した「黄色いシャツの男」も、現在では「トロット」して、韓国KBSの番組「歌謡舞台」にたびたび登場している。過去においてポップス系の楽曲が、現在ではジャンル化が難しくなってきている。

　言いかえると、これは「曖昧化」の一事例でもある。例えば、成立の過程では明確に区別されていた唱歌と童謡が、時間の経過とともに、境界が曖昧になり、ほとんど類似のものと見なされてきた事例がある。

　ただし、韓国の場合、「トロット」は倭色歌謡という「日帝残滓」の一環として、民族主義的イデオロギーと捉えられてきた経過がある。したがって「トロットは韓国人の心だ」という言説には異論を唱える人もいるだろう。これらの問題については、植民地政策下で同化政策の一環として捉えられる側面もあるだろう。政治的、経済的強制はなかったとしても、植民地大衆に対するイメージ操作・意識操作が行われていなかったかどうかは疑問である。いずれにしても、具体的で実証的な検討が求められる。

（2）共同体の崩壊と「エンカ」

「エンカ」や「トロット」を歌詞という点から見ると、「伝統化」というキーワー

ドが浮かび上がってくる。今も昔も「エンカ」や「トロット」の歌詞には、楽しい歌も悲しい歌もあるし、首都である東京やソウルを話題とした歌もある。それらの背景には、家族を思い、故郷を想う心境が存在している。つまり、特定の風土あるいは景観と、伝統的な共同性を志向している。「ニューエンカ」や「ニュートロット」になると、以前の「エンカ」や「トロット」に比べれば、それほど強くないが、伝統的な共同性を志向しているように思える。ただ韓国の「新世代トロット」については、そのような共同体志向はないようだ。

日本は近代になっても、一般的な庶民生活のレベルで個人の暮らしを支えてきたのは伝統的共同体であった。しかし、その共同体は盤石ではなく、近代化の過程で、少しずつ解体されていった。仮に個人が故郷から離れることはあっても、故郷や家族とは精神的な繋がりがあった。そういう中で「エンカ」が生まれたのである。

共同体あるいは伝統の価値を、理念的、観念的にではなく、現実的、日常的に維持しようとする人々が、日本では「エンカ」を志向する。そこで「エンカは日本の心」というイメージが強調される。ところが、伝統社会、近代社会を生き延びてきた家族や故郷が、今や危機に瀕している。

伝統家族の理念では、家制度の維持が優先された。一方、近代家族の理念では、夫婦関係、親子関係が情愛で結ばれ、家族を一つの単位と見なし、家族のためにという家族主義イデオロギーが存在していた。いずれも、そこにあったのは家族であった。現実に、結婚年齢の上昇、出生率の減少、離婚率の上昇などの現象が、はっきりと現れている。

また地域社会は、近代化の初期段階で産業化に伴う離村向都で農山村が過疎化し、人口減少が始まった。それでも地域社会の生活は維持できており、都市に出た人々は故郷を懐かしみ、時々故郷に帰っていた。さらに、高齢化などで農山村の中には、限界集落といわれるような、近い将来に消滅が予定されるところまで出てきた。人は帰るべき故郷を失い、都市では個人が分断され、個人化した状況の中で生きていくのを余儀なくされている。そのような中で、「エンカ」が懐メロとしての意味をもっているようだ。

（3）大衆音楽の受容層の分解

　もう一つ重要な変化に、大衆音楽の受容層の分解がある。これは前述した家族や共同体の崩壊と、個人主義化という大きな社会変化とも関わっている。「ミドルトロット」の段階で、受容層の分解は起こった。以前なら、どんな歌でもいったん流行すれば、全国民的なヒット曲になった。特に1970年代のフォークブームが到来すると、若者はフォーク・ロックを愛好し、それまでのジャンルの音楽には関心を示さなくなった。

　それに対して、既成世代は新たに入ってきたフォーク・ロックに抵抗感をもつようになった。したがって、当時の若者世代と既成世代では、愛好する音楽ジャンルが異なっていた。

　ビートルズジェネレーションとでもいえる1970年代の若者層も、現在では中高年齢化し、現在流行しているダンス・ミュージックやヒップホップにはついていけない。韓国では「7080コンサート」という1970・1980年代に流行した楽曲を中心とした音楽番組が存在する。つまり「トロット」でもなく、ヒップホップなどのKポップでもない、フォーク・ロックを懐メロとして愛好する世代が存在する。これは、日本や韓国だけの問題ではない。世界的な問題であったし、音楽だけでなく、文化や思考方式、生活態度にまで関わる問題でもあった。

　「エンカ」や「トロット」だけでなく、どの領域の音楽も、国民的、全体的な支持を得るものはなくなり、多様化、個別化が進んでいるのである。

　さらに「エンカ」や「トロット」をめぐる問題として、日本でも韓国でも大衆音楽への評価が低いことである。「エンカ」や「トロット」は古くさく、ダサいといわれることが多い。

　かつて「エンカ」や「トロット」が登場した1930年代には、モボやモガが熱中した、新しく、ハイカラな音楽であった。しかし、時代とともに、新しい音楽がつくられ、それまでのものが古くなっていった。

　ただし、大衆音楽に対して、最初から現代にいたるまで、程度の低いものと見なされる傾向はあった。例えば、多くの人気曲を作曲した古賀政男は、自分が正規の音楽教育を受けてこなかったことに、コンプレックスを抱いていたと

いわれる。また、初期に歌手活動をした人（日本では藤山一郎や淡谷のり子ら、韓国では尹心悳など）の中には、正規の音楽教育を受け、クラシック歌手としての活動を夢見たが、演奏活動の機会はほとんどなく、大衆音楽の道を歩んだという場合もある。そこには、西洋クラシック音楽を頂点とする芸術の序列化が存在する。大衆音楽というだけで下位に位置づけられるし、さらに西洋に比べ、アジアに属する日本や韓国の大衆音楽はより低い位置にある。ポピュラー音楽は、商業的・消費的な性格を持ち、規格化されているので、音楽学的に優れているとはいいにくい。しかし、その中でも、部分的には美しい旋律や感動的な歌詞が存在しないわけではない。

　教養主義的な音楽鑑賞という点からすると、取るに足りないかもしれないが、大衆音楽の中にもクラシック音楽に劣らない素晴らしい作品もある。クラシック音楽は芸術音楽といっても、20世紀初頭までの時代に作られたものを再演する場合が多い。新しく作られる現代音楽は極めて難解になり、演奏する側だけでなく、聴く側も専門的な聴衆に限定されている。他方で、クラシック音楽の商業化、音楽ジャンルの混合が進んでいる。

　何よりも大衆音楽は、大衆といわれる普通の人々の日常生活の中にあって、低俗であっても、個人の苦しみや悲しみや楽しみを一緒に過ごして来たという共通の経験や体験がもとになって、日々新たに作られ続けている。

　また、「エンカ」や「トロット」が低俗だという批判は、道徳家、教育家、音楽家、そして社会主義者まで、さまざまなものがある。それぞれ根拠をもって、批判していることには違いないが、ここでは権威主義的な知識人と大衆という立場の相違として現れている。

　しかし、近年では、音楽ジャンルの融合が進み、芸術の序列化は弱まりを見せている。大衆音楽の位置は上昇してきているが、それでもポップ系と比べると、「エンカ」や「トロット」はまだ低いといわざるを得ない。

(4) グローバル化

　次に、越境文化（音楽）ないしはグローバル化という要因を考えてみよう。

　前に楽曲について、アメリカのポップ音楽との関係を述べてきた。その際、

第8章　「エンカ」と「トロット」の比較検討　　231

韓国や台湾などの国には、日本の大衆音楽が越境的な、グローバルなものとして影響を与えたとも述べた。

戦後の「エンカ」のほとんどが日本人による作詞・作曲で、それが「エンカ」を日本的なものと意味づける重要な要因となっている。歌手の場合は日本人ばかりでなく、在日韓国人歌手も多いといわれている。ほとんどが日本名で活動しているが、なかには韓国人であることをカミングアウトした歌手もいる。

そして1970年代の後半、李成愛をはじめとして、金蓮子、桂銀淑らの韓国人歌手がデビューしたが、彼女らは「エンカ」歌手として活躍した。

1970年代の初めに欧陽菲菲、アグネス・チャン、テレサ・テンらの台湾や香港からの中国人歌手が、日本の歌謡界にデビューした。彼女たち外国人歌手は必ずしも「エンカ」歌手ではなく、欧陽菲菲はポップ歌手、アグネス・チャンとテレサ・テンはアイドル歌手としてデビューした（後に、テレサ・テンは「エンカ」歌手として活躍する）。

日系人歌手として、1980年代にはマルシア（ブラジル出身）、2000年代には大城バネサ（アルゼンチン出身）やジェロ（アメリカ出身）が「エンカ」歌手として登場している。

細川周平によれば、ブラジルでは戦後、のど自慢大会が開催されたり、日本から流行歌手が慰問公演に来たりして、日系社会の間で日本の歌謡曲が親しまれていたという。日系三世であるマルシアも、幼いころから日本の歌謡曲に親しんでいたことだろう。彼女は、1985（昭和60）年に日本の放送局TBSがブラジルで開いた『TBS歌謡選手権』で準優勝し、歌手になるために来日した。マルシアは1989（平成元）年「ふりむけばヨコハマ」でデビューし、その年のレコード大賞最優秀新人賞を受賞した。

またジェロの場合には、日本人祖母の系譜をひき、アメリカで暮らしていた。小さい頃、祖母の家で、日本から送られてきたNHK紅白歌合戦のテープを擦り切れるくらい見ていたと言い、日本人のルーツをまったく否定することはできない。しかし、ジェロはヒップホップスタイルで「エンカ」を歌っている。

マルシアとジェロの場合、ルーツとしての日本という点で、他の外国人歌手とは異なり、共通点がある。しかし、デビューした時期が異なっているため、

そのスタイルは多少異なっている。

それでも日本生まれの日本人歌手とはどこか異なっている。ジェロは言う。

「……僕は演歌ほど美しい泣きのメロディをもつ音楽を知りません。アメリカで生まれ育って、日本語をなに一つ知らなかった僕なのに、メロディだけで涙が出た曲がたくさんあります。これは理屈では説明する事ができません。……演歌は、それだけメロディの表現力が高い音楽なのだと思います。

そして、歌詞の深さ、これは全ての音楽の中で一番じゃないかと思う時があります。時に、実らない恋、好きになってはいけない人を好きになってしまった恋を歌う時などは、演歌しか表現できないんじゃないかとさえ思います。『こんなに複雑な恋愛感情をたった三分にまとめられるんだー』と驚いた曲がたくさんあります。そうした歌詞の世界を知るたびに、もっと演歌を聴いてみたくなります。……ですが、初めて日本に来た時、若い人の間では演歌がほとんど聴かれていない事を知り、驚きました。せっかく演歌の国に来たのに、若い人の間では、『演歌を聴くのはダサいこと』『演歌はどれを聴いても同じ』とか言われていました。ですが、演歌はダサくもなければ、決して『演歌はどれを聴いても同じ』でもありません。……演歌は、日本が築き上げた素晴らしい文化です」。

この感覚は、外国に暮らして作曲活動を続ける現代音楽作曲家・吉田進の言説と共通するように思える。

これにどのように答えるかは、今後の興味深い課題である。

4　自己更新し生き延びる「エンカ」

これまで見てきたように、実際の日本の「エンカ」や韓国の「トロット」のスタイルは時代とともに大きく変わり、現在ではいったい何が「エンカ」か、何が「トロット」か、わからなくなっているようだ。

とりわけ「ニューエンカ」や「ニュートロット」あるいは「新世代トロット」
は、これまでの「エンカ」や「トロット」とは大いに異なるので、それを従来
と同じジャンル名で呼ぶこと自体、奇妙に感じられ、実際に批判もされている。
　例えば、近年の日本では「エンカ」を「昭和歌謡」とも呼んでいる。そうす
ると、現在活躍している氷川きよしなどは、どう呼ばれるのか。「平成歌謡」
になるのかなどの問題も生じる。また、若い女性の手による「ギャル演歌」も
登場しているが、これまでの文脈では捉えにくいものである。
　そして、音楽業界では、ランキング上の分類として、演歌・歌謡曲というカ
テゴリーまで登場している。例えば、オペラ歌手・秋川雅史が歌った「千の風
にのって」という曲は、演歌・歌謡曲部門にランキングされたことがある。こ
うなると、「エンカ」というジャンルは、単なるランキングのための便宜上の
分類になってしまう。
　演歌ルネサンスの会編『演歌は不滅だ』では、「演歌って、ナニ」という問
いかけに対して、

　　「じつにこれは難しい。前に何人もの方が『演歌の定義』を考えたが、ど
　　れも定着しなかった。……つまり、客観的にいって、「これが演歌だ」な
　　んてきまりはないわけだ。……『この曲は演歌』と世の中の多くの人がと
　　らえれば、それは演歌なのだ。しいて定義といえば、そこしかない」

とまでいっている。
　このように「エンカとは何か」といっても、なかなか一つの結論は出ない。
しかし、これまで見てきたように、「エンカ」はアメリカを中心とした世界の
大衆音楽の影響を受けて自己更新を続け、生き延びてきたといえるだろう。そ
れゆえ、ある時代と社会を背景に、それぞれ独自の像が浮かび上がる。このこ
とは「トロット」も同様であるが、「トロット」の場合は名称問題が課題となっ
ている。
　また「エンカ」や「トロット」は、流行歌として、あるいは懐メロとして、
今も生き続けてきている。大衆音楽として作られた「エンカ」や「トロット」

234

は、社会とともにあったといえるのである。そのことが「エンカ」と「トロット」を検討する重要性を明らかにしている。

　つまり、人々はその時々の「エンカ」や「トロット」と同時代性を感じている。このことは、再演が中心のクラシック音楽ではいえない。日本や韓国の政治・経済といった社会のあり方だけでなく、人々の日常生活や生き方、考え方などに光を当てることにつながるだろう。

コラム：「エンカ」の父・古賀政男

「エンカ」と「トロット」を比較、検討しようとする時、重要なキーパーソンとなる古賀政男について、触れておかなければならないだろう。

1904（明治37）年、福岡県に生まれた古賀政男は家庭の事情で、十代の十年間を韓国で過ごした。帰国後、明治大学に入学し、在学中はギター・マンドリンクラブに入って、音楽の研鑽を積んだ。「影を慕いて」の作曲を契機にレコード会社専属の作曲家になった後も、韓国に関心を持ち、1930年代には「アリラン」を編曲して日本に紹介している。また、1932（昭和7）年には雑誌『改造』に「アリラン考」を書いたり、戦後も「涙のチャング」という韓国にちなんだ歌を作っている。

古賀政男が韓国音楽に影響を受けたという説は、「酒は涙か溜息か」が発売された当時から、話題になっていた。

1932（昭和7）年、雑誌『新青年』の音楽ゴシップ欄「スリーモンキー」には、

> 「ビクターレコードの李アリスの『あだなさけ』、姜石燕の『いとしきけむり』の朝鮮民謡二曲は近来の傑作だ。殊に姜石燕の歌はコクがある。恐れ入りやした、頂戴致します。曲は『あだなさけ』が良い。〈過ぎゆく春は繋げまい……〉のあたりは、『酒は涙か溜息か』にそっくり。これで古賀正男朝鮮民謡を無断借用したのがすつかりバレつちまった。……」

と書かれている。『コロンビア社史50年史』でも、

> 「（酒は涙か溜息か）は流行歌の作詩としてはおよそ型破りの二行詩につけられた朝鮮民謡風の哀愁のメロディが、昭和初年以来、不景気、失業、などの社会不安におののき、エロ・グロ・ナンセンスに僅かに救いを求める人々の共感を呼んだものと思われる」

と書かれている。

「酒は涙か溜息か」の制作過程について、古賀は『自伝　わが心の歌』で、

　「この歌詞（「酒は涙か溜息か」──著者）を貰ったときひどく困惑
したことは、七五調の歌詞がたいへん短かく、民謡というよりは、都々
逸に近いことであった。三味線でさらりと曲をつけるのであれば、わ
りと簡単にいけるのだがとも思った。後年、私は短い歌詞に曲をつけ
るのを得意とするようになったが、この時はどうすべきか全く見当も
つかなかったのである。そうかといって、都々逸風のものをレコード
にしても、売れる数も限界があるだろうし、会社も受付けないにちが
いないとおもった。……

　その頃の歌謡曲には、たいてい三味線の伴奏が入っていた。都会の
モガ・モボたちはそれだけでも歌謡曲に反発を感じてしまう。一方、
その頃のカフェーにはダンス芸者というものが進出しはじめたのであ
る。それは、四畳半、三味線ムードにもあいたが、そうかといって女
給とジャズにもついていけないという大衆の要求から出現したものに
相違なかった。大衆も私が模索しているものと同じものを求めている
ようであった。

　そんなある日、ギターの性能を活かすことによって、解決の端緒が
得られるのではないか、というアイディアが私にひらめいた。それか
ら毎日ギターで三味線の曲をひいてみたり、古い民謡や義太夫という
ようなものまで弾いたりしてみた。そして、突然あのメロディが浮か
んできたのだった」。

　李アリスが日本語で歌った「あだなさけ」の原曲は、韓国人作曲家・全^{チョン}
壽麟_{スリン}の作曲した「静かな長安」という曲である。「酒は涙か溜息か」と「静

コラム：「エンカ」の父・古賀政男　　237

かな長安（あだなさけ）」について、韓国音楽評論家・金地平と朴サンジン東国大学教授がこの二つの曲を比較検討している。

「酒は涙か溜息か」と「静かな長安」は二つとも Dm、ヨナヌキ 5 音階ではなく、4 番目のレの音がない 6 音階（ただし「静かな長安」では、経過音としてソが一度だけ入っている）で作られ、メロディラインもよく似ている。特に、最後のフレーズはほとんど一致しているといってもいいだろう。

朴サンジン教授は

> 「〈静かな長安〉は V 和音が自然短音階となっている。〈酒は涙か溜息か〉は和声短音階を使用している。属七和音が使われている」。

そして、

> 「全壽鱗は自然短音階を使用して国楽的雰囲気が感じられるように作曲した。古賀政男はコード使用と進行で全壽鱗と似ている。だたし、属七和音（和声短音階）を使用することによって、西洋音楽的感じが出るようにしたものとみえる」

と述べ、「酒は涙か溜息か」と「静かな長安」の歌を分析している。

ただし、朴燦鎬の調査によると、「酒は涙か溜息か」のレコード発売は1931（昭和 6）年 8 月、「酒は涙か溜息か」の韓国語版レコード発売は1932（昭和 7）年 2 月、「あだなさけ」のレコード発売は同年 10 月、そして「あだなさけ」の原曲「静かな長安」のレコード発売は同年 10 月となっていて、レコード発売としては「酒は涙か溜息か」が一年早い。そうすると、早く発売された「酒は涙か溜息か」が、遅く発売された「静かな長安」に影響を受けたということになり、その説明は難しい。「静かな長安」

はレコード発売のもっと前に作られて、舞台で演奏されていたという説も
ある。また、どちらかが先に作られ、もう一方に影響を与えたといっても、
日本と韓国の間でどのように伝えられたかもわからない。この点は、これ
からより詳しい検討が必要だ。

　古賀自らは韓国について、いくつかのところで述べているが、自伝『古
賀政男　歌はわが友わが心』では、次のようにも述べている。

　　「特に私は仁川の初夏を忘れることができない。白いアカシアの花が
　　町全体を覆うように咲くその良い匂いは、まるで香水の空から降り注
　　ぐようだ。群青の海から、乳色の霧の這い上がる頃、町の辻つじに青
　　いガス燈が音もなくともった。そして、どこからともなくチャングや
　　カヤグムの響きがかすかに聞こえてくる。もし私が少年期を朝鮮で過
　　ごさなかったらこうした曲はかけなかっただろう」。

また1932（昭和7）年には、雑誌『改造』で次のようにも書いている。

　　「こころみに花唄の巷、山櫻河亭に遊んで、清楚な装いした妓生が哀
　　訴の風情を以てアリラン、コゲロノモカンダと冴えのいい太鼓の音に
　　合せて唄ふのを聞いた時、いかにこの唄が音楽的に素晴らしいかを知
　　ることができるでしょう」。

　また、前著『歌はわが友わが心』には、次のようなエピソードも書かれ
ている。

　　「私は在日韓国人の代表らしい人たちの訪問を受けた。彼等は『古賀
　　さん、絶対に他言はしませんから、ほんとうの名前を教えてください。
　　そしてこんごわれわれの力になってください。』というのだった。私

コラム：「エンカ」の父・古賀政男　239

が幼少年時代を朝鮮で過ごしたことからこんな伝説が彼等の間に広まり、ひそかに信じられていたのかもしれなかった。それでも、私はこの話を聞きながら笑うことはできなかった。朝鮮が日本に隷属していた頃、そして朝鮮の人々が日本の社会に存在し民族差別の垣にへだてられ泣いていた時代、朝鮮の人々の中では私を同胞と信じ、ひそかに誇りにしてくれたのかもしれなかった。また同胞のつくった歌であるというので、私の歌に心を慰めたこともあったかもしれないのである」。

　ここにも、古賀政男と韓国との親和性があるようだ。
　それに対して、家庭の事情で故郷を離れ、韓国に移住せざるを得なかった古賀政男を失郷民と捉えた姜信子は、古賀がはたしてどれだけ韓国に共感したかについては、否定的である。

　　「あくまでも印象にすぎないが、他郷で寂しさを抱えて生きていた少年の心と耳は、故郷日本のほうに向けられていたような気がしてならない。森氏が指摘するように、韓国時代の思い出を書きながらも、韓国社会への眼差しが完全に欠落している古賀政男の自伝からは、他郷に身を置きながらも、懐かしい故郷の音楽にはぐくまれた少年の姿が色濃く浮かび上がってくる。失われ、それゆえに、心のなかの大きな空白として存在する故郷、その空白を埋めるために、より強く日本へと眼差しを向ける。そんな故郷回帰の衝動が、他郷に生きる少年の心のうちに芽生えていたのではないか」。

　古賀が韓国で暮らしていた1919（大正8）年に起こった三一運動について、古賀の記述はないし、韓国に関する政治的発言がほとんどない。それは事実だが、韓国の風土について、また韓国の音楽については懐かしく記述している。そして、韓国をテーマとした曲を作っているし、戦後も韓

国訪問を行っていることから考えると、古賀の「心と耳は、故郷日本のほうに向けられていた」とはいえ、まったく韓国に共感しなかったとはいえないだろう。

いずれにせよ、これはもっと詳しい検討が必要な問題である。仮に古賀政男の作品に韓国の音楽の影響が確認できたとしても、それがすぐに「演歌の源流＝韓国」の証明にはならない。「エンカ」は古賀政男だけのものではないからだが、「エンカ」と「トロット」の親和性は、より明らかになるかもしれない。

古賀政男記念館にある古賀政男のブロンズ像
（福岡県大川市。撮影：筆者）

参考文献

■日本語

藍川由美『演歌のススメ』文芸春秋社、2002年

相沢直樹『よみがえる「ゴンドラの唄」』新曜社、2012年

阿久悠『歌謡曲の時代』新潮社、2004年

浅香淳 編集『新訂標準音楽辞典』音楽之友社、1991年

朝日新聞「ギャル演歌、切ない岐路」2012年7月18日

渥美二郎『なみだの花』IN通信社、1997年

安倍寧『流行歌の世界』音楽之友社、1966年

阿部勘一・細川周平・塚原康子・東谷護・高澤智昌『ブラスバンドの社会史』青弓社、
　2001年

池田憲一『昭和流行歌の軌跡』白馬出版、1985年

伊沢修二、山住正巳 校注『洋楽事始　音楽取調成績申報書』〈東洋文庫188〉平凡社、
　1971年

石田一志『モダニズム変奏曲——東アジアの近現代音楽史』朔北社、2005年

五木寛之『わが人生の歌がたり　昭和の哀歓』角川書店、2007年

五木寛之『わが人生の歌がたり　昭和の青春』角川書店、2008年

五木寛之『わが人生の歌がたり　昭和の追憶』角川書店、2009年

猪俣公章『酒と演歌と男と女』講談社、1993年

李埈熙（秋菊姫 訳）「韓国大衆音楽に及んだ日本の影響」谷川建司等 編『越境するポ
　ピュラーカルチャー』青弓社、2000年

今西英造『演歌に生きた男たち——その栄光と挫折の時代』文一総合出版、1980年

上田賢一『上海ブギウギ1945』音楽之友社、2003年

上田誠二『音楽はいかに現代社会をデザインしたか』新曜社、2010年

植村幸生『韓国音楽探検』音楽之友社、1998年

烏賀陽弘道『Jポップとは何か』岩波書店、2005年

演歌ルネサンスの会 編『演歌は不滅だ』ソニーマガジンズ、2008年

大石始『ニッポン大音頭時代』河出書房新社、2015年

大竹聖美『植民地朝鮮と児童文学』社会評論社、2008年

岡野弁『演歌源流・考』学芸書林、1988年

奥中康人『国家と音楽』春秋社、2008年

長田暁二『歌でつづる20世紀』ヤマハ、2003年

加太こうじ・佃実夫 編『流行歌の秘密』文和書房、1970年

金子勇『吉田正』ミネルヴァ書房、2010年

川村湊『ソウル都市物語』平凡社、2000年

姜信子『日韓音楽ノート』岩波新書、1998年

菊池清麿『日本流行歌変遷史』論創社、2008年

菊池清麿『私の青春　中村定一』論創社、2012年

菊池清麿『流浪の作曲家　阿部武雄』東北出版企画、2012年

菊池清麿『評伝　古関裕而』彩流社、2012年

菊池清麿『評伝　服部良一』彩流社、2013年
菊池清麿『評伝　古賀政男』彩流社、2015年
菊池清麿『昭和演歌の歴史』アルファベータブックス、2016年
貴志俊彦『東アジア流行歌アワー』岩波書店、2013年
喜多由浩『北朝鮮に消えた歌声　永田絃次郎の生涯』新潮社、2011年
北中正和『増補版にほんのうた　戦後歌謡曲史』平凡社、2003年
貴地久好・高橋秀樹『歌謡曲は死なない』青弓社、2000年
金振松 著、川村湊 監訳『ソウルにダンスホールを』法政大学出版局、2005年
金成玫『戦後韓国と日本文化』岩波書店、2004年
金田一春彦『童謡・唱歌の世界』教育出版　1995年
倉田善弘『日本レコード文化史』東京書籍、1992年
小泉文夫「理論篇」『日本の音楽〈歴史と理論〉』国立劇場芸能鑑賞講座、1974年
小泉文夫『歌謡曲の構造』冬樹社、1984年
高英起・カルロス矢吹『北朝鮮ポップスの世界』花伝社、2015年
高護『歌謡曲』岩波書店、2011年
古賀政男『私の履歴書──古賀政男』日本経済新聞社、1972年
古賀政男『歌はわが友わが心』潮出版社、1977年
古賀政男『自伝　わが心の歌』展望社、2001年
古賀政男生誕100年記念『古賀メロディの思い出エッセイ集』古賀政男顕彰会、2004年
小堺正記『演歌は国境を越えた』岩波書店、2011年
小西良太郎『昭和の歌　100』幻戯書房、2016年
小針侑起『ああ、浅草オペラ』えにし書房、2016年
小村公次『徹底検証・日本の軍歌』学習の友社、2011年
古茂田信男他 編『新版日本流行歌史』（上・中・下）社会思想社、1995年
近藤勝重『昭和歌謡は終わらない』幻冬社、2018年
斎藤桂『〈裏〉日本音楽史』春秋社、2015年
斎藤慎爾『ひばり伝──蒼穹流謫』講談社、2009年
三枝壽勝「『金色夜叉』を翻案した新小説『長恨夢』」WEB文書
　http://www.han-lab.gr.jp/~cham/ajiwau/contents.html
坂本悠一・木村健二『近代植民地都市 釜山』桜井書店、2007年
佐藤邦夫 編『気分はソウル　韓国歌謡大全』草風館、1985年
佐藤健『演歌　艶歌　援歌　わたしの生き方　星野哲郎』毎日新聞社、2001年
佐高信『悲歌──古賀政男の人生とメロディ』毎日新聞社、2005年
塩澤実信『昭和のすたるじい流行歌』第三文明社、1991年
塩澤実信『昭和の流行歌物語』展望社、2012年
塩澤実信『昭和の戦時歌謡 物語』展望社、2012年
塩澤実信『昭和のヒット歌謡物語』展望社、2014年
舌津智之『どうにもとまらない歌謡曲』晶文社、2002年
下嶋哲朗『謎の森に棲む古賀政男』講談社、1998年
JASLAC創立75周年記念事業実行委員会『JASLACリアルアカウントと日本の音楽の未
　来』集英社、2014年
周東美材『童謡の近代』岩波書店、2015年
慎根縡『日韓近代小説の比較研究──鉄腸・紅葉・蘆花と翻案小説』明治書院、2010年

申美仙「韓国における『長恨夢』の大衆的受容」『比較文学第54巻』日本比較文学会、2012年

申美仙「韓国における日本新派劇の受容による文化変容——翻案小説と新派劇の交渉（1）」WEB PDF文書：
http://docsplayer.net/104779328-F2d8dc58f498cb48d-be391e593fa95b68cb48d-c.html

鈴木雄雅・蔡星慧『韓国メディアの現在』岩波書店、2012年

スティーヴン・ウィット 著、関美和 訳『誰が音楽をタダにした？』早川書房、2016年

諏訪春雄・菅井幸雄 編『講座日本の演劇5 近代の演劇Ⅰ』勉誠社、1997年

宋安鍾『在日音楽の100年』青戸社、2009年

園部三郎『演歌からジャズへの日本史』和光社、1954年

園部三郎『日本民衆歌謡史考』朝日新聞社、1962年

滝沢秀樹『ソウル讃歌』田畑書店、1984年

谷川建二他『越境するポピュラーカルチャー』青弓社、2009年

月渓恒子他 編『現代日本社会における音楽』放送大学教育振興会、2008年

都築響一『演歌よ今夜も有難う』平凡社、2011年

鶴見俊輔『限界芸術論』勁草書房、1967年

崔吉城 企画・監修『絵葉書で見る近代朝鮮』民俗苑、2017年

鄭百秀『コロニアリズムの超克』草風館、2007年

田月仙『禁じられた歌』中央公論新社、2008年

東京音楽大学創立百年記念誌刊行委員会『音楽教育の礎——鈴木米次郎と東洋音楽学校』春秋社、2007年

戸ノ下達也『「国民歌」を唱和した時代』吉川弘文堂、2010年

なかにし礼『歌謡曲から「昭和」を読む』NHK出版、2011年

永嶺重敏『流行歌の誕生』吉川弘文館、2010年

中村知子「韓国における日本大衆文化統制についての法的考察」『立命館国際地域研究』第22号、2004年

中原ゆかり『ハワイに響くニッポンの歌』人文書院、2014年

中山久民 編著『日本歌謡ポップス史 最後の証言』白夜書房、2015年

日本経済新聞社『私の履歴書 文化人12巻』（古賀政男）日本経済新聞社、1972年

日本経済新聞社『私の履歴書 文化人14巻』（藤山一郎）（服部良一）日本経済新聞社、1984年

朴慶植 編『在日朝鮮人関係資料集成』三一書房、1975年

朴燦鎬『韓国歌謡史』晶文社、1987年

朴燦鎬『韓国歌謡史Ⅰ』邑楽舎、2018年

朴燦鎬『韓国歌謡史Ⅱ』邑楽舎、2018年

橋本五郎他 編『不滅の遠藤実』藤原書店、2014年

服部良一『ぼくの音楽人生』日本文芸社、1993年

浜口雅也『八代亜紀物語』西日本新聞社、2010年

林廣茂「京城の五大百貨店の隆盛と、それを支えた大衆消費社会の検証」WEB PDF文書
http://www.jkcf.or.jp/history_arch/first/3/05_3j_hayashi_j/pdf

平岡正明『歌入り水滸伝』音楽之友社、1974年

平岡正明『国際艶歌主義』時事通信社、1988年

平岡正明『大歌謡論』筑摩書房、1989年

平岡正明『美空ひばりの芸術』文芸春秋社、1990年

平岡正明『三波春夫という永久革命』作品社、1996年

平岡正明『中森明菜／歌謡曲の終幕』作品社、1996年

平野健次・上参郷祐康・蒲生郷昭 監修『日本音楽大事典』平凡社、1989年

フィリップ・ポンス、神谷幹夫 訳『江戸から東京へ』筑摩書房、1992年

船村徹『船村徹私の履歴書 歌は心でうたうもの』日本経済新聞出版社、2002年

ヘンリー・レイノア（城戸朋子訳）「クラシック音楽とポピュラー音楽の分裂」『音楽と
　社会』音楽之友社、1990年

細川周平『サンバの国に演歌は流れる』中公新書、1995年

マイケル・ボーダッシュ 著、奥田祐士 訳『さよならアメリカ、さよならニッポン』白夜
　書房、2012年

増田聡『聴衆をつくる』青土社、2006年

松橋桂子『楷書の絶唱 柳兼子伝』水曜社、1999年

見田宗介『近代日本の心情の歴史』講談社、1967年

都はるみ・五木寛之『長い旅の始まり』東京書籍、2003年

宮塚利雄『アリランの誕生』創知社、1994年

毛利嘉孝『ポピュラー音楽と資本主義』せりか書房、2007年

森彰英『なぜ演歌なのか』啓明書房、1979年

森彰英『演歌の海峡』少年社、1981年

安田寛、赤井励、関庚燦 編纂『原点による近代唱歌集成——誕生、変遷、伝播』ビクター
　エンターテインメント、2000年

安田寛『日韓唱歌の源流』音楽之友社、1999年

柳宗悦 著、高崎宗司 編『朝鮮を想う』筑摩書房、1984年

山折哲雄『増補版 美空ひばりと日本人』現代書館、2001年

山住正己『唱歌教育成立過程の研究』東京大学出版会、1967年

山根俊郎「朝鮮歌謡曲の歴史」『むくげ通信』44-46，1977-1978年

吉川精一『哀しみは日本人——演歌民族論』音楽之友社、1992年

吉田進『パリの空の下《演歌》は流れる』アルファベータブックス、2016年

ルース・ベネディクト、長谷川松治訳『菊と刀』現代教養文庫、1967年

輪島裕介『創られた「日本の心」神話』光文社、2000年

■韓国語

高麗大学校民族文化研究所 編『韓国現代文化史体系 1 文学・芸術史』高麗大学校民族文
　化研究所出版部、1981年 국립국어원『표준국어대사전』국립국어원, 1999

권도희『한국근대음악사회사』민속원, 2004

김광해/윤여탁/김만수『일제 강점기 대중 가요 연구』박이정, 1998

김익두「대중가요에 있어서의 민요의 창조적 전승문제——조용필의 경우」『한국 민요
　학』제41호, 2014

김지평『한국가요 정신사』아름출판사, 2000

김창남 엮음『대중음악의 이해』도서출판 한울, 2012

문옥배『한국금지곡의사회사』예술, 2004

민경찬「서양음악의 수용과 아시아——한국,중국,일본의 초기 수용과정을 중심으로」『동
　아시아 민족음악캠프 및 국제학술회』2005

민경찬「한국대중가요의 발생과 변천──일본대중음악과의 관계를 중심으로」『한국사람과 일본사람의 생각 과 삶』景仁文化社, 2005

민경찬『청소년을 위한 한국 음악사 양악편』도서출판 두리미디어, 2006

박성서『한국전쟁과 대중가요, 기록과 증언』책이있는풍경, 2010

박종문「대중가수 이미자를 생각한다」『낭만음악』21호, 1993

박진수 · 김태경 외『일본 대중문화의 이해』역락, 2015

박진수 엮음『근대 일본의 '조선 붐'』역락, 2013

박찬호 지음,안동림 옮김『한국가요사 1 』미지북스, 2009

박찬호 지음,안동림 옮김『한국가요사 2 』미지북스, 2009

서우석「한국 음악과 일본 음악」『한국사람과 일본사람의 생각 과 삶』景仁文化社, 2005

서울特別市史編纂委員会 編『서울六百年史 全10巻』서울特別市, 1977-2003

손민정『트로트의 정치학』음악세계, 2009

송방송『한국근대음악사연구』민속원, 2003

신기욱 엮음『한국의 식민지 근대성』삼인, 2006

신명직『모던뽀이, 경성을 거닐다』현실문학연구, 2003

야마우치 후미타카「일본 대중문화 수용의 사회사──일제강점기 창가와 유행가를 중심으로」『낭만음악』 49호, 2000

오한승「전통 발성과의 비교를 통한 대중가요 발성에 관한 연구」 석사학위논문, 2003

이영미「이미자 시비를 생각한다」『낭만음악』24호, 1994

이영미『흥남부두의 금순이는 어디로 갔을까』황금가지, 2002

이영미『한국대중가요사』민속원, 2006

이정표「일제강점기 대중가요 여가수들의 가창법 비교연구」『대중음악』10호, 2012

이화진「한일 대중문화사의 비교 연구」『일어일문학』제15집, 2001

장유정『근대 대중가요의 지속과 변모』소명출판, 2012

장유정『근대 대중가요의 매체와 문화』소명출판, 2012

장유정『다방과 카페, 모던보이의 아지트』살림출판사, 2008

장유정「한국 트로트 논쟁의 일고찰」『대중서사확회』제20호, 2008

장유정 · 서병기『한국 대중음악사 개론』성안당, 2015

전지영『근대성의 침략과 20세기 한국의 음악』북코리아, 2005

정범희「가수 이미자의 트로트 창법 연구」석사학위논문, 2015

정영도『철학교수와 대중가요의 만남』화산문화, 2008

최창익『한국대중가요사 (1) 』 한국대중예술문화연구원, 2003

최창호『민족수난기의 대중가요사』일월서각, 2000

한국정신문화연구소『한국민족문화대백화사전』한국정신문화연구소, 1991

黄文平『（夜話）歌謡六十年史──唱歌에서 팝송까지』全曲社、1983年

■英語

Christine R. Yano, *Tears of Longing* , Harvard University Press, 2002

■レコードなど音源データ資料

『オリコンエンタメマーケット白書』オリコン・エンタテインメント株式会社、2010年から

『オリコン年鑑』オリコン株式会社、1980年から2009年まで
加藤正義 編『昭和流行歌総覧 戦後編』柘植書房新社、2001年
『コンフィデンス年鑑』株式会社オリジナルコンフィデンス、1970年から
昭和館 監修『SPレコード60,000曲総目録』アテネ書房、2003年
『日本コロムビア外地録音のディスコグラフィー 朝鮮編』人間文化研究機構連携研究、
　2008年
野ばら社編集部『日本の歌』(第1集―第9集) 野ばら社、1998–2014
『番号順総目録』各レコード会社、戦後においてレコード会社各社から年度ごと発行
福田俊二、加藤正義 編『昭和流行歌総覧 戦前―戦中編』柘植書房、1994年
『レコード総目録』各レコード会社、戦前においてレコード会社各社から年度ごとに発行
한국정신문화연구원 편『한국유선기음반총목록』민원사, 1998
송방송『한국유성기음반 총목록 색인』민속원, 2008
『가요 반세기』아름출판사, 2011
박찬호『박찬호 컬렉션』有情千里、2017

■ウェブサイト

Genie Music, 1991–　https://www.genie.co.kr/
Mnet, 1995–　　　https://mnetip.com/
MelOn, 2004–　　　https://www.melon.com/
가온차트, 2009–　http//www.gaonchart.co.kr/

■映像資料

日本NHKTV 特集番組制作「椿娘は歌い継がれた」1999年
日本RKBTV 特集番組「鳳仙花」1980年
韓国MBCTV 특집프로그램「불멸의 트로트」2011

日韓大衆音楽の関連年表　　　　（【日】は日本の動き、【韓】は韓国の動き）

年度	日本の楽曲	文化的・社会的な出来事	韓国の楽曲
1858		【日】日米修好通商条約	
1859		【日】アメリカ人宣教師宣教開始	
1863		【日】ヘボン塾（明治学院大学の前身）開学	
1866		【韓】丙寅洋擾（シャーマン号事件）	
1868	「宮さん宮さん」	【日】明治維新	
1869		【日】薩摩藩軍楽隊結成	
1872		【日】学制公布、東京日日新聞発刊	
1876		日朝修好条規	
1879		【日】音楽取調掛設置 【日】エッケルトを音楽教師として招聘	
1880	「君が代」（エッケルト編曲）		
1881	唱歌「蛍の光」（原曲：Auld Lang Syne）	【日】『小学唱歌集初編』刊行	
1883		【韓】漢城旬報創刊	
1884	演歌「ダイナマイト節」		
1885	軍歌「抜刀隊」	【韓】アメリカ人宣教師宣教開始 【韓】ミッションスクール培材学堂、梨花学堂開学	
1887	軍歌「ノルマントン号沈没の歌」	【日】東京音楽学校開学	
1888	唱歌「さくら」		
1889	唱歌「埴生の宿」	【日】東海道線開通 【日】東京歌舞伎座開業	
1890	演歌「オッペケペー節」		
1891	軍歌「敵は幾万」		
1893	唱歌「一月一日」		
1894〜95		日清戦争 【韓】甲午改革	「鳥よ鳥よ」 ＊この頃、歌われ始めた。
1895	軍歌「勇敢なる水平」		
1896	軍歌「四条畷」 唱歌「港」	【日】大阪で新派劇団成美団結成、「不如帰」など上演	「愛国歌」（原曲：Auld Lang Syne）
1897		【韓】大韓帝国樹立 【日】読売新聞小説「不如帰」掲載開始	
1898		【日】川上座「金色夜叉」上演	
1900	唱歌「鉄道唱歌」	【韓】軍楽隊結成（エッケルトを招聘）	
1901	唱歌「荒城の月」 校歌「嗚呼玉杯に花うけて」		

248

年度	日本の楽曲	文化的・社会的な出来事	韓国の楽曲
1902	「ダニューブ河の漣」	【韓】協律社（最初の室内劇場）開業	
1903		【日】浅草電気館（映画館）開業	
1904〜05	日露戦争		
1905	軍歌「戦友」 「美しき天然」	日韓保護条約 【日】三越百貨店開店 【韓】京釜線開通	「京釜鉄道歌」
1906	「ああわからない」	【韓】学制公布	
1907	唱歌「旅愁」 「デカンショ節」	【日】日米蓄音機製造（株）設立 【韓】大成学校開学 【韓】日本の新派劇団のソウル公演始まる 【韓】鍾路に団成社（演劇・映画興行）開業	
1908	「ひとを恋うる歌」	東洋拓殖会社設立	
1909	「不如帰」	【日】三越少年音楽隊結成 【韓】調陽倶楽部創立	
1910	「七里ヶ浜の哀歌」 唱歌「春が来た」 軍歌「軍艦行進曲」	【日】日本蓄音機商会（株）設立 【韓】「普通教育唱歌集第一集」 日韓併合 【韓】土地調査事業開始	
1911	「むらさき節」 唱歌「紅葉」	【日】帝国劇場開場 【韓】日本蓄音機商会京城支店開店 【日】女性雑誌「青鞜」創刊	
1912	唱歌「茶摘」	【韓】劇団「不如帰」公演	
1913	「城ヶ島の雨」 唱歌「海」	【韓】新聞に「金色夜叉」の翻案 （長恨夢）小説掲載 【韓】劇団「長恨夢」公演	
1914	「カチューシャの唄」 （松井須磨子） 唱歌「ふるさと」	【日】劇団芸術座「復活」公演 【日】宝塚少女歌劇第1回公演	
1915	「ゴンドラの唄」（松井須磨子）	【韓】日本の劇団芸術座による 「復活」ソウル公演 【韓】京城楽隊結成	
1916		【韓】三越百貨店京城支店開店	
1918	「金色夜叉」 「恋はやさし野辺の花」 （田谷力三）	【日】児童雑誌「赤い鳥」発刊	
1919	「東京節」	【韓】三一運動	「光復歌」「独立歌」 歌われる。
1920	童謡「十五夜お月さん」	【韓】〈朝鮮日報〉〈東亜日報〉 創刊 【韓】産米増殖計画開始	
1921	童謡「赤い靴」 童謡「赤とんぼ」		

年度	日本の楽曲	文化的・社会的な出来事	韓国の楽曲
1922	「流浪の旅」(鈴木信子)	【韓】鍾路に劇団土月会の拠点 朝鮮劇場開業	
1923	「船頭小唄」	【日】関東大震災 【韓】雑誌「オリニ」発刊	
1924			童謡「半月」
1925	「籠の鳥」	【日】ラジオ放送開始(東京JOAK、 大阪JOBK、名古屋JOCK)	
1926		【韓】映画「アリラン」 【韓】6・10万歳事件 【韓】コリアジャズバンド結成	主題歌「アリラン」 「死の讃美」(尹心悳) 「長恨夢歌(原曲「金 色夜叉の歌」)」(都月 色、金山月) 「萎れた芳草(原曲「船 頭小唄」)」(都月色、金 山月)
1927	「モン・パリ」 童謡「赤とんぼ」 新民謡「ちゃっ切り節」	【日】日本ビクター(株)設立 【韓】ラジオ放送ソウルJODK	「籠の鳥」(都月色、金 山月) 「磯節」
1928	「私の青空」(二村定一) 「アラビアの唄」(二村 定一) 「道頓堀行進曲」(内海 一郎) 「波浮の港」(藤原義江)	【日】日本コロムビア(株)設立 レコードの電気式録音の開始 【日】普通選挙実施	映画劇「落花流水」
1929	「東京行進曲」(佐藤千 夜子) 「独立守備隊の歌」 「洒落男」(二村定一) 「愛して頂戴」(佐藤千 夜子) 「君恋し」(二村定一)	世界恐慌 【日】日比谷公会堂落成 【韓】光州学生事件 【韓】洪蘭坡「朝鮮童謡百曲集」 発行	「落花流水(江南の月)」 (李貞淑) 「青空」(洪文姫) 童謡「故郷の春」 「カチューシャ」(卜恵淑) 「新二八青春歌」(李柳色)
1930	「祇園小唄」(藤本二三吉) 「すみれの花咲くころ」 (宝塚歌劇団) 「酋長の娘」(冨田屋 喜久治)		「鍾路行進曲」 「春の歌歌おう」(蔡奎燁) 「流浪人の歌」(蔡奎燁) 「セ・ドンム」(蔡東園)
1931	「丘を越えて」(藤山一郎) 「酒は涙か溜息か」(藤 山一郎) 「キャンプ小唄」(藤山 一郎) 「サムライ・ニッポン」 (徳山璉)	【日】浅草オペラ館開場 【韓】鍾路に和信百貨店開業 【日】新宿ムーラン・ルージュ開場 満州事変	「メリーの歌」(李アリス) 「放浪歌」(姜石燕) 「梧桐の木」 「恋しい江南」
1932 〜45	満州国建国		
1932	「銀座の柳」(四屋文子) 「日本橋から」(関種子)		歌曲「鳳仙花」 「荒城の跡」(李アリス)

年度	日本の楽曲	文化的・社会的な出来事	韓国の楽曲
1932	「影を慕いて」（藤山一郎） 「満州行進曲」（徳山璉、藤本二三吉） 「哀しき口笛」（春山一夫） 「あだなさけ（原曲：「静かな長安」）」（李アリス）		「静かな長安」（李アリス） 「江南の燕」（申カナリア） 「心の玄琴」（崔南鏞） 「乙女心」（姜石燕） 「君の影を訪ねて（原曲「影を慕いて」）（蔡奎燁）
1933	「東京音頭」（小唄勝太郎） 「島の娘」（小唄勝太郎） 「サーカスの唄」（松平晃） 「月のゆくへ」（李アリス）		「酒は涙か溜息か（韓国語版）」（蔡奎燁） 「蔚山むすめ」（ミス朝鮮） 「むすめ十八歳」（羅仙嬌） 「孤島の情恨」（王壽福） 「モダンソウル」（申泰鳳）
1934	「赤城の子守唄」（東海林太郎） 「ダイナ」（ディックミネ） 「急げ幌馬車」（松平晃） 「国境の町」（東海林太郎） 「急げ幌馬車」（松平晃） 「白頭山節」（赤坂小梅）	【日】東京宝塚劇場開場	「処女総角」（姜弘植） 「他郷暮らし」（高福壽） 「紅怨涙（原曲：急げ幌馬車）」（蔡奎燁） 「糸やなぎ」（崔南鏞） 「哀傷曲」（金福姫） 「落花岩」（孫錦紅）
1935	「緑の地平線」（楠木繁夫） 「大江戸出世小唄」（高田浩吉） 「明治一代女の唄」（新橋喜代三） 「むらさき小唄」（東海林太郎） 「野崎小唄」（東海林太郎） 「二人は若い」（ディック・ミネ、星玲子） 「旅笠道中」（東海林太郎）	【日】韓国OK演奏団日本公演	「木浦の涙」（李蘭影） 「オモニム前上白」（李花子） 「国境の夜（原曲：国境の町）」（金永吉） 「順風に帆かけて（原曲：利根の舟歌）」（蔡奎燁） 「落花三千」（盧碧花） 「鴛鴦歌」（鮮于一扇・金周鎬）
1936	「男の純情」（藤山一郎） 「満州想えば」（音丸） 「東京ラプソディ」（藤山一郎） 「椰子の実」		「ダイナ」（三又悦：ディックミネ） 「桑摘みに行こう」（盧碧花） 「しだれ柳」（鮮于一扇） 「朝鮮八景」（鮮于一扇）
1937	「別れのブルース」（淡谷のり子） 「すみだ川」（東海林太郎） 「赤城しぐれ」（霧島昇） 「妻恋道中」（上原敏） 「海行かば」 「人生の並木道」（ディック・ミネ）	【韓】皇国臣民の誓詞制定	「連絡船は出ていく」（張世貞） 「哀愁の小夜曲」（南仁樹） 「別れの港」（朴世煥） 「片思い」（高福壽）
1938	「露営の歌」 「上海だより」（上原敏） 「旅姿三人男」（三根耕一）	【日】国家総動員法 【韓】陸軍特別志願兵制度	「いとしいあなた」（黄琴心）

年度	日本の楽曲	文化的・社会的な出来事	韓国の楽曲
1938	「鴛鴦道中」（上原敏、青葉笙子） 「忠治子守唄」（東海林太郎） 「愛国の花」（渡辺はま子） 「人生劇場」（楠木繁夫） 「雨のブルース」（淡谷のり子） 「支那の夜」（渡辺はま子）		「涙にぬれた豆満江」（金貞九） 「コルマンテ牧童」（李花子） 「ナグネソルム」（白年雪） 「従軍看護婦の歌」（朴景嬉） 「海の交響詩」（金貞九） 「私は17歳よ」（朴丹馬）
1939 〜45	第2次世界大戦		
1939	「何日君再来」（渡辺はま子） 「国境の春」（岡晴夫） 「上海の花売り娘」（岡晴夫） 「上海ブルース」（三根耕一） 「広東ブルース」（渡辺はま子） 「名月赤城山」（東海林太郎） 「大利根月夜」（田端義夫） 「一杯のコーヒーから」（霧島昇、ミス・コロムビア） 「出征兵士を送る歌」（永田弦次郎、長門美保）	【韓】〈創氏改名〉実施 【日】国民精神総動員委員会開設 【日】国民徴用令	「志願兵の母」（張世貞） 「北国5千キロ」（蔡奎燁） 「紅桃よ泣くな」（金英椿） 「泣きたい心」（姜南舟） 「千里離別」（宋楽天） 「流浪劇団」（白年雪） 「茶房の青い夢」（李蘭影）
1940	「誰か故郷を想わざる」（霧島昇） 「蘇州夜曲」（渡辺はま子） 「お島千太郎旅唄」（伊藤久雄、二葉あき子） 「湖畔の宿」（高峰三枝子） 「暁に祈る」（伊藤久男） 「南京だより」（上原敏） 「燃ゆる大空」（霧島昇、藤山一郎） 「月月火水木金金」（内田栄一）	【韓】映画「福地万里」 【韓】創氏改名実施	「不孝ものは泣きます」（秦芳男） 「福地万里」（白年雪） 「黄布の帆」（崔丙浩） 「機織る乙女」（羅仙嬌） 「ナグネソルム」（白年雪） 「番地のない酒幕」（白年雪） 「泣けよ門風紙」（李蘭影）
1941	「海の進軍」（藤山一郎、二葉あき子） 「梅と兵隊」（田端義夫） 「出せ一億の底力」（藤山一郎）	【韓】朝鮮演芸協会結成	「晋州よ千里の道」（李圭南） 「チャイナ月夜」（李圭南） 「ハルピンの風景」（玉簪花）
1942	「空の神兵」（鳴海信輔、四屋文子） 「戦友の遺骨を抱いて」（東海林太郎）	【韓】朝鮮演劇文化協会結成 【日】出陣学徒壮行会挙行	「野茨の花」（白蘭児） 「故郷雪」（白年雪） 「空山夜月」（玉簪花） 「銃後の祈願」（朴世煥）

年度	日本の楽曲	文化的・社会的な出来事	韓国の楽曲
1942	「ジャワのマンゴ売り」（灰田勝彦、大谷冽子） 「湯島の白梅」（小畑実） 「勘太郎月夜唄」（小畑実、藤原亮子） 「若鷲の歌」（霧島昇）		「花のような青春」（太星湖） 「安南娘」（李海燕）
1943	「サヨンの唄」（李香蘭）		「東亜の黎明」（金英椿）
1944	「ラバウル海軍航空隊」（灰田勝彦） 「勝利の日まで」（霧島昇） 「ラバウル小唄」（波岡惣一郎）		
1945	「嗚呼神風特別攻撃隊」（春日八郎）	【韓】京城音楽学校設立	
1946	「リンゴの唄」（並木路子） 「かえり船」（田端義夫） 「東京の花売り娘」（岡晴夫）	【日】NHKのど自慢素人音楽会放送開始	
1947	「星の流れに」（菊池章子） 「港が見える丘」（平野愛子） 「夜のプラットホーム」（二葉あき子）		童謡「われらの願い」 「故郷草」（宋旻道）
1948	「異国の丘」（竹山逸郎） 「湯の町エレジー」（近江俊郎） 「憧れのハワイ行路」（岡晴夫） 「東京ブギウギ」（笠置シヅ子）	【韓】大韓民国、朝鮮民主主義人民共和国樹立	「去れ38線」（南仁樹） 「鳴れよ銀の鈴」（張世貞） 「妻の歌」（金白姫）
1949	「青い山脈」（藤山一郎・奈良光枝） 「長崎の鐘」（藤山一郎） 「イヨマンテの夜」（伊藤久男） 「銀座カンカン娘」（高峰秀子） 「悲しき口笛」（美空ひばり） 「三味線ブギウギ」（市丸）		「帰国船」（李寅権） 「新羅の月夜」（玄仁） 「故郷万里」（玄仁） 「雨降る顧母嶺」（玄仁） 「青春ブルース」（玉斗玉） 「こころの恋人」（朴載弘） 「月も一つ太陽も一つ」（南仁樹）
1950	「東京キッド」（美空ひばり） 「涙のチャング」（小畑実） 「夜来香」（山口淑子） 「買い物ブギ」（笠置シズ子） 「桑港のチャイナタウン」（渡辺はま子）		「勝利の歌」 「戦友よ、やすらかに」（玄仁） 「泣いて超える朴達峠」（朴載弘）

日韓大衆音楽の関連年表　　253

年度	日本の楽曲	文化的・社会的な出来事	韓国の楽曲
1950〜53		朝鮮戦争	
1951	「連絡船の唄」（菅原都々子） 「高原の駅よさようなら」（小畑実） 「東京シューシャインボーイ」（暁テル子）	【日】NHK紅白歌合戦第1回開催 【日】日本民間放送連盟結成 【日】サンフランシスコ講和条約	「夢に見たわが故郷」（韓正茂） 「あなたがおられる前線」（クムサヒャン）
1952	「リンゴ追分」（美空ひばり） 「芸者ワルツ」（神楽坂はん子） 「ああ、モンテンルパの夜は更けて」（渡辺はま子） 「テネシーワルツ」（江利チエミ）		「妻の歌」（沈蓮玉） 「あなたのいる戦線」（琴糸響） 「ミサの歌」（李寅権） 「涙のワルツ」（宋旻道） 「戦前夜曲」（申世影）
1953	「君の名は」（織井茂子） 「街のサンドイッチマン」（鶴田浩二） 「想い出のワルツ」（雪村いづみ）	【日】NHKテレビ放送開始	「頑張れ今順よ」（玄仁） 「水車回る来歴」（朴載弘） 「故郷の手紙」（申世影）
1954	「お富さん」（春日八郎） 「黒百合の歌」（織井茂子） 「岸壁の母」（菊池章子） 「哀愁日記」（コロムビア・ローズ）		「別れの釜山停車場」（南仁樹） 「春の日は行く」（白雪姫） 「アメリカチャイナタウン」（白雪姫） 「情けの港」（黄貞子） 「三多島消息」（黄琴心） 「シューシャン・ボーイ」（朴丹馬）
1955	「おんな船頭唄」（三橋美智也） 「この世の花」（島倉千代子） 「別れの一本杉」（春日八郎） 「弁天小僧」（三浦洸一） 「東京アンナ」（大津美子） 「カスバの女」（エト邦枝） 「ガード下の靴みがき」（宮城まり子）		「避難の道、故郷の道」（元芳鉉） 「慶尚道むすめ」（朴載弘） 「青春告白」（南仁樹） 「水鳥鳴く川辺」（白雪姫） 「ゆづら梅乙女」（金貞愛） 「心の自由天地」（方雲児） 「私一人の愛」（宋旻道） 「湖畔のエレジー」（白蘭児）
1956	「哀愁列車」（三橋美智也） 「東京の人よさようなら」（島倉千代子） 「ここに幸あり」（大津美子） 「狂った果実」（石原裕次郎）	【韓】大韓放送株式会社テレビ放送開始	「断腸のミアリ峠」（李海燕） 「雨降る湖南線」（孫仁鎬） 「追憶の小夜曲」（南仁樹） 「青糸紅糸」（宋旻道、安多星）

年度	日本の楽曲	文化的・社会的な出来事	韓国の楽曲
1957	「東京だヨおっ母さん」（島倉千代子） 「港町十三番地」（美空ひばり） 「チャンチキおけさ」（三波春夫） 「東京のバスガール」（コロムビア・ローズ） 「喜びも悲しみも幾年月」（若山彰）		「黒い手袋」（孫詩郷） 「さようなら釜山港」（白夜城） 「山上の女人」（権恵卿） 「幼い決心」（南仁樹） 「ギターブギ」（尹一路）
1958	「有楽町で逢いましょう」（フランク永井） 「無法松の一生」（村田英雄） 「からたち日記」（島倉千代子） 「星はなんでも知っている」（平尾昌晃） 「だから云ったじゃないの」（松山恵子） 「嵐を呼ぶ男」（石原裕次郎）		「幸福な日曜日」（宋旻道） 「恨み多い大同江」（孫仁鎬） 「娘船頭さん」（黄貞子） 「片思い」（孫仁鎬） 「ラッキーモーニング」（朴載蘭） 「レンギョウ乙女」（崔淑子） 「生日のない少年」（金用萬）
1959	「黄色いさくらんぼ」（スリー・キャッツ） 「黒い花びら」（水原弘） 「東京ナイトクラブ」（フランク永井・松尾和子） 「南国土佐を後にして」（ペギー葉山）	【日】日本レコード大賞創設	「大田ブルース」（安貞愛） 「アリゾナカウボーイ」（明国煥） 「水鳥よ何故なく」（孫仁鎬） 「行く春来る春」（白雪姫、崔淑子）
1960 ～62		【日】〈日劇ウェスタン・カーニバル〉開催	
1960	「潮来笠」（橋幸夫） 「アカシアの雨が止む時」（西田佐知子） 「お吉物語」（天津羽衣） 「誰よりも君を愛す」（松尾和子、和田弘とマヒナスターズ）	【日】日米安保条約 【韓】419学生革命	「張嬉嬪」（黄琴心） 「里程標」（南一海） 「南原の哀愁」（金用萬） 「そうなんですか」（崔淑子） 「カチューシャの歌」（宋旻道）
1961	「ソーラン渡り鳥」（こまどり姉妹） 「上を向いて歩こう」（坂本九） 「君恋し」（フランク永井） 「王将」（村田英雄） 「スーダラ節」（植木等）	【韓】516軍事クーデタ	「僕の恋人オールドミス」（崔喜準） 「黄色いシャツの男」（韓明淑）
1962	「なみだ船」（北島三郎） 「恋は神代の昔から」（畠山みどり）	【韓】イベット・ジロー来韓公演	「夜霧」（玄美） 「湖畔のベンチ」（権恵卿） 「丸木橋」（崔戌龍）

年度	日本の楽曲	文化的・社会的な出来事	韓国の楽曲
1962	「いつでも夢を」（橋幸夫・吉永小百合） 「遠くへ行きたい」（ジェリー藤尾） 「下町の太陽」（倍賞千恵子）		「純情のブルース」（安貞愛） 「ソウル・ブギ」（金璟嬉）
1963	「高校三年生」（舟木一夫） 「東京五輪音頭」（三波春夫） 「島のブルース」（三沢あけみ） 「出世街道」（畠山みどり） 「浪曲子守唄」（一節太郎）		「夜霧」（玄美） 「赤いマフラー」（ジャニーブラザーズ） 「海辺で」（安多星） 「あなた（窓格子のない監獄」（朴ジェラン）
1964 〜75	ベトナム戦争		
1964	「君だけを」（西郷輝彦） 「アンコ椿は恋の花」（都はるみ） 「お座敷小唄」（和田弘とマヒナスターズ） 「夜明けの歌」（岸洋子） 「愛と死を見つめて」（青山和子） 「ああ、上野駅」（井沢八郎） 「母恋三味線」（大月みやこ） 「涙の酒」（大木伸夫）	【日】東京オリンピック開催 【韓】韓国軍ベトナム派兵	「椿娘」（李美子） 「逢いたい顔」（玄美） 「チンコゲ紳士」（崔喜準） 「はだしの青春」（崔喜準） 「永登浦の夜」（呉基沢） 「汽笛の鳴る港」（銀の鈴姉妹） 「鳥打令」（金セレナ） 「いとしい船はでていく」（キー・ボーイズ）
1965	「柔」（美空ひばり） 「函館の女」（北島三郎） 「兄弟仁義」（北島三郎） 「網走番外地」（高倉健） 「夏の日の想い出」（日野てる子） 「下町育ち」（笹みどり）	【日】ソウルオールスターズ（白年雪、白蘭児など）日本公演	「蔚山むすめ」（金相姫） 「東淑の歌」（文珠蘭） 「秋風嶺」（南相圭） 「ソウルの娘」（李シスターズ） 「三千浦むすめ」（銀の鈴姉妹） 「ソウルプレイボーイ」（南珍）
1966	「悲しい酒」（美空ひばり） 「柳ヶ瀬ブルース」（美川憲一） 「恍惚のブルース」（青江三奈） 「バラが咲いた」（マイク真木） 「恋の赤い火（原曲「椿娘」）」（李美子） 「骨まで愛して」（城卓也） 「いっぽんどっこの唄」（水前寺清子） 「唐獅子牡丹」（高倉健）	【韓】芸術文化倫理委員会設置 【日】ビートルズ来日公演 【韓】李美子、日本で一時音楽活動	「下宿性」（崔喜準） 「小雨降る街」（文珠蘭） 「おとうさんはマドロス」（河春花） 「草雨」（文珠蘭） 「黄昏のエレジー」（崔良淑） 「小ぬか雨降る街」（成在喜） 「故郷無情」（呉基沢） 「忠清道アジュンマ」（呉基沢）

年度	日本の楽曲	文化的・社会的な出来事	韓国の楽曲
1966	「君といつまでも」（加山雄三）		「陸軍金一等兵」（ボンボン四重奏団） 「葦の純情」（朴一男） 「恨みはすまい」（鄭元）
1967	「星影のワルツ」（千昌夫） 「伊勢佐木町ブルース」（青江三奈） 「ブルー・シャトー」（ブルー・コメッツ） 「命かれても」（森進一） 「帰ってきたヨッパライ」（ザ・フォーククルセダーズ） 「小指の想い出」（伊東ゆかり）		「カスマプゲ」（南珍） 「帰っていく三角地」（裵湖） 「霧の奨忠壇公演」（裵湖） 「霧」（鄭薫姫） 「禿げ頭の総角」（金相姫） 「回らない風車」（文珠蘭）
1968	「小樽のひとよ」（鶴岡雅義と東京ロマンチカ） 「好きになった人」（都はるみ） 「ブルーライト・ヨコハマ」（いしだあゆみ） 「年上の女」（森進一） 「三百六十五歩のマーチ」（水前寺清子） 「モナリザの微笑」（ザ・タイガース） 「あなたのブルース」（矢吹健） 「新宿育ち」（津山洋子、大木英夫）	【韓】イベット・ジロー来韓公演	「麻浦終点」（銀の鈴姉妹） 「愛は涙の種」（羅勲児） 「忘れられずまた来た」（李相烈） 「あなたの心なら」（梁美蘭） 「ザクロの季節」（鄭銀淑） 「愛」（金夏廷） 「笑顔は優しくとも」（尹福姫） 「ディライラ」（趙英男）
1969	「長崎は今日も雨だった」（内山田洋とクールファイブ） 「新宿の女」（藤圭子） 「港町ブルース」（森進一） 「今日でお別れ」（菅原洋一） 「愛するマリア」（パティ・キム） 「黒ネコのタンゴ」（皆川おさむ） 「池袋の夜」（青江三奈） 「時には母のないこのように」（カルメン・マキ） 「君は心の妻だから」（鶴岡雅義と東京ロマンチカ）	【韓】クリフ・リチャード来韓公演	「江村に住みたい」（羅勲児） 「ニムン・モン・ゴッセ」（金秋子） 「無情なあなた」（玄哲） 「人情篤いおじさん」（宋大琯） 「愛するマリア」（パティ・キム） 「ソウル賛歌」（パティ・キム） 「昭陽江むすめ」（金台薫） 「愛は季節につれ」（朴建） 「薄情なあなた」（玄哲）
1970	「命預けます」（藤圭子） 「京都の恋」（渚ゆう子）	【日】〈大阪Expo1970〉開催	「海が陸地なら」（曺美美） 「一字上書」（金富子）

日韓大衆音楽の関連年表　257

年度	日本の楽曲	文化的・社会的な出来事	韓国の楽曲
1970	「笑って許して」（和田アキ子） 「四つのお願い」（ちあきなおみ） 「今日でおわかれ」（菅原洋一） 「一度だけなら」（野村将希）		「里程標のない街」（金相鎮） 「本当に私知らなかった」（任喜淑） 「愛してる」（ラナエロスポ）
1971	「よこはま・たそがれ」（五木ひろし） 「私の城下町」（小柳ルミ子） 「雨の御堂筋」（欧陽菲菲） 「また逢う日まで」（尾崎紀世彦） 「空に太陽があるかぎり」（にしきのあきら） 「男はつらいよ」（渥美清） 「知床旅情」（加藤登紀子） 「おんなの朝」（美川憲一）	【日】カラオケ1号機開発	「朝露」（楊姫銀） 「サランへ」（ラナエロスポ） 「行かないで」（羅勲児） 「美しい人」（徐西錫） 「星の光る夜に」（キー・ブラザーズ） 「水鳥一羽」（河春花） 「二つの心」（李錫）
1972	「瀬戸の花嫁」（小柳ルミ子） 「女のみち」（ぴんからトリオ） 「ひとりじゃないの」（天地真理） 「せんせい」（森昌子） 「ひなげしの花」（アグネス・チャン） 「喝采」（ちあきなおみ） 「どうにもとまらない」（山本リンダ） 「純子」（小林旭） 「恋の追跡」（欧陽菲菲） 「雨」（三善英史）	【韓】維新体制 【日】第1回東京音楽祭開催 【韓】KBS全国のど自慢放送開始	「離別」（パエィ・キム） 「わが心急行列車」（太進児） 「あなたと一緒に」（南珍） 「故郷駅」（羅勲児） 「空港の別れ」（文珠蘭） 「月打令」（金富子） 「常連のお客さん」（曹美美） 「よくやったよくやった」（河春花） 「潟瀬」（鄭美朝） 「あなたの心」（方珠蓮）
1973	「そして神戸」（内山田洋とクールファイブ） 「くちなしの花」（渡哲也） 「なみだ恋」（八代亜紀） 「神田川」（南こうせつとかぐや姫） 「なみだの操」（殿さまキングス） 「恋の十字路」（欧陽菲菲） 「怨み節」（梶芽衣子） 「北の恋唄〉」（殿さまキングス）		「思い出の青い丘」（太進児） 「別離」（パティ・キム） 「焚火」（朴麟姫） 「ご存知ですか」（河春花） 「その顔に陽光を」（李容福） 「お元気ですか」（趙美花） 「水車は回るが」（羅勲児）
1974	「襟裳岬」（森進一） 「うそ」（中条きよし）	【日】第3回東京音楽祭で、韓国人パティ・キム銅賞	「美人」（申重鉉と葉銭たち）

258

年度	日本の楽曲	文化的・社会的な出来事	韓国の楽曲
1974	「あなたにあげる」（西川峰子） 「ひと夏の経験」（山口百恵） 「愛ひとすじ」（八代亜紀） 「逃避行」（麻生よう子） 「くちなしの花」（渡哲也）		「話してください」（金蓮子） 「無人島」（金秋子） 「ちょっと水下さい」（韓大洙） 「幸福の国へ」（韓大洙） 「なんで呼ぶ」（宋昌植） 「私は十九歳です」（尹シネ）
1975	「北の宿から」（都はるみ） 「千曲川」（五木ひろし） 「昔の名前で出ています」（小林旭） 「心のこり」（細川たかし） 「石狩挽歌」（北原ミレイ） 「昭和枯れすすき」（さくらと一郎） 「こころ残り」（細川たかし）	【韓】〈大麻事件〉 【韓】大統領緊急措置9号発令	「太陽昇る日」（宋大琯） 「鯨狩り」（宋昌植） 「あなたは知らないでしょう」（ヘ・ウニ） 「かお」（尹妍善） 「これほんと」（尹福姫） 「桐の葉」（崔憲）
1976	「津軽海峡冬景色」（石川さゆり） 「カスマプゲ（日本語版）」（李成愛） 「春一番」（キャンディーズ） 「ペッパー警部」（ピンク・レディ） 「およげ！たいやきくん」（子門真人） 「おゆき」（内藤国雄） 「想い出ぼろぼろ」（内藤やす子）	【日】李成愛　日本デビュー 【韓】民主救国宣言	「未だにあなたは私の恋人」（李銀河） 「熱くなっているよ」（玄淑） 「愛心」（全永禄） 「妻に捧げる歌」（河秀英） 「未だ君は、わが恋人」（李銀河）
1977	「能登半島」（石川さゆり） 「北国の春」（千昌夫） 「女の一生」（金蓮子） 「勝手にしやがれ」（沢田研二） 「失恋レストラン」（清水健太郎）		「憎くてももう一度」（南珍） 「カムスガン」（ヘ・ウニ） 「松鶴寺」（金泰坤） 「恋だけはしません」（尹秀一）
1978	「与作」（北島三郎） 「長良川艶歌」（五木ひろし） 「みちづれ」（牧村三枝子） 「夢追い酒」（渥美二郎） 「勝手にシンドバッド」（サザンオールスターズ） 「イエローマジックオーケストラ」（YMO） 「そんな女のひとりごと」（増位山太志郎）		「あんまりです」（金秀姫） 「その時その人」（沈守峰） 「あなただけを愛してる」（ヘ・ウニ） 「本当に知らなかった」（崔炳傑） 「詩人の村」（鄭泰春）

年度	日本の楽曲	文化的・社会的な出来事	韓国の楽曲
1979	「いとしのエリー」（サザンオールスターズ） 「おもいで酒」（小林幸子） 「夫婦舟」（三笠優子） 「おやじの海」（村木賢吉） 「魅せられて」（ジュディ・オング）	【韓】朴正煕大統領被殺	「ヨロブン」（尹福姫） 「熱愛」（尹シネ） 「第三漢江橋」（ヘ・ウニ） 「幸福な人」（趙東振） 「窓の外の女」（趙容弼）
1980	「止まり木」（小林幸子） 「帰ってこいよ」（松村和子） 「恋人よ」（五輪真弓） 「ふたり酒」（川中美幸） 「昴」（谷村新司） 「奥飛騨慕情」（竜鉄也） 「みちのくひとり旅」（山本譲二）	【韓】ソウルの春 【韓】光州事件	「あなたはどなたですか」（沈守峰）
1981	「青い珊瑚礁」（松田聖子） 「鳳仙花」（島倉千代子） 「ふたりの大阪」（都はるみ、宮崎雅） 「哀しみ本線日本海」（森昌子）		「ミウォミウォミウォ」（趙容弼） 「あなたのための行進曲」
1982	「夢芝居」（梅沢富美男） 「氷雨」（佳山明生） 「兄弟船」（鳥羽一郎） 「さざんかの宿」（大川栄策） 「北酒場」（細川たかし） 「3年目の浮気」（ヒロシ＆キーボー）	【日】第11回東京音楽祭で、韓国人文珠蘭最優秀歌唱賞 日本の歴史教科書問題	「くびき」（金秀姫） 「愛してしまったの」（河春花） 「ぜんぶ愛そう」（ソンゴルメ） 「忘れられた季節」（李竜） 「本当ですか」（金蓮子）
1983	「浪速恋しぐれ」（都はるみ、岡千秋） 「釜山港へ帰れ（日本語版）」（鳥羽一郎） 「お久しぶりね」（小柳ルミ子） 「矢切の渡し」（細川たかし） 「氷雨」（佳山明生・日野美歌）	【日】日韓文化交流基金設立	「友よ」（趙容弼） 「愛は蝶なのか」（玄哲） 「失われた30年」（薛雲道） 「ああ、大韓民国」（丁秀羅） 「白い木蓮」（楊姫銀） 「あなたは私の人生」（崔辰熙）
1984	「春はSA-RA SA-RA」（長山洋子） 「RAINBOW RAINBOW」（TM NETWORK） 「浪花節だよ人生は」（木村友衛） 「娘よ」（芦屋雁之助） 「つぐない」（テレサ・テン）		「川に」（李仙姫） 「サンサンパーティ」（周炫美、金ジュンギュ） 「南行列車」（金秀姫） 「草の露」（丁秀羅） 「愛の迷路」（崔辰熙） 「男は舟、女は港」（沈守峰）

年度	日本の楽曲	文化的・社会的な出来事	韓国の楽曲
1985	「愛人」（テレサ・テン） 「木曽路の女」（原田悠里） 「男船」（神野美伽） 「道頓堀人情」（天童よしみ） 「演歌みち」（松原のぶえ） 「恋におちて」（小林明子） 「雨の西麻布」（とんねるず）	【韓】KBS歌謡舞台放送開始	「雨降る永東橋」（周炫美） 「僕はまだ知らないよ」（李文世） 「悲しい因縁」（羅美） 「その日」（金ヨンスク） 「あの冬の喫茶店」（趙容弼） 「糸車」（金芝愛） 「それだけが僕の世の中」（野菊）
1986	「時の流れに身をまかせ」（テレサ・テン） 「命くれない」（瀬川瑛子） 「愛燦燦」（美空ひばり） 「天城越え」（石川さゆり） 「あじさい橋」（城之内早苗） 「思い出迷子」（趙容弼）		「原点」（薛雲道） 「カフェーで」（崔辰熙） 「熱情」（ヘ・ウニ） 「早瀬」（韓栄愛）
1987	「命くれない」（瀬川瑛子） 「あばれ太鼓」（坂本冬美） 「すずめの涙」（桂銀淑） 「人生いろいろ」（島倉千代子） 「窓の外の女」（趙容弼） 「みだれ髪」（美空ひばり）	【韓】民主化宣言 【日】趙容弼　NHK紅白出演	「朝の国から」（金蓮子） 「無名草」（金ジエ） 「天方地軸」（文喜玉） 「去っていったあなた」（崔辰熙） 「赤の他人」（崔誠洙）
1988	「夢おんな」（桂銀淑） 「祝い酒」（坂本冬美） 「朝の国から」（金蓮子） 「花嫁の母」（歌川二三子） 「酒よ」（吉幾三）	【韓】〈10・27解禁措置〉 【韓】ソウルオリンピック開催 【日】趙容弼、桂銀淑　NHK紅白出演	「新沙洞あの人」（周炫美） 「ソウルソウルソウル」（趙容弼） 「ムシロ」（羅勲児） 「鳳仙花恋情」（玄哲）
1989	「暗夜行路」（金蓮子） 「川の流れのように」（美空ひばり） 「恋唄綴り」（麻生詩織） 「音無川」（綾世一美） 「雨酒場」（香西かおり） 「野郎たちの挽歌」（趙容弼、堀内孝雄） 「ふりむけばヨコハマ」（マルシア）	【日】パティ・キム、趙容弼、桂銀淑、金蓮子NHK紅白出演	「シンパラム」（李博士） 「出会い」（盧士燕） 「私を捨てた男」（河春花） 「片思い」（周炫美） 「情のために」（宋大琯） 「オッキョン」（太珍児） 「憎らしい人」（金芝愛） 「愛によって」（ヘバラギ）
1990	「恋唄綴り」（堀内孝雄） 「一円玉の旅がらす」（晴山さおり） 「酔歌」（吉幾三） 「しぐれ川」（山川豊）	【韓】第1回ソウル歌謡大賞開催 【日】趙容弼、桂銀淑　NHK紅白出演	「いつもいつも」（羅勲児） 「しばらく」（周炫美） 「鏡も見ない女」（太珍児） 「いやいや」（玄哲） 「江南の粋な人」（文喜玉） 「一人アリラン」（ハンドル）
1991	「灯の国の女」（坂本冬美） 「男の酒」（秋岡秀治）	【日】桂銀淑　NHK紅白出演	「微笑みの中に映る君」（申承勲）

年度	日本の楽曲	文化的・社会的な出来事	韓国の楽曲
1991	「I love you」（尾崎豊） 「SAY YES」（CHAGE & ASKA）		「おとうさん」（朴ユンギョン） 「愛していたが」（金ガンソク） 「あなた」（金井秀）
1992	「こころ酒」（藤あや子） 「白い海峡」（大月みやこ） 「都会の天使たち」（桂銀淑、堀内孝雄） 「浪速の二人」（浅田あつこ） 「恋のしのび雨」（大石まどか） 「心凍らせて」（高山巌）	【日】桂銀淑　NHK紅白出演	「黄色いハンカチ」（太珍児） 「身土不二」（ペ・イルホ） 「痕跡」（崔維那） 「また会いましたね」（周炫美） 「チャンチャンチャン」（ピョン・スンヨプ）
1993	「蜩――ひぐらし」（長山洋子） 「影法師」（堀内孝雄） 「むらさき雨情」（藤あや子） 「おんなの祭り」（市川由紀乃） 「恋路川」（西方裕之） 「雨の大阪」（三門忠司）	【韓】〈大田Expo1993〉開催 【日】桂銀淑　NHK紅白出演	「何如歌」（ソテジワアイドゥル） 「愛慕」（金秀姫） 「ずっと前の日」（ユン・ジョンシン） 「褐色の追憶」（ハン・ヘジン） 「カスバの女」（尹喜相）
1994	「花のワルツ」（藤あや子） 「夜桜お七」（坂本冬美） 「悲しみよ一粒の涙も」（高山巌） 「惚の字傘」（長保有紀）	【日】桂銀淑、金蓮子　NHK紅白出演	「ソウル大田大邱釜山」（金蕙妍） 「三角関係」（カン・ジン） 「飛べよひよこ」（ネクスト） 「海辺の初恋」（文喜玉）
1995	「捨てられて」（長山洋子） 「男の慕情」（加門亮） 「東京発」（堀内孝雄） 「ベサメムーチョ」（桂銀淑） 「TRY ME――私を信じて」（安室奈美恵） 「み・れ・ん」（藤あや子） 「酔わせてよ今夜だけ」（城之内早苗）		「誤った出会い」（金健模） 「サンバの女」（薛雲道） 「大胆な男」（金蕙妍） 「ロマンに対して」（崔白虎） 「なみなみと」（李ジャヨン）
1996	「昭和夢つばめ」（石川さゆり） 「麗人草」（長保有紀） 「珍島物語」（天童よしみ） 「李博士のポンチャクッディスコパート1＆2」（李博士） 「いいわけ」（シャ乱Q）		「存在の理由」（金鍾煥） 「最後の恋人」（ハン・ヘジン） 「お姫様は心細い」（金ジャオク） 「大胆な女」（ソ・ジュギョン） 「美しい女優」（金蕙妍）

年度	日本の楽曲	文化的・社会的な出来事	韓国の楽曲
1997	「涙のしずく」（金蓮子） 「うたかたの恋」（藤あや子） 「夫婦道」（オーロラ輝子） 「おまえに雨宿り」（岩出和也）	【韓】通貨危機	「愛のために」（金鍾煥） 「愛のツイスト」（薛雲道） 「男という理由で」（チョ・ハンジョ） 「悲しい影法師」（崔維那）
1998	「薄幸花」（藤あや子） 「哀愁港」（田川寿美） 「東京もどり雨」（加門亮） 「二輪草」（川中美幸） 「ノラ」（門倉有希） 「娘炎節」（大沢桃子） 「竹とんぼ」（堀内孝雄）	【韓】第1次日本大衆文化開放	「To Heaven」（曺誠模） 「四拍子」（宋大琯） 「愛の名札」（玄哲） 「義理のお母さま」（ペ・イルホ）
1999	「ファーストラブ」（宇多田ヒカル） 「女のまごころ」（藤あや子） 「さだめ雪」（長山洋子） 「望郷十年」（香西かおり） 「大阪の女」（島谷ひとみ） 「孫」（大泉逸郎） 「トーキョートワイライト」（チェ・ウニ） 「カラスの女房」（中澤裕子）	【韓】第2次日本大衆文化開放	「変えろ」（李ジョンヒョン） 「約束」（金範洙） 「選択」（ペク・ジヨン） 「ソウルの夜」（ハン・ヘジン） 「花を持つ男」（崔ソクチュン）
2000	「恋酒場」（長山洋子） 「愛情」（小柳ゆき） 「こぼれ月」（田川寿美） 「箱根八里の半次郎」（氷川きよし） 「釜山港へ帰れ（日本語版）」（鳥羽一郎） 「お万」（縣ひろ子）	【韓】第1回南北首脳会談 【韓】第3次日本大衆文化開放 【韓】チャゲ＆アスカ韓国公演	「ID；Peace B」（BoA） 「SPACE FANTASY」（李博士） 「君と僕の故郷」（羅勲児） 「優れていたよホントに」（太珍児） 「情熱の花」（金秀姫） 「DASH」（ペク・ジヨン）
2001	「大井追っかけ音次郎」（氷川きよし） 「最愛のひと」（チェ・ウニ） 「涙そうそう」（夏川りみ） 「ID；Peace B」（BoA） 「だまって俺についてこい」（天童よしみ）	【日】金蓮子　NHK紅白出演	「チャオクよ」（朴尚哲） 「あの空の星を探しに」（ユ・ジナ） 「友達から恋人に」（玄淑） 「あなたのために」（ペ・イルホ）
2002	「東尋坊」（水森かおり） 「きよしのズンドコ節」（氷川きよし） 「はぐれコキリコ」（成世昌平） 「哀愁桟橋」（永井裕子） 「浪速いろは節」（関ジャニ∞） 「きずな酒」（石原詢子）	【韓】韓日文化交流協会開設 FIFAワールドカップ（日韓共催）	「年下の男」（河春花） 「アミセ」（玄哲） 「十二弦」（金ヨンイム） 「愛はいたずらじゃない」（太珍児） 「愛のとりこ」（オ・ウンジュ） 「流行歌」（宋大琯） 「逢いたい」（金範洙）

年度	日本の楽曲	文化的・社会的な出来事	韓国の楽曲
2002	「北の雪虫」（金蓮子） 「鳥取砂丘」（水森かおり） 「白雲の城」（氷川きよし）		「パイパイヤ」（ソミョン）
2003	「じょんがら女節」（長山洋子） 「もらい泣き」（一青窈） 「一生一度」（岩本公水）		「離れることができないあなた」（金サンベ） 「お前は私の男」（ハン・ヘジン）
2004	「冬桜」（湯原昌幸） 「釧路湿原」（水森かおり） 「番場の忠太郎」（氷川きよし） 「マツケンサンバⅡ」（松平健） 「はぐれ恋」（金蓮子）	【韓】第4次日本大衆文化開放	「オモナ」（張允貞） 「愛してごめんね」（宋大琯） 「同伴者」（太珍児） 「生きている間」（李テホ）
2005	「五能線」（水森かおり） 「面影の都」（氷川きよし） 「南十字星」（金蓮子） 「夢みなと」（葵かを里） 「天草かたぎ」（天草二郎） 「ほろ酔い酔虎伝」（冠二郎）	【日】〈名古屋Expo2005〉開催	「チャンチャラ」（張允貞） 「無条件」（朴尚哲） 「ウヨンニ」（ウ・ヨニ） 「愛は美しい」（ペク・ジヨン） 「鳥の巣」（南珍） 「故障した壁時計」（羅勲児）
2006	「一剣」（氷川きよし） 「絆」（長山洋子、影山時則） 「千の風になって」（秋川雅史） 「夏の夢」（リュ・シウォン） 「おんな酒」（上杉香緒里） 「夢の歌」（倖田来未）		「パラパッパ」（朴ヒョンビン） 「コンドレマンドレ」（朴ヒョンビン） 「おしゃれな人」（ハン・オクジョン） 「愛しない」（ペク・ジヨン）
2007	「ひとり薩摩路」（水森かおり） 「きよしのソーラン節」（氷川きよし） 「燎原の狼」（冠二郎） 「吾亦紅」（すぎもとまさと） 「野麦峠は初恋峠」（いずはら玲子）		「ファン・ジニ」（朴尚哲） 「海の王女」（LPG） 「かわいい歌」（ソン・ヨンギョン） 「お兄さんだけ信じてる」（朴ヒョンビン） 「パイパイヤ」（ソミョン）
2008	「輪島朝市」（水森かおり） 「玄海船歌」（氷川きよし） 「女の旅路」（中村美津子） 「愛のままで」（秋元順子） 「港たずねびと」（逢川まさき） 「海雪」（ジェロ） 「湯の里しぐれ」（池田輝郎）		「愛してる」（周炫美） 「私たち二人」（丁秀羅） 「早く来て」（ユンヒ） 「I love you」（張美） 「シャバンシャバン」（朴ヒョンビン） 「時計の針」（シンユ） 「愛のバッテリー」（洪眞英）

年度	日本の楽曲	文化的・社会的な出来事	韓国の楽曲
2008	「黄昏 love gain」（秋元順子）		「チャラチャラ」（周炫美、ソヒョン） 「安東駅で」（チン・ソン）
2009	「安芸の宮島」（水森かおり） 「流氷岬」（冠二郎） 「すまない」（太珍児） 「のろま大将」（大江裕） 「また君に恋してる」（坂本冬美）		「キリマンジャロの豹」（趙容弼） 「一片丹心」（クム・ジャンディ） 「ピンピンピン」（金ヨンイム）
2010	「三味線旅がらす」（氷川きよし） 「トイレの神様」（植村花菜） 「飛島育ち」（天音里望） 「再会」（金蓮子） 「人生みちづれ」（天童よしみ）	【韓】SKE48の日本語歌唱が韓国TVで初めて放送	「パンパン」（朴尚哲） 「あなただけ」（李ヨニ） 「最後は私と一緒」（金蕙妍） 「だけだよ」（朴クヨン） 「男という理由で」（チョ・ハンジョ）
2011	「マイホーム」（関ジャ二∞） 「カラオケ流し」（蒼彦太） 「庄内平野風の中」（水森かおり） 「ふたりの舟歌」（天童よしみ） 「いくたびの桜」（ふくい舞）		「追憶の中で」（薛雲道） 「0位」（スッケン） 「愛してるよお姉さん」（チャン・ミンホ） 「おろかもの」（ヤンヤン）
2012	「愛でした」（関ジャ二∞） 「桜」（氷川きよし） 「南部蝉しぐれ」（福田こうへい） 「私たち」（西野カナ） 「愛・ケセラセラ」（パク・ジュニョン） 「追憶の面影」（八代亜紀） 「その女」（ベク・ジヨン）	【韓】〈麗水Expo2012〉開催	「江南スタイル」（サイ） 「恋泥棒」（カン・ソリ） 「咲き始める」（ガイン） 「男の人生」（ホン・ウォンビン） 「憎くても憎くても」（崔維那） 「私の年がどうしたの」（呉承根）
2013	「満点の瞳」（氷川きよし） 「にんじゃりばんばん」（きゃりーぱみゅぱみゅ） 「恋しくて」（倖田來未） 「夫婦三昧」（石川さゆり） 「酒ごころ」（金蓮子）		「愛を探し人生を探して」（チョー・ハンジョ） 「ポンポンポン」（イ・ジミン） 「お前が何故泣く」（チン・ヘソン） 「知らなかったよ」（ウ・ヨニ） 「アモールパティ」（金蓮子）

年度	日本の楽曲	文化的・社会的な出来事	韓国の楽曲
2014	「島根恋旅」（水森かおり） 「峠越え」（福田こうへい） 「海峡しぐれ」（藤あや子） 「月の光」（相澤めぐみ） 「愛は水平線」（ハン・ジナ）		「一笑一少一怒一老」（シンイ） 「おもち」（イ・スンジョン） 「千態万象」（ユン・スヒョン） 「木こり」（パク・クユン） 「愛していたんじゃないか」（キム・ジェソップ）
2015	「お岩木山」（三山ひろし） 「とりせつ」（西野カナ） 「こころ花」（金蓮子） 「命さかせて」（市川由紀乃） 「Save me」（西内まりや）		「Shake me up」（ソ・ユミ） 「月も明るいのに」（カン・ジン） 「そよそよと」（曹ジョンミン） 「花の風」（ハン・カビン） 「自尊心」（パク・テウォン）
2016	「みれん心」（氷川きよし） 「流転の波止場」（山内恵介） 「四万十川」（三山ひろし） 「PPAP」（ピコ太郎） 「哀愁の酒」（金蓮子）		「ソウルに行って暮らそう」（クム・ジャンディ） 「月亮代表我的心」（ホン・ジニョン） 「オムジチョク」（ホン・ジニョン） 「春川駅で」（ユンイル） 「花の道」（金セジョン）
2017	「愛が信じられないなら」（三山ひろし） 「月枕」（竹島宏） 「早鞆の瀬戸」（水森かおり） 「残んの月」（杜このみ） 「涙の流星」（パク・ジュニョン）		「身に染みる懐かしさ」（チェヒ） 「風の願い」（チェヒ） 「父とわが母」（ユ・ジナ） 「背もたれ愛」（サンチョン） 「情一つ愛一つ」（セミ）
2018	「勝負の花道」（氷川きよし） 「プロポーズ」（純烈） 「うたかたの女」（市川由紀乃） 「天竜流し」（福田こうへい） 「花ふたたび」（金蓮子）		「愛の接触事故」（チョン・ソルミ） 「憎くても愛してる」（チョン・ヘジン） 「見送り」（ホン・ウォンビン） 「鎮安ムスメ」（チンソン） 「モンタンモンタン」（ラニ）
2019	「唇スカーレット」（山内恵介） 「夢の振り子」（竹島宏） 「銀次郎旅がらす」（彩青） 「雪恋華」（市川由紀乃）		「春窮期」（チンソン） 「愛の塔」（クム・ジャンデイ） 「お願い」（ユ・ジナ）

年度	日本の楽曲	文化的・社会的な出来事	韓国の楽曲
2019	「驛」（チェ・ウニ）		「そこでしばらく」 （ペ・ジナ） 「歳月よ」（張允貞）

日韓大衆音楽の関連年表　　267

◎あとがき

　私はこれまで長い間、韓国・朝鮮の文化・社会について研究を続けてきたが、十数年前から韓国音楽をテーマに研究を行っている。専門としては音楽社会学になるが、これまで音楽について関心はあっても、専門的な研究をしたことがなかったので、大きな負担になった。また、韓国の音楽を研究する上で、日本音楽の研究も始めざるを得なかった。調べる範囲が広がり、なかなかはかどらず、執筆途中で、定年退職を迎えることになった。研究環境も満足なものとはいかなくなったが、それでも少しづつ研究を続け、何とか日本「エンカ」と韓国「トロット」について、まとめることができた。

　本書では、大衆音楽について、「エンカ」をオールド、ミドル、ニュー、「トロット」についてはオールド、ミドル、ニューに「新世代」を加え、三つないし四つに区分して分析するなど、大胆な試みを行った。これによって、日本と韓国の大衆音楽を比較研究する際に、非常にわかりやすくなったと考えている。これについて、皆さんの中で問題があれば、ご指摘いただきたい。それを今後の研究に活かしていきたい。

　日韓近代大衆音楽の比較研究というテーマは、さまざまな形で取り上げられてきたといえるが、学問的な観点から取り上げられることはほとんどなかった。私も手探りで始めることになったが、このテーマがとても面白く、興味深いものとなった。さらに社会的にも歴史的にも、このテーマは知れているようで、実はよく知られていない、ミッシングリングであったことにも気づいた。

　また、この研究を進める中で、志を同じくする友人も何人かできた。この研究テーマは、さらに東アジア地域に拡大して展開する可能性も想定される。

　今後の課題について、これからの研究では学際的で国際的な多様な観点での総合的な大衆音楽の研究が望まれる。

　歴史的、文化的背景を共有する日本と韓国、そして中国を含めた東アジアという、より大きな枠組みで比較研究、共同研究がなされるようになれば、それ

ぞれの国の近代大衆音楽研究がいっそう進展し、それを通して相互理解が深まることは間違いない。

　また、具体的な文化交流の課題がある。日本と韓国との大衆音楽分野で「エンカ」はどうだろうか。

　戦後の「エンカ」や「トロット」などの交流に関して、日本ではKポップほどではないにしても、韓国人の「トロット」歌手が活躍し、韓国「トロット」の日本公演も行われている。一方、韓国では日本の「エンカ」歌手の公演はまだ実現していないし、韓国でCDデビューした日本の「エンカ」歌手も今のところ、神野美加、堂本貴子などに限られている。このような状況は、一方向的で、非対称的な関係であるといえる。

　もちろん、日本と韓国の間には歴史問題があり、韓国の国民感情を考えても、すぐには実現できることではないと承知している。しかし、日本の「エンカ」歌手の韓国公演が実現できないだろうかとは思う。亡くなってしまったので実現しなかったが、美空ひばりは生前韓国での公演を計画していたようだ。だから、最初は北島三郎クラスの大物の韓国公演を期待する。また、趙容弼（チョーヨンピル）が日本のNHK紅白歌合戦に出演したり、金蓮子（キムヨンジャ）が日本のTV番組に登場して「エンカ」を歌ったように、韓国のTV番組に日本人歌手が登場して「トロット」を歌ってほしい。

　韓国において、日本の伝統文化の紹介はすでに行われているし、Jポップの公演も行われている。さらに、戦後の日本の「エンカ」が広く紹介されれば、日本で韓国文化の理解が少し進んだように、韓国でも日本文化の幅広い理解がもっと進むだろう。その国を知る上では、単に伝統文化、高級文化を知るだけでなく、庶民の選好する大衆文化を知ることが、より広く、より深いレベルの理解を可能にする。その意味で、具体的な文化交流の試みとして、韓国での日本人エンカ歌手による「エンカ」公演の実現を希望している。これは韓国「ト

あとがき　　269

ロット」のグローバル化という点でも大きな意味がある。

　出版にあたって、韓国音楽のレコード画像の使用を快く許してくださった日
本の朴燦鎬先生、韓国の李埈熙先生、山根俊郎さんに、そして、戦前の韓国
の風景、風俗画像については、崔吉城先生（日本・東亜大学）に大変お世話に
なり、お礼申し上げます。

　また、出版事情も困難な中で、出版を引き受けてくださった現代人文社の成
澤壽信社長、編集を担当していただいた吉岡正志さんに感謝いたします。

　最後に、退職しても、相変わらず家で資料を広げ、研究することを見守って
くれた妻・洋子にも感謝している。

2019 年 11 月　　小林孝行

小林孝行（こばやし・たかゆき）

　1946年岐阜県生まれ。京都大学大学院文学研究科博士課程修了。福岡教育大学、岡山大学で勤務。1994年韓国高麗大学訪問研究員（韓国国際交流基金の招聘）。現在、岡山大学名誉教授。専門：社会学、韓国社会・文化研究

　主な著作に、「マージナルマン理論の検討」（『ソシオロジ』1976年）、「在日朝鮮人問題についての基礎的考察」（『ソシオロジ』1980年）、「韓国社会学——歴史と展望」（『社会学グローバル』お茶の水書房、1987年）、訳書『現代韓国社会学』（新泉社、1988年）、「現代韓国の日本認識」（『福岡教育大学紀要』1997年）、単著『日本とコリア・コリアと日本』（創言社、1997年）、編著『変貌する現代韓国社会』（世界思想社、2000年）、「韓国の現代家族」（『アジア太平洋研究』2001年）、「コリアの近代化と音楽——その1」岡山大学『文化共生学研究』2005年）、「일본 '엔카' 와 한국 '트로트' 비교를 위한 기초적 관점」（日本の「エンカ」と韓国「トロット」の比較のための基礎的観点）（가천대학교『아시아문화연구』2018年）。

日韓大衆音楽の社会史
エンカとトロットの土着性と越境性

2019年12月30日　第1版第1刷発行

[著　者]小林孝行
[発行人]成澤壽信
[発行所]株式会社 現代人文社
　　　　〒160-0004　東京都新宿区四谷2-10　八ッ橋ビル7階
　　　　電話　03-5379-0307　FAX　03-5379-5388
　　　　E-Mail　hanbai@genjin.jp（販売）　henshu@genjin.jp（編集）
　　　　http://www.genjin.jp
[発売所]株式会社 大学図書
[印刷所]株式会社 ミツワ
[装　丁]加藤英一郎

検印省略　Printed in Japan
ISBN978-4-87798-745-9 C3036
JASRAC 出 1913473-901
©2019　Takayuki Kobayashi

本書の一部あるいは全部を無断で複写・転載・転訳載などをすること、または磁気媒体等に入力することは、法律で認められた場合を除き、著作者および出版社の権利の侵害となりますので、これらの行為をする場合には、あらかじめ小社または編著者宛に承諾を求めてください。